MAN ALIVE!

Männermode zum Leben: das Handbuch für Selbstbewußte

CHARLES HIX

Fotos von
Stephen AuCoin

Styling von
Gail Sadow

BRUNO GMÜNDER

Aus dem Amerikanischen
von Stefan Troßbach

1986 Bruno Gmünder Verlag
Lützowstr. 105
D-1000 Berlin 30

Satz:
Eiling & Roth, Oberkaufungen
Druck:
Fuldaer Verlagsanstalt

Auflage 5 4 3 2 1

ISBN 3-924163-19-7

Folgende Modelle erscheinen auf den kommentarlosen Seiten dieses Buches: 1, links: Richard Villella; rechts: Jim Catch — 2, John Sommi — 3, Brian Terrell — 4, rechts oben: Terrence Dineen; rechts unten: Todd Bentley — 5, John Henry — 6, beide Fotos: Benjamin Hobbins — 7, beide Fotos: Noa — 230, oberes Foto: Patrick Taylor; unteres Foto: Pat Hardie.

FÜR

STEVE & GAIL
(weil es noch nie eine so gute Zusammenarbeit gab)

DIE MODELLE
(weil es ohne sie dieses Buch nicht gäbe)

DIE MODELLAGENTUREN
(weil sie großzügig und tüchtig waren: in New York — Click, Elite, Ford, Model & Talent Group, Video Talent, Wilhelmina & Zoli; in Fort Lauderdale — City Models; in Mailand — Model Plan)

BOB
(weil er der ermutigendste — und sonderbarste — aller Verleger ist)

EVE
(weil ihre Tür immer offensteht)

LYNN
(für ihr Vertrauen und ihre Kohle)

PAT
(weil sie liebt)

MAMMI & VATI
(weil ich hier bin und weil sie mir ihren Segen geben)

BOB
(weil er Bob ist; und das macht eben den Unterschied)

INHALT

zeus

EINLEITUNG

KÖRPERSPRACHE

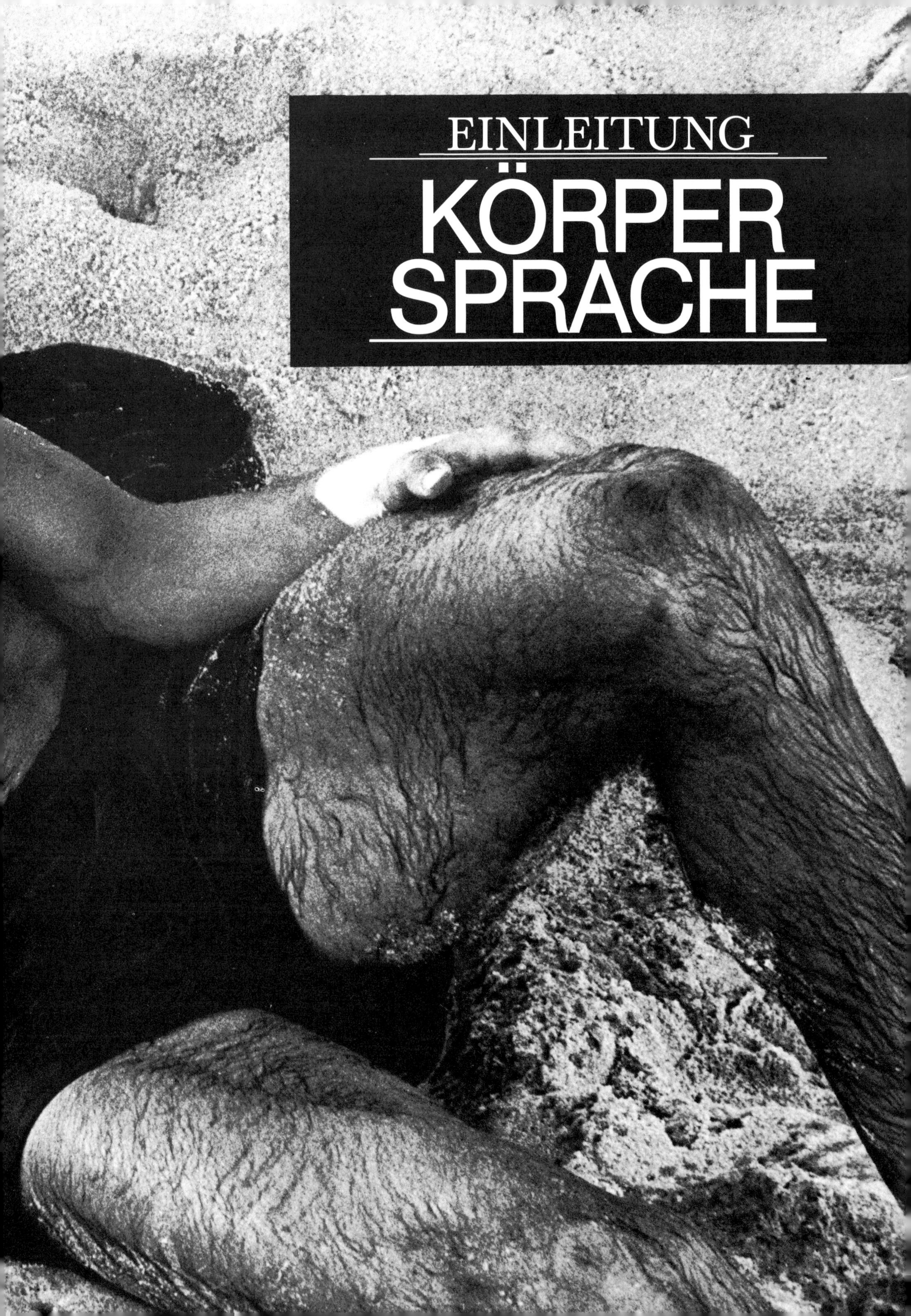

DIE NACKTE WAHRHEIT

VORANGEGANGENE DOPPELSEITE. Kleidung verbirgt und enthüllt verschiedene Körperteile. Bei der Freizeitkleidung erlaubt die Gesellschaft, männliche Brust und Beine mehr zu zeigen, als es je bei Berufskleidung zulässig wäre (es sei denn, der Betreffende ist Leibwächter eines Sportlers). Modell: Richard Villella.

LINKS. Viele Leute glauben irrigerweise, Kleider seien zum Bedecken der Geschlechtsteile da. Das kann man auch mit einem Handtuch schaffen. Unterschiedliche Kleidungsarten und -stile erklären sich eher aus gesellschaftlich geprägten Rollenbildern als aus bloßer Keuschheit. Modell: Neil Neuhaus.

Wahrscheinlich wissen Sie gar nicht, warum Sie sich so anziehen, wie Sie es tun, geschweige denn, warum überhaupt. Vielleicht gehen Sie davon aus, daß Ihre Kleidung Sie nur vor einem scharfen Lüftchen oder vor bösen Zungen schützen soll. Das erklärt aber nicht, weshalb Sie statt Bärenfell oder Toga Schlips und Kragen tragen.

Die Erfindung von Kleidern entsprang anderen Überlegungen als nur der Wärmedämmung oder dem Verstecken der Geschlechtsteile. In kalten Zonen trugen primitive Männer und Frauen dafür Tierfelle. In tropischen hieß „Kleidung": ein Halsband aus Haifischzähnen und sonst kaum etwas. Ursprünglich war der Begriff Kleidung in Aberglaube und Mythos getaucht. Eine blaue Körperbemalung bildete das altägyptische Königsgewand. Und bis heute „kleiden" sich australische Buschmänner in farbigem Lehm, der phantasievoll auf die nackte Haut aufgetragen wird.

Mit dem Aufkommen der modernen Zivilisation hatte Kleidung zuerst den Zweck, Männer und Frauen zu unterscheiden, und das gilt bis heute: Ein Mann in wallendem Abendkleid wirkt komisch oder schockierend, und auch wenn man Frauen mehr Spielraum gewährt, wird doch meistens erwartet, daß sie sich weiblich kleiden. Kleiden sich Angehörige beider Geschlechter nicht wie es ihrer Rolle entspricht, so wird die Situation etwas unübersichtlich. In weniger liberalen Zeiten konnte man ins Gefängnis kommen, wenn man nicht die geschlechtsspezifischen Kleider trug, aber auch schon für einen Verstoß gegen den sanktionierten Farbgeschmack.

Ein Nachmittag in einer Porträtgalerie führt drastisch vor Augen, daß sich die Mode ändert. Weniger offenkundig verraten die dort abgebildeten Moden aber auch etwas über die Atmosphäre der Epoche, in welcher die Porträts entstanden. Mitte des neunzehnten Jahrhun-

VORANGEGANGENE DOPPELSEITE. Der erste Herren-„Anzug" triefte von mythischer Bedeutung. Heute lesen wir sozial antrainierte Assoziationen aus unserer Kleidung. Ein Lendenschurz wirkt wohl nicht nur sexy, weil er zunächst den Körper entblößt, sondern vorwiegend, weil er an die Tarzanlegende erinnert. An einem Familienstrand hingegen wird ein Mann im Lendenschurz bei den Erwachsenen wohl Ablehnung, bei den Kindern Staunen erregen.

Die Reaktionen auf ein- und dasselbe Kleidungsstück schwanken je nach den Umständen. Ein Lendenschurz im Geschäftsviertel ist tabu ... sofern nicht gerade jemand für ein Foto posiert — ein Ereignis, das Aufsehen, aber selten Mißbilligung auslöst.

Obwohl hier und da lächerlich gemacht, ist das männliche Berufsmodell heute achtbarer als in vergangenen Jahren. Anzug & Hemd: Hugo Boss. Krawatte: Punch. Koffer: U.S. Luggage. Modell (beide Bilder): Richard Villella.

RECHTS. Dieses Portrait ist deutlich zeitgebunden; das beweist nicht nur die Post-Punk-Frisur. Der wahre Beweis ist die „Haltung" des Fotos, die Verherrlichung einer neuen Männlichkeit, die Sanftmut mit Härte vereint. Abgesehen von den Konterfeis der Leinwandidole porträtieren die meisten Fotografien aus früheren Jahrzehnten den Mann als ehrbares Familienoberhaupt und ignorieren die männliche Erotik. Heute wertet man den Mann dauernd unter neuen Gesichtspunkten auf.

In Zukunft dürften uns die Massenmedien verschiedenste Männer- und Frauenbilder vorführen. Dadurch wird es Männern leichterfallen, neue Seiten an sich zu erforschen, die nicht immer den gängigen „Männlichkeits"-Vorstellungen zu entsprechen brauchen. Lederjacke: Andrew Fezza. Modell: Todd Bentley.

derts posierten die viktorianischen Gentlemen etwa in dunkler, etwas zu weiter Kleidung, die sie als bodenständige, praktische Männer auswies. Der „echte Gentleman" zog sich damals in einem Stil an, der die materialistischen Werte der Gesellschaft widerspiegelte. Diese Mode unterschied sich stark von der ein Jahrhundert zuvor. Dort paradierten Männer wie Frauen in ausgefeilten, rüschenrauschenden Kostümen einher — eine Tracht, die das luxuriöse Wohlbehagen des Adels deutlich gegen die funktionalen, selbstgesponnenen Kleider der ungehobelten, niederen Masse abgrenzte, denn die pflügte die Felder und konnte sich keinen Porträtmaler leisten: Protziger Reichtum, blaues Blut und unverhohlener Müßiggang waren alles; gewöhnliche Arbeit stand in Acht und Bann.

Wie auch immer die jeweilige Mode aussah, wurde sie doch in keinem vergangenen Jahrhundert von „Designern" bzw. Schneidern bestimmt, und das bis heute. Besäßen Designer wirklich die Macht, mit einem Fingerschnippen die Mode zu verwandeln, würden sich Stile sehr viel rascher und deutlicher verändern. In Wahrheit verändert sich die Männermode jedoch relativ langsam, da sich auch die Gesellschaft selten schnell umdefiniert. Ganz global betrachtet, spiegelt Kleidung die gesellschaftlichen Erwartungen an die Männer- bzw. Frauenrolle wider. Zieht sich jemand nicht „salonfähig" an, so ist er oder sie gesellschaftlich einfach nicht akzeptabel. Der Trick besteht darin, unter vorgeschriebenen Bedingungen das Akzeptable — und die Tabus — zu kennen. Nur unter Nudisten ist die Wahl der Kleidung narrensicher.

HÜLLE UND FÜLLE

Kleidung leistet mehr, als uns über die jeweils anerkannte Männer- und Frauenrolle zu informieren. Es ist aufschlußreich, inwiefern der einzelne von der gültigen Mode abweicht bzw. sich daran hält. Nehmen wir z.B. unsere Epoche. Man stelle sich einen Mann in marineblauen Nadelstreifen, weißem zugeknöpftem Kragenhemd und blaurotbraun gestreifter Krawatte vor.

Plaziert man diesen Herrn in einem Bürogebäude, so nehmen wir an, er sei ein emsiger Arbeiter, wahrscheinlich im Management tätig, und denke nur an das Wohl der Firma.

Wird derselbe Herr nun in eine schmuddlige Stripkaschemme verpflanzt, so halten wir ihn für einen Vertreter, der ein billiges Abenteuer oder gar eine flotte Nummer sucht.

Und nun stellen Sie sich einen Mann in Jeans und Pulli vor. Versetzen wir den in ein Bürogebäude, so schließen wir, daß er in der Poststelle arbeitet. In einem billigen Bumslokal halten wir ihn für einen ganz normalen Menschen.

Was jemand trägt, vermittelt uns viele Auskünfte über ihn oder sie, auch wenn es wildfremde Menschen sind. Haben wir daher wildfremde Menschen vor uns, so wissen wir nie, ob der vermittelte Eindruck Zufall oder Absicht, falsch oder richtig ist.

Aber kehren wir zu unserem Beispiel mit dem Herrn in Nadelstreifen zurück und bereichern ihn um einen Aktenkoffer. Auf der Straße würden wir ihn für einen Geschäftsmann, vielleicht einen Makler halten. Vielleicht ist er aber auch nur ein Arbeitsloser, der aus einem Magazin zu wissen glaubt, wie man sich zu einem Bewerbungsgespräch vorteilhaft anzieht. Oder es ist ein gutsituierter Einbrecher, der gerade

von einem seiner Raubzüge zurückkommt; in seinem Aktenkoffer trägt er keine Geschäftsbilanzen, sondern eine Pistole mit Schalldämpfer.

Wir nehmen uns selten die Zeit, uns über den Kleidungsstil anderer Gedanken zu machen. Wir vermuten schlicht, daß sich der andere eben so geben will. Ohne unser entsprechendes Urteil in Worte oder auch nur bewußte Gedanken zu fassen, ziehen wir aus unseren Mitmenschen Schlüsse, je nachdem, wie sie sich anziehen. Sehen wir auf der Straße einen Bummler mit knallgelber Krawatte, so halten wir ihn automatisch für einen sonnigen Optimisten, als wolle er seine Stimmung absichtlich durch die Krawatte ausdrücken. Da wir auf subtilstem Niveau reagieren, „hören" wir die Krawatte unbewußt Bände sprechen ... obwohl es gut sein könnte, daß ihm seine Frau den gelben

Schlips aufgedrängt hat und er innerlich vor Wut kocht. Werden wir diesem Mann nicht vorgestellt und entdecken seine gar nicht so sonnige Laune, so vermittelt uns nur für den flüchtigen Moment der Begegnung auf der Straße die gelbe Krawatte einen ersten, aber nachhaltigen Eindruck.

Bei Bekannten gehen wir, anders als bei Fremden, über die äußere Hülle hinaus, wenn auch nicht ganz. Erscheint ein enger Freund, der sich sonst konservativ kleidet, plötzlich in schreiendem Fummel, sind wir verwirrt, bestürzt, ja manchmal sogar verärgert. Wir werfen ihm vor, er kleide sich „persönlichkeitsfremd". Und schon das beweist, wie sehr wir Persönlichkeit und Kleidung verbinden: Ein Mann mit angenehmer Persönlichkeit zieht sich, so glauben wir unbewußt, anders an als ein Rowdy. Wie stark wir anderen vertrauen (oder nicht), das hängt in hohem Maß von deren Kleidung ab. Sexuelle Reize werden sowohl durch Kleidung als auch durch Nacktheit vermittelt. Immer färbt die Kleidung unsere Reaktionen. Und wir tragen Farben, auf die andere reagieren sollen.

OBEN. Der durch die Kleidung vermittelte Eindruck hängt ganz vom Umfeld ab, aus dem sie betrachtet wird. Ein konventioneller marineblauer Nadelstreifenanzug steht nachhaltig für geschäftliche Rechtschaffenheit — wer aber wüßte nicht, welche Art Abschluß dieser Herr im Kopf hat, wenn man ihn in einem Massagesalon entdeckt? Und ist ein Mann, der den Kragen hochschlägt und sich auf ein Motorrad fläzt, wirklich tief in Geschäftsdinge verstrickt? Anzug: Hart Schaffner & Marx. Koffer: U.S. Luggage. Modell (beide Bilder): Jhamil.

MODE UND METHODE

Im klassischen Altertum, bei den Griechen und Römern also, bezeichneten verschiedene Farben und Stickereien unterschiedliche Ränge und Klassen. Zu den Glanzzeiten des byzantinischen Reiches war die Farbe Purpur ganz und gar dem Königshaus vorbehalten.

Obwohl in unserer vermeintlich demokratischen Gesellschaft keine gesetzlichen Kleidervorschriften mehr gelten, wirkt Kleidung doch weiterhin als Gruppenmerkmal. Am deutlichsten sehen wir das in den buchstäblich uniformierten Berufen: Militär, Polizei etc. Uniformen helfen einerseits, abgegrenzte hierarchische Schichten zu verdeutlichen, und andererseits, das Individualitätsgefühl darin zu verringern. Ja, Uniformen sind bewußt entmenschlichend, denn sie zeigen, daß Hierarchie mehr gilt als das Wachstum der Persönlichkeit; Individualität wäre für das System eine sichtbare, auch psychologische Bedrohung.

In restriktiven Gesellschaftsformen, wo akzeptables Verhalten streng und eng definiert ist, sind die Kleiderzwänge groß. Dies gilt auch für Untergruppen innerhalb der Gesellschaft. „Gruppenbekleidung", — wenn sich Angehörige einer bestimmten Gruppe oder Kaste ähnlich anziehen, — wird besonders dort nötig, wo „Außenseiter" als Gefahr für die innere Struktur der Gruppe betrachtet werden. Durch ihre „Gruppenuniform" versuchen Gleichartige, sich vor einer unerwünschten Durchdringung von außen zu schützen. Schon recht harmlose Verstöße gegen die Norm gelten als schädlicher Anschlag auf den Status Quo. Eine von strengen Kleiderzwängen gekennzeichnete Gesellschaft ist auch immer eine mit stark formalisierten Geschlechterrollen; wer in Kleidung und Verhalten ausschert, riskiert soziale Ächtung. In einem solchen Umfeld ist Kleidung nicht nur Hülle, sondern auch Zeichen der sozialen Einordnung … oder Unzulänglichkeit.

Umgekehrt sind die akzeptablen Kleidungsweisen in freizügigeren Gesellschaftsformen, wo die Rollen weniger normiert und Individualität zumindest erlaubt ist, unterschiedlich und vielfältig. Das trifft dann

UNTEN. Der „Garderobezwang" ändert sich mit den Umständen. An Ferienorten z.B. kann ein Tourist mit Einverständnis der Menge die verschiedensten Sachen tragen. Den Teilnehmern an einer Reitveranstaltung gewährt man solche Freiheiten nicht. Als Beweis, wie stark diese Erwartungen vom Territorium abhängen, stellen Sie sich doch einmal vor, die beiden Herren dort unten tauschten ihre Kleider. Ein bizarres Resultat! Modell links, fotografiert auf Mykonos: Lazaro Feleki. Styling: Angelo Droulia. Modell rechts: Richard Smith; Kind: Corty Maxfield IV.

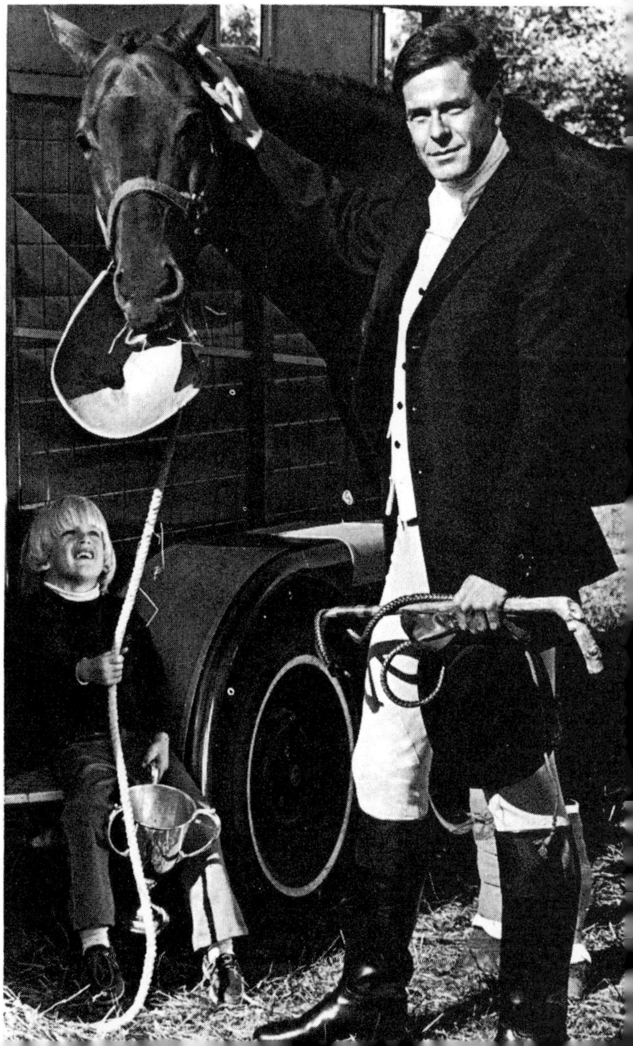

UNTEN. Heute ist die Herrengarderobe oft individualistischer als früher, weil heute bei einer Reihe von Umständen größere stilistische Vielfalt akzeptiert wird. Bei so vielen neuen Möglichkeiten benutzen etliche Männer die Kleidung, um ihren Körper und ihren ungezwungenen Geist herauszustellen.

Freizeitkleidung gewährt selten Aufschlüsse über den Broterwerb, obwohl sich auch mehr persönliche Informationen vermitteln lassen. Jeder Mann in solchem Aufzug verrät deutlich seinen Sinn für Theatralik, denn die Kleider erinnern an Kostümierung, d.h. natürlich „Spiel". Modell: Lazaro Feleki. Styling: Angelo Droulia.

auch meist auf Untergruppen innerhalb der Gesellschaft zu, denn obwohl dort die Kleidung auffallend ähnlich sein mag, herrscht doch eine gewisse Bandbreite. Ja, auch die Zahl der sozialen Untergruppen wird meist anwachsen, so daß die Zahl der „akzeptablen" oder doch gestatteten Kleidungsmöglichkeiten steigt. Je mehr die modische Konformität von Vielfalt abgelöst wir, desto stärker lockern sich auch die Ansprüche an das erwartete Verhalten. Obwohl die Kleidung in solchem Umfeld weiterhin eine Etikette ausdrückt, wird sie doch zum Mittel einer persönlichen Entfaltung, nicht zum Zeichen gesellschaftlicher Rang- und Rollenerfüllung.

Ohne uns krampfhaft um eine Erklärung zu bemühen, können wir doch festhalten, daß Männer heute weit weniger unter dem Zwang stehen, sich unauffällig anzuziehen, d.h. in einem so austauschbar ähnlichen Stil wie ihre Genossen, daß der einzelne Mann in einer äußerlich altvertrauten Masse untergeht.

Vor gar nicht so langer Zeit zog sich ein Mann, der „richtig" gekleidet sein wollte, die Grundausstattung an, nämlich marineblauen Blazer, grauen Flanellanzug und ein Sortiment steifer weißer Hemden und seidener Ripskrawatten — sämtliche Zutaten der akzeptierten Geschäftsuniform innerhalb der Mode unserer Leistungsgesellschaft. Und das galt als „den Ansprüchen genügend".

Heute erlaubt die Gesellschaft den Männern endlich, aus der anonymen Masse sichtbar aufzutauchen. In dieser Erlaubnis wird auch deutlich, daß die Männerrolle großzügiger denn je in unserem Jahrhundert definiert ist. Neue Männlichkeitsbegriffe entstehen. Und um dieses soziale Klima voll auszunutzen, müssen viele Männer bei ihrer Garderobe neue Techniken erlernen. Nicht „modisch" zu wirken, heißt das oberste Ziel. Kleidung sollte für Männer eine Möglichkeit der Selbstverwirklichung, wenn nicht gar Selbstfindung sein.

VON INNEN NACH AUSSEN

Obwohl das Thema „Kleidung für Männer" meist unter dem Begriff „Herrenmode" läuft, sind doch diese Assoziationen zu einseitig. „Mode" erinnert allzu oft an kurzlebige Marotten und Gags, die sich kaum längerfristig bewähren. „Modisch" zu sein, bedeutet, eine Aufmachung zu tragen, die erkennbar aktuell, von der breiten Öffentlichkeit aber noch wenig akzeptiert ist. Magazine entscheiden darüber, was Mode ist und was nicht. Ihre wichtigste Funktion ist, Trends zu markieren, so daß der Leser im voraus erfährt, was Mode werden soll, und mithin schon vorher weiß, wie er sich „trendgerecht" anzuziehen hat. In der einen Saison mag vielleicht ein gelinde italienischer Look „in" sein, nächstes Jahr mehr der robust amerikanische. Das Rad der Mode dreht sich immer weiter. Sobald die Masse auf das Neue eingestellt ist, geht die Entwicklung vorwärts, denn der „Modische" muß dem Pöbel voraus sein. Manchmal taucht ein neuer Look schon auf, während ein anderer verschwindet. Nur wer die „Mode" dauernd studiert, kann mit ihr Schritt halten.

Dem modischen Mann vergilt die Gesellschaft seine Mühen schlecht. Biedere Kleidung ist der gefahrlosere Weg zu gesellschaftlicher Anerkennung. Weder wir noch unsere Gewänder existieren im luftleeren Raum. Die Anstandsregeln verteilen sich im Grunde auf zwei Sphären: die von Beruf und Freizeit (bzw. Geselligkeit). Bei bestimmten Anlässen gleichzeitig modisch und passend gekleidet zu sein, mag als Plus (oder Handicap) gelten, aber immer liegt der Hauptakzent auf der richtigen Kleidung zur rechten Zeit ... wenn man den Segen der Menge sucht. Nicht zu vergessen ist jedoch, daß es unterschiedliche Mengen gibt, und was hier Aufnahme heißt, kann dort Ausschluß bedeuten. In puncto Kleidung kann man es eben nicht allen rechtmachen.

Sich „stylen" ist nicht dasselbe wie, sich modisch anziehen. Beim „Stylen" spielt es keine Rolle, wie „in" oder „trendgerecht" das Äußere ist. Ein Mensch mit Stil trägt seine Kleider auf ungewöhnliche Weise, gemessen an den homogenen Standards der Gesellschaft — mit einem solchen Flair also — d.h. dem scheinbar instinktiven Ausdruck der eigenen Individualität —, daß der stilvolle Mann Respekt oder Ablehnung erntet. Zieht sich jemand „mit Stil" sehr übertrieben an, kann das am Ende überspannt erscheinen. Das ist nicht unbedingt schlecht, solange der Betreffende die Kraft hat, alle falschen Unterstellungen — und vernichtenden Urteile — zu widerlegen. Aber nur wenige Männer besitzen etwa den „Stil", üppige Pelzmäntel oder poppige, geblümte Krawatten zu tragen.

Obwohl sich aber andererseits nur ein Sonderling überspannte Garderobe leisten kann, ist ein reizvoller Stil — d.h. Unkonventionalität in kontrolliertem Übermaß — doch für jedermann möglich, seit uns eine größere Bandbreite gestattet wurde.

REIH UND GLIED

Wenn Männer derzeit auch größere Ausdruckskraft in ihrer Kleidung genießen, geht das noch nicht bis zur Frivolität. Je förmlicher der Anlaß, desto größer die Erwartung der Menge, daß die Teilnehmer „angemessen" gekleidet erscheinen. In der Regel sind diese Ansprüche gravierender, wenn dem Anlaß hohe Bedeutung zukommt. Da Kirchenbesuch als fromm gilt, erklärt der hohe Wert, den man diesem Akt beimißt, warum man auch angemessene Kleidung für so wichtig hält. Der Besuch eines Rockkonzerts dagegen hat nichts von dieser altehrwürdigen Bedeutung. Folglich wird „angemessene" — relativ förmliche — Kleidung dort nicht als notwendig oder auch nur wünschenswert angesehen.

Trotz des gesellschaftlichen Wandels seit der feministischen Bewegung hat das Mann-als-Brotverdiener-Syndrom immer noch großen Stellenwert. Man glaubt zwar nicht mehr, daß Männer lediglich auf eigenen Beinen stehen müßten, aber dem beruflichen Fortkommen gilt weiterhin große Beachtung. Je nach dem beruflichen Status eines Mannes bestehen häufig ungeschriebene, aber schwerwiegende Erwartungen an seine Garderobe. Da etwa der Arbeit am Fließband wenig Status zukommt, liegen auf dem Fabrikarbeiter (abgesehen von Sicherheitsvorkehrungen) wenig Ansprüche an „angemessene" Kleidung. Weil aber der Anwaltsberuf viel gilt, sind die Ansprüche um einiges größer. Je höher, ganz allgemein, der mit dem Beruf verbundene Status, desto höher auch die Erwartung von förmlicher Kleidung. Schlägt ein beruflich „hochrangiger" Mann die Bresche, sich unförmlich anzuziehen, so ist die Reaktion der Gesellschaft weit kritischer, als wenn es ein niedrig eingestufter Arbeiter täte. In der Praxis heißt das: Der Geschäftsmann hat im Dienst weniger Freiheit, denn dort sind Schlips und Kragen eisernes Gesetz.

OBEN. Der Beruf beeinflußt stark die Kleidung eines Mannes — seine Geschäftskleidung. Manche Arbeitsgebiete — Werbung, Architektur, schöne Künste, etc. — gelten als besonders „kreativ". Juristerei, Börse oder Handel gelten in unserer Gesellschaft jedoch mehr. In solchen Berufen kommt förmlicher Garderobe größere Bedeutung zu, während auf kreativem Gebiet größere Freiheit erlaubt, ja sogar vorausgesetzt ist.

Dieses Ensemble fällt als besonders flottes in die Schublade „Freizeit". Ein kaltschnäuziger Geschäftsmann liefe in ihm Gefahr, das Mißfallen seiner Kollegen zu erregen. Fair? Keineswegs. Aber Kleidung läßt sich nun einmal nicht losgelöst von den Ansprüchen anderer betrachten. Ensemble: Pinky & Diane. Modell: Mark Richardson.

LINKS. Wird einem Anlaß besondere Bedeutung beigemessen, sind die Erwartungen an elegante, förmliche Kleidung starrer als bei einem Stegreif-Meeting. Die Regeln einer förmlichen Party zu durchbrechen, wäre demnach anstößiger als, komm-wie-du-bist, im schmierigen Overall eine Fete zu besuchen. Die Sphäre der Geschäftskleidung ist ebenfalls weit mehr reglementiert als die der Freizeit, so daß die Maßstäbe und Richtlinien für Freizeitkleidung weniger klar definiert und weiter gefaßt sind als diejenigen fürs Büro.

Obwohl dieser sportliche Dress nie durchkäme, wenn ein Lehrer ihn vor der Klasse trüge, könnte er ihn doch im Gemüseladen oder im Waschsalon anziehen, ohne einen Skandal auszulösen. Modell: Noa.

Manche Berufe bringen viel Geld, haben aber keinen traditionellen Status, z.B. „künstlerische“ Tätigkeiten. Unsre Gesellschaft ist grundsätzlich sexistisch und patriarchalisch. „Künstlertum“ wird mit Gefühlsbetontheit verbunden, also mit einem weiblichen Wesenszug. Und weil Frauen weniger Bedeutung zukommt, fehlt „künstlerischer“ Arbeit der Status des kaltschnäuzigen Geschäftslebens. Demzufolge haben Männer in künstlerischen Unternehmen eine besondere Freiheit, sich ausdrucksstärker und unkonventioneller anzuziehen, als andere, die höher geschätzt werden. Ein Künstler, der sich wie ein Geschäftsmann kleidet, gilt als nicht wirklich talentiert.

Anders als Berufskleidung ist die Freizeitkluft weniger mit Erwartungen beladen. Da man in der Freizeit „spielt“, hat die Garderobe dort nichts mit den geldverdienerischen Qualitäten eines Mannes zu tun ... sofern er nicht mit Kollegen oder potentiellen Geschäftspartnern zusammenkommt. Wo sich Geschäft und Vergnügen mischen, hat das Geschäftliche übergeordneten Rang — auch kleidungsmäßig. Selbst auf einem Betriebsausflug etwa wird man vom Betriebsratsvorsitzenden förmlichere Kleidung erwarten als vom Fußvolk oder als wenn er für seine Vorstadtkumpels im Hinterhof eine Grillparty gibt.

Obwohl nur wenige dieser sozialen Anstandsregeln je niedergeschrieben wurden, sind sie doch dauernd wirksam. Wegen der dabei beteiligten unterschwelligen Mechanismen wissen viele Menschen nicht einmal, warum sie andere ihrer Kleidung nach akzeptieren oder ablehnen. Und genauso ziehen sich viele nicht korrekt, d.h. unangemessen, an, weil sie die Garderobezwänge nicht gründlich genug ererforschten.

NEUTRALITÄT

Weil richtige Kleidung nicht einfach heißt, die passende Krawatte zum gestreiften Hemd auszusuchen, und weil den meisten Männern nicht klar ist, weshalb bestimmte Kombinationen da und dort bestimmte Reaktionen hervorlocken — denn traditionsgemäß verstehen sie sehr wenig von Geschmacksregeln — war vielen sonst intelligenten Männern ihre eigene Kleidung oft ein Rätsel. Widerstreitenden, oft einander ausschließenden Ansprüchen ausgesetzt, hat mancher Mann seine Garderobe gehandhabt bzw. verschandelt, indem er das Problem ebenso plump wie unvorteilhaft löste. Der am weitesten verbreitete Fehler ist einfach, eine Grundausstattung zusammenzustellen, die weder reizt noch abstößt — den sogenannten „klassichen" Anzug in wertfreien Farben und Fasern, dessen Tugend angeblich in Freundlichkeit besteht. Ausdruckslos, wie sie ist, dient diese Kleidung als neutrale Kulisse für den darin brillierenden Akteur. Aber was theoretisch funktioniert, tut es noch lange nicht in der Praxis.

Da wir wissen, daß die Kleidung *immer* die Reaktion des Beschauers mitfärbt, wirkt neutrale eben neutral und weckt kein Verlangen, tiefer zu forschen. Der „neutrale" Mann ist dem entmannten unangenehm ähnlich: er wirkt seelen-, geist- und leidenschaftslos. Neutrale Kleidung ist eine anonyme Uniform, und Uniformen beschneiden oft die

RECHTS. Wenn die Gesellschaft es gestattet, — oder Respektlose unbedingt darauf bestehen, — wird Kleidung zum Mittel persönlichen Ausdrucks. Hier wird ein klassisches Sommersacco ausgesprochen unklassisch getragen. In unserem recht liberalisierten Millieu kann so ein Ensemble als umwerfend, als so-lala, seltsam oder irgendetwas dazwischen gelten. Für anstößig wird man diesen Look kaum halten. In den Fünfziger Jahren wäre eine solche Aufmachung noch undenkbar gewesen, wenn man nicht zum Stadtgespräch werden wollte. Hemd: Armand Diradourian. Modell: Josua Tyler Barrett.

LINKS. Obwohl bei Geschäftskleidung noch recht wenige Alternativen bestehen, räumt die Gesellschaft doch mehr Möglichkeiten ein als früher. Dieses Sacco ist raffiniert mit Seidenstreifen verwoben. Die dunklen Knoten erscheinen nach gut Glück. Obwohl ein Börsenmakler es wohl nicht tragen dürfte, ginge es bei einem gutsituierten leitenden Angestellten auf einem kreativeren Gebiet durchaus an.

Obwohl, andererseits, einige Klienten den Makler in diesem Jackett schief angucken würden, könnte manche Kunden freundlich reagieren. Klischeevorstellungen gibt es zwar noch, aber sie sind nicht mehr so schwer vorbelastet wie einst. Der Makler stieße gewiß nicht auf Mißfallen, trüge er dies pfiffige Ensemble (mit seiner handbemalten Krawatte) zu einem geselligen Anlaß. Dort würde man seinem modischen Mut sogar applaudieren.

Die Erkenntnis, daß Männer vieldimensionale Wesen sind, gestattet mehr Auffälligkeit und Abwechselung in ihrer Garderobe. Ensemble: Jhane Barnes. Modell: Ralph Guertin.

RECHTS. Hier noch ein Ensemble, das vielen schon zu „stilvoll" (also überspannt) sein dürfte, als daß man es während der Kanzleistunden tragen sollte. Seine Symbolik ist nicht konservativ genug. Trüge es jedoch ein Rockstar, erschiene dieser Look sicher extrem konservativ. An einem Gymnasiallehrer dagegen würde das Ensemble allzu „geschniegelt" wirken.

Im Theater, wo ja keiner den Beruf der anderen kennt, beurteilt man Kleidung nicht danach, ob sie in einem bestimmten Berufsmillieu anginge. Dort würde sich das Ensemble glänzend bewähren. Ensemble: Sahara Club. Modell: Brian Terrell. Styling: George Byron.

Gefühlswelt ihrer Träger, indem sie den Eindruck vermitteln, hinter der gesichtslosen Fassade lebte keinerlei Empfindung. Und selbst im hochformalisierten Terrain ist etwas Menschlichkeit erwünscht.

Ironischerweise neigen viele Männer aus Bequemlichkeit und Unüberlegtheit noch immer zur neutralen Uniform. Überholte Männlichkeitskonzepte bildeten die Grundlage, Männer so zu vermummen. Man fand früher eben, daß der Mann nur eine Funktion im Leben hätte: Verteidiger von Heim und Herd und Brötchenverdiener zu sein. Während Frauen vorwiegend emotional waren, waren Männer vorwiegend Kämpfernaturen. Jedes Geschlecht konnte im Grunde *eine* Uniform tragen, denn Mann zu sein, hieß nur eines: Geld zu beschaffen und aufzuteilen. Darum orientierte sich die Mode bis jetzt an einem Grundmodell: dem erfolgreichen Aufsteiger in unserer Leistungsgesellschaft.

Heute wissen wir, daß zur Männlichkeit vieles gehört und daß Mann-sein etwas Mehrdimensionales ist. Ja, wir wissen sogar, daß es mehr als ein Ich gibt: das berufliche, das private und selbst das Wunsch- oder Traum-Ich. So ist jeder Mensch eine Ansammlung unterschiedlicher Eigenschaften. Ein abgerundetes Individuum wird unter bestimmten Umständen immer wieder eine entsprechende Facette seiner Person beleuchten. Das ist keine Spielerei; es ist die Individualität eines Menschen aus Fleisch und Blut.

Dabei bestehen hundertfache Verästelungen. Hellsichtige Männer schöpfen immer wieder aus der Fülle ihrer Persönlichkeit. Sie werden sich nicht von altmodischen Rollenerwartungen einengen lassen. Ein guter Einstieg dazu ist, Kleidung als Mittel zur Selbstverwirklichung zu erforschen. Wer seine versteckten Züge betont, wird bestimmt mit ihnen in Kontakt gelangen. Und sich nach *Belieben* zu kleiden, ist ein sicherer Weg zur Selbsterweiterung.

EIN SCHRITT NACH VORN

Dieses Buch geht davon aus, daß Männer sich und ihre Garderobe nicht statisch betrachten sollten oder gar dürfen. Männer können und sollen einen Stil finden, ihre Facetten und Dimensionen zu bekunden. Das heißt für Sie: Unter bestimmten Umständen möchten Sie vielleicht eine Eigenschaft sichtbar betonen (etwa Ihre Sinnlichkeit, falls ratsam) und stellen in anderer Situation gern eine andere Eigenschaft heraus (etwa Ihren beruflichen Eifer). Wenn Sie Ihre Wünsche überprüfen und das Gebiet, auf dem Sie es zu etwas bringen wollen, sondieren, werden Sie Ihre Kleidung entsprechend aussuchen können. Wer eine Fülle von Eigenschaften und Wesenszügen aufweist, erweitert seinen Horizont. Nur damit wir uns verstehen: Täuschen sollten Sie niemanden. Ihre Kleidung sollte kein Mittel zu Betrug oder Maskerade sein. Sie soll Ihr wahres Ich enthüllen, nicht einen Heuchler hübsch einpacken.

Wenn Sie dieses Buch lesen, werden Sie begreifen, inwiefern eine ungezwungene Aufmachung Ihre Kommunikation mit anderen ehrlicher und direkter gestalten kann, denn die Kleidung reaktiviert Ihre inneren Dimensionen. Jedes Kapitel wird eine gesonderte Eigenschaft

LINKS. Dieses Ensemble spricht, ohne jede Hilfe seitens eines bestimmten Hintergrundes, sehr beredt für sich selbst: ein eleganter Anzug mit viel „Statur". (Zweireiher haben fast immer etwas Autoritäres.) Es gibt nicht ein einfarbiges Kleidungsstück in diesem Ensemble; alle fügen sich bestens und phantasievoll zusammen.

Ihr Auge sagt Ihnen, daß dieser Mann keine Knochenarbeit leistet ... dabei haben Sie ihn nie ein Wort reden hören. Ensemble: Alexander Julian. Modell: Troy Lee Hinkle.

MITTE. Hier derselbe Junge in nicht so eleganter Stimmung. Seine Brust ruft uns ein anzügliches „Kuckuck" zu. Die aufgekrempelten Ärmel entblößen noch mehr Haut. Der erotische Eindruck ist unverkennbar, denn er teilt sich in jedem einzelnen Artikel mit.

Die Weste z.B. hat mehrere sichtbare Taschen und andere Details, die ganz heimlich Eingänge eröffnen, um die Hand enger an den Körper zu legen. Die Hose hat einen relativ kurzen Schlitz ... der das Aufziehen erleichtert. Den größten Aufschluß aber gibt die Uhr an der Weste, die unterschwellig eine Verachtung für Terminkalender andeutet: Dieser Junge hat immer Zeit für schöne Sachen. Hemd: Hannes B. Weste: The Trader.

RECHTS. Und noch einmal derselbe, zum Spielen aufgelegt. Da alle Farben recht blaß sind, wirkt er weniger autoritär oder förmlich als auf dem ersten Foto. Keine Aufmachung ist besser als die andere; sie teilen nur unterschiedliche Eigenschaften mit. Außerdem passen sie je nachdem in unterschiedliche Millieus.

Dieses lässige und doch phantasievolle Aussehen vertrüge sich bestens mit einem Brunch auf der Terrasse, wo der Zweireiher zu steif wirken könnte. Umgekehrt wäre der Zweireiher bei einem Abenddinner zu zwölft angebracht, wo das Sacco-Ensemble wohl als Gag aufgefaßt würde. Witzig-Spritziges aber steckt im Kern dieser Kombination.

Mit einer einfarbigen Krawatte und ohne die flotten Hosenträger wäre sie akzeptabel und berechenbar — nicht mitteilsam also; mit diesen Zusätzen aber spricht sie von Vergnügen, ohne daß der Junge den Mund aufgemacht hätte. Ensemble: Garrick Anderson.

besprechen und zeigen, wie sie sich durch die Ausdruckskraft der Kleider darstellen läßt. Wie weit Sie sich diesen Vorschlägen anpassen, hängt von der Situation, deren Reglement, Ihren Zielen und Ihrem Auftreten ab.

Machen Sie nicht den Fehler, an eine universell passende Grundausstattung zu glauben. Wie wir sahen, als wir über den Anzug als neutrale Kulisse sprachen, deckt *eine* Kombination einfach nicht alle Facetten ab. Es ist ein Fallstrick. Sie müssen mehr Verantwortung für sich übernehmen und ehe Sie sich anziehen, entscheiden, was Ihnen etwas bedeutet. Sie müssen sich auch darüber klar sein, wie stark Sie den Kahn der Gesellschaft erschüttern wollen. Auf den Wellen der Freizeit ist mehr erlaubt als im Tümpel des Geschäftslebens. Aber ein

beherzter Hechtsprung tut gar nicht not. Dieses Buch wird Ihnen zeigen, wie Sie mit kleinen Schritten auf dem Weg zu einer äußeren Verwandlung weit vorwärtskommen.

Und noch ein Lohn wird Ihnen zuteil. Genau jetzt verbreiten Sie ja vielleicht Fehlinformationen über Ihr Selbst, nur weil Sie sich gedankenlos und ohne bestimmte Absicht anziehen. Nach Erkundung der Bildersprache unserer Kleidung können Sie diese harmlosen Lügen korrigieren. Denn das ist letztendlich der Vorteil einer individuellen Garderobe: Sie haben die Freiheit, anderen mit absoluter Sicherheit zu verraten, was sie von Ihnen erfahren sollen. Sie selbst kontrollieren Wahrheitsgehalt und Richtigkeit der Botschaft, denn *Sie* verkörpern sie.

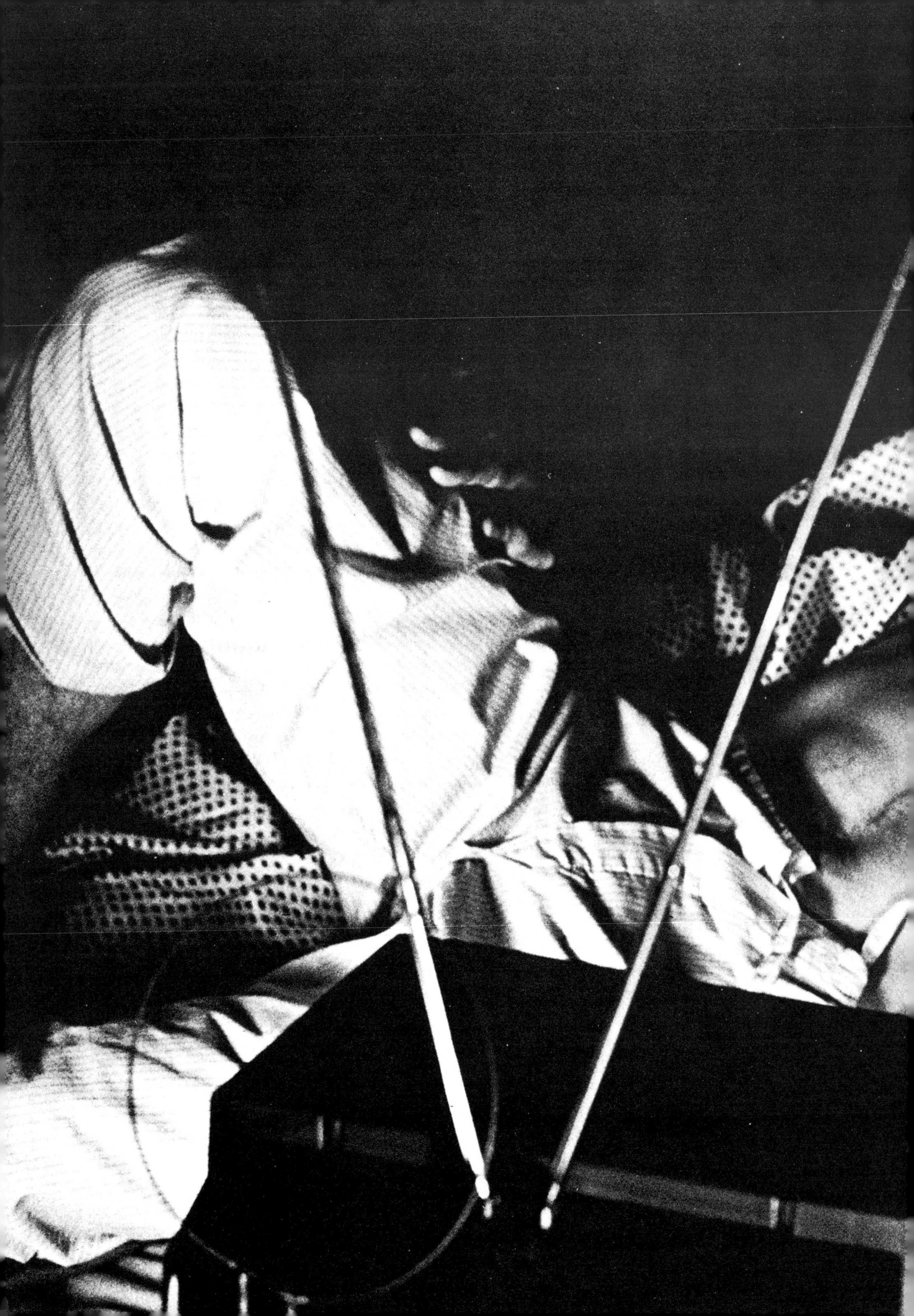

TEIL I

IN DER FREIZEIT

KAPITEL 1

SEXY!

VORHERGEHENDE DOPPELSEITE. Inbegriff der Freizeitkleidung ist der Schlafanzug, in dem nur sehr intime Bekannte Sie je erspähen. Freizeitkleidung ist ausdrucksstärker — kann folglich auch sexyer sein — als die Geschäftskluft, in der Ihre Kollegen Sie sehen. Pyjama: Ron Chereskin. Modell: Brian Terrell.

LINKS. Sexy Sachen decken ein ganzes Spalier von Ausdrucksmöglichkeiten ab. Immer aber sollen sie die Erotik des Körpers betonen. Je besser der Körper, desto sexyer der Eindruck, denn nur wenige Menschen geraten ohne Stimulierung ins Schwärmen. Relativ bleibt natürlich, welcher der reizvollste Männerkörper ist. Genauso die Frage, wieviel Körper man vor Fremden zeigen darf.

Koketterie kann ein Stimmungstöter sein; was jedoch die Stimmung anheizt, kann den Boden fürs Ausziehen ebnen, sobald die Zeit gekommen ist. Modell: John Burke.

KÖRPERBEDECKUNG

Immer mit der Ruhe. Wenn Sie sich von keinem neuen Blickpunkt aus betrachten wollen, sind Sie für dieses Kapitel noch nicht reif. Anfänger müssen jetzt in ihrer Phantasie über sich hinauswachsen. Denken Sie an die Verkörperung all Ihrer erotischen Träume. Und nun versetzen Sie sich in dieses Idealgebilde. Betrachten Sie sich durch die Augen jenes Wunderwesens. Nun, kämen Sie rein äußerlich als Liebesgespiele infrage?

Ehe Sie verzweifelt zusammenbrechen, bedenken Sie, daß diese Übung Sie ja nicht nur demütigen soll. Die gewonnene Lehre heißt einfach, daß andere Sie genauso betrachten, wie Sie häufig die anderen — mit Sex im Hinterkopf!

Ja, wir sprechen über die sexuelle Anziehungskraft. Sie wissen, daß Sie dafür empfänglich sind. Und andere doch ebenso. Wer selbst Fremde taxiert und sie ohne weiteres nach dem Äußeren einordnet, darf die umgekehrte Vorstellung nicht scheuen. Vergessen Sie also nicht, daß viele Fremde herumlaufen, auf die Sie nicht mit erotischem Feuereifer reagieren. Genauso, wie es viele Fremde ja auch bei Ihnen nicht tun ... obwohl Sie es sich wünschten. Sexuelle Anziehung wird leider oft nicht erwidert.

In den letzten Jahren sind viele sexuellen Stereotype hoppsgegangen und Minderheiten haben die Gesellschaft gezwungen, ihre Wertvorstellungen zu überprüfen. Die Feministinnen haben angepaßten Männern beigebracht, daß Chauvi-Tölpelei sich nicht mehr lohnt. Die Schwulen haben den Lernwilligen gezeigt, daß Mackertum nichts Erhabenes hat. Und die Bürgerrechtler haben klargemacht, daß vergangenes Unrecht kein neues rechtfertigt. Viele Bewegungen haben die sexuellen und sozialen Einstellungen mit vereinter Kraft neudefiniert,

so daß weiße Männer der Mittelschicht endlich nicht mehr unangefochten die Überlegenen sind.

Wenn die Machtkontrolle einer Gruppe allein abgerungen und an viele andere verteilt wird, garantiert der gemeinsame Machtbesitz aber weder großen Status noch den Idealzustand. Nachdem die Männer zumindest weniger unumschränkt regieren, liegt heute ein neuer Akzent auf körperlicher wie finanzieller Anziehungskraft, denn durch Männlichkeit allein wird kein Mann — egal welches Exemplar — automatisch zum großen Fang. Der heute begehrenswert wirkende Mann muß mehr in die Waagschale werfen. Das heißt bei der Partnersuche oft: Sex-Appeal. Selbst eine prachtvolle Persönlichkeit oder Reichtum gewinnen nicht ohne weiteres.

Natürlich sind Sie, wie auch jede Frau, mehr als nur Sexualobjekt. Wenn aber Sie Ihren sexuellen Magnetismus verkennen, verfällt ihm wohl auch sonst niemand. Wir besitzen nun einmal sowohl einen Körper als auch Geist und Gemüt. Hoffentlich. Die körperlichen Attribute sind der Schlüssel zur körperlichen Anziehung. Und die mag in einer welterschütternden Liebesaffäre, sogar einer scheidungssicheren Ehe aufgehen, — oder ganz abflauen. Egal, was herauskommt, — beim ersten Kennenlernen geht körperliches Wohlgefallen über alles. Und Kleidung hilft, das Feld zu ebnen, auf dem sich die menschliche Komödie abspielen soll. Zweifel? Ja, warum werden wohl Kostümbildner beschäftigt? Damit der Zuschauer den Darstellern unbewußt die richtigen Rollen zuweisen kann. Wenn wir uns anziehen, sind wir selbst Kostümbildner. Ein Kenner kann sein Appeal verbessern, ein Stümper es verringern. Verkorksen Sie sich also nicht.

BILDERRAHMEN

Sie denken viel, viel zu schnell, wenn Sie Ihre Kleider nur als etwas zum Ausziehen betrachten, ehe man ans erotische Geschäft gehen kann. Die richtige Kleidung wird nur Ihren sexuellen Magnetismus erhöhen, nicht Ihre Leistung; Sie *werden* sinnlicher wirken ... und Ihren Lohn ernten. Dann hängt alles von Ihrer Ausstattung und Ihrer Technik ab.

Sexy Kleider sind im Grunde körperbewußte Sachen, die das Einzigartige der männlichen Physis betonen und die überspielen, was den „männlichen" Gesamteindruck stört. (Einzige Ausnahme sind die Geschlechtsteile; außer unter Schwulen gilt Protzerei damit als abstoßend vulgär und nicht als sexy.)

Ironischerweise vielleicht vertragen sich homosexuelle Ansprüche an reizvolle Kleidung durchaus mit den heterosexuellen; auf den ersten Blick, ehe man Worte wechselt und die Person an sich schätzen lernt, sagt attraktive „Männlichkeit" im allgemeinen sowohl heterosexuellen Frauen wie homosexuellen Männern zu. Folglich kann niemand sich „schwul" oder „normal" kleiden. Wer sich so anzieht, daß er Sex-Appeal, egal welcher Art, verströmt, will nur das Beste aus seiner männlichen Physis machen.

Körperbewußte Garderobe ist auf unterschiedlichen Ebenen angesiedelt. So sind Badehöschen nicht automatisch reizvoller als Jeans. *Wo* man welche Kleidung trägt, gibt den Ausschlag. Ein Bikini zum Opernbesuch ist nicht sexy; er ist skandalös. In Frack und Fliege an den Strand zu gehen, wäre albern. Weder Bikini noch Frack eignen sich zum Durchwaschen in der Maschine. Aber Jeans. Und im Waschsalon wiederum können Jeans sehr sexy wirken, denn dort passen sie hin. Obwohl auch einige förmliche Kleidungsstücke etwas Sex-Appeal besitzen, kann zuviel davon unter Umständen schaden. Geschäftsgarderobe sollte eben selten sexy sein, da sich Sex und Berufsleben nach uralter Theorie nicht vertragen. In diesem Milieu sollte die Kleidung daher nur unterschwellig sexy sein und die sexuelle Signalwirkung der Freizeitkluft vorbehalten bleiben, wo weniger Zensur droht.

LINKS. Eine nackte Brust ist genauso sexy wie Jeans, die oben aufgeknöpft sind. Obwohl diese Minimalausstattung an sich nur harmlos sexy wirkt, käme sie in einem Restaurant nicht gut an. Modell: Todd Bentley.

UNTEN. Jede Menge Haut zu zeigen, ist in einem Ferienort zulässiger als bei einem Treffen des Eltern-Lehrer-Verbandes. Wo knappe Kleidung zur Tagesordnung gehört — etwa beim Sonnenbaden — kann es sexyer sein, nicht das Maximum zu entblößen.

Ein aufgekrempeltes Paar Shorts wirkt sexyer als ein Tanga, weil es vermuten läßt, man habe einem lustvollen Impuls nachgegeben. Spontaneität ist reizvoller als jeder krampfhafte Versuch zu kokettieren. Modell: Les Lyden.

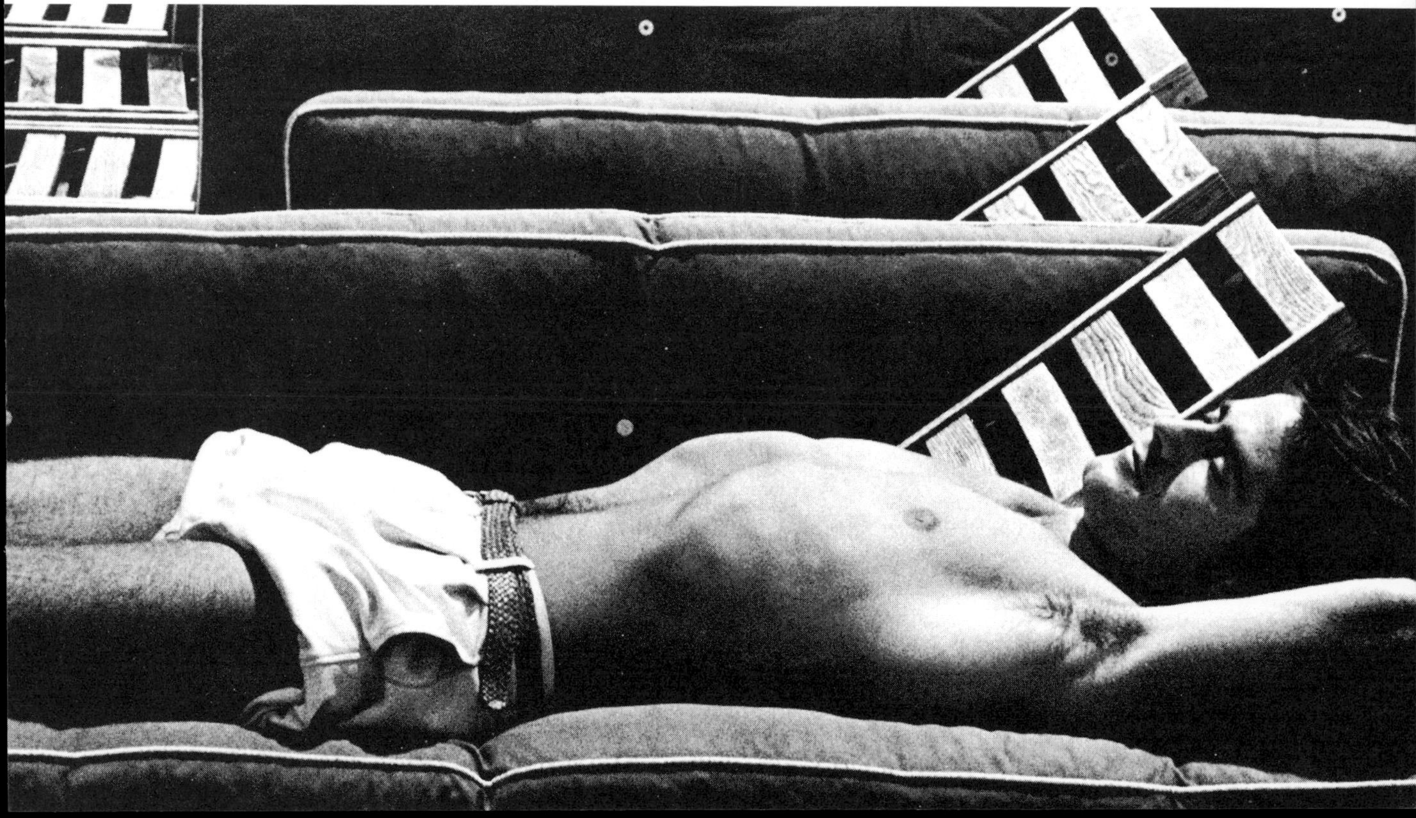

UNTEN. *Ein sportlich konturierter Körper ist das sinnliche Ideal der Gegenwart. Schon Sportkleidung jeder Couleur fördert das Sex-Appeal. Den Gummibund von Turnhosen nach unten zu schlagen, wirkt unterschwellig erotisch, weil es das Verborgene ahnen läßt, als würfen große Ereignisse ihren Schatten voraus. Modell: Brian Terrell.*

RECHTS. *Zu viktorianischen Zeiten galt es als unfein, auf die Fortpflanzung auch nur anzuspielen. Bis heute werden manche Leutchen beim Thema Sex zimperlich und empfinden Unbehagen beim Anblick des Männerkörpers, obwohl es ihnen viel leichter fällt, unverhüllte weibliche Rundungen zu betrachten. Besonders diejenigen, die nicht mit der Zeit gehen (d.h. leider eine große Zahl) werden die Nase über Geschlechtsgenossen rümpfen, die sich zwanglos sexy präsentieren.*

Na und? Sexy Sachen sollen doch die richtigen Partner anlocken, keine Puritaner, Bigotten und Kleinkarierten. Wenn Sie wie ein junger Gott aussehen können, dann ran an den Speck! Badehose: Speedo. Modell: Robert Henry.

Natürlich kann man mit einem Körper, der nicht gerade zum Jubeln veranlaßt, nicht dieselben Reaktionen erhoffen wie bei einem durchtrainierten Body. Auch wenn ein gutproportionierter Körper Vorteile verschafft, muß man keinem Olympioniken gleichen. Ein mäßig entwickelter Körper unter körperbewußter Kleidung sieht immer noch besser aus als ein unvorteilhaft angezogener Zehnkämpfer. Umgekehrt kann aber körperbewußte Kleidung an über- oder untergewichtigen Leibern dem „Faß " die Krone aufsetzen und ihren Träger lachhaft wirken lassen. Wer etwas vorzuzeigen hat, der sollte es ruhig tun. Wer nicht, sollte darauf verzichten ... bis sein Körper die nötige Kontur besitzt.

AUFS i-TÜPFELCHEN

Mehrere Untersuchungen haben ergeben, daß Frauen den Po für die erotischste Komponente des Mannes halten. An zweiter Stelle picken sich Frauen meist die Brust heraus. Frauenhintern und -brüste unterscheiden sich stark von denen der Männer, und auch sie gelten wiederum als der reizvollste Teil des Körpers. Da sich etwa Fußknöchel und Ohren von Geschlecht zu Geschlecht kaum unterscheiden, liefern sie der Phantasie weniger Stoff. Wo es um die Wahrnehmung sexueller Attraktivität und Zuneigung geht, muß man sagen: Lang lebe der kleine Unterschied.

Heute merken wir in unserem Kulturkreis, daß die Übergänge zwischen „männlichem" und „weiblichem" Verhalten breiter sind als einst angenommen. Das gilt aber nicht für unsere Sicht der Anatomie: der„Weiblichkeit" des Frauen- und der „Männlichkeit" des Männerkörpers schenken wir unsere Bewunderung (ein Unterschied, der sich übrigens auch auf die Geburtenratc auswirkt).

Als Mann wünschen Sie also jene Körperpartien zu betonen, die Ihre „Männlichkeit" zeigen. Obwohl die sexuellen Wunschträume höchst individualistisch, manchmal fetischistisch, sind, hier eine Liste der begehrtesten Attribute:

* Kräftiger Nacken
* Breite Schultern
* Weiter Brustkorb
* Starker Bizeps
* Straffe Taille
* Flacher Bauch
* Schmale Hüften
* Fester Po
* Gutentwickelte Schenkel

(Die Geschlechtsteile fehlen hier, weil sie meist zu intim sind, um der Öffentlichkeit aufzufallen.)

All diese Vorzüge dauernd vorzuführen, wird einem wohl nur in einem Sortiment von Tangas gelingen. Das wird nicht den Beifall der Allgemeinheit finden. Um sich sexy — d.h. betont männlich — anzuziehen, sollten Sie wählerisch und etwas raffiniert vorgehen. Die Umstände bestimmen Ihre jeweilige Diskretion. Denken Sie fürs erste nur über die Liste nach. „Athletentum" wäre die grundsätzliche Bezeichnung für die Anziehungskraft männlicher Accessoires. Heutzutage nämlich heißt körperliche Attraktivität, körperlich fit zu erscheinen.

Drei Buchstaben des Alphabets können die als anziehend und athletisch betrachteten Formen des Männerkörpers kennzeichnen:

V. Kräftige Schultern sind sinnbildhaft männlich. Über schmalen Hüften verleihen sie Ihrem Mannestum Nachdruck. Der männliche

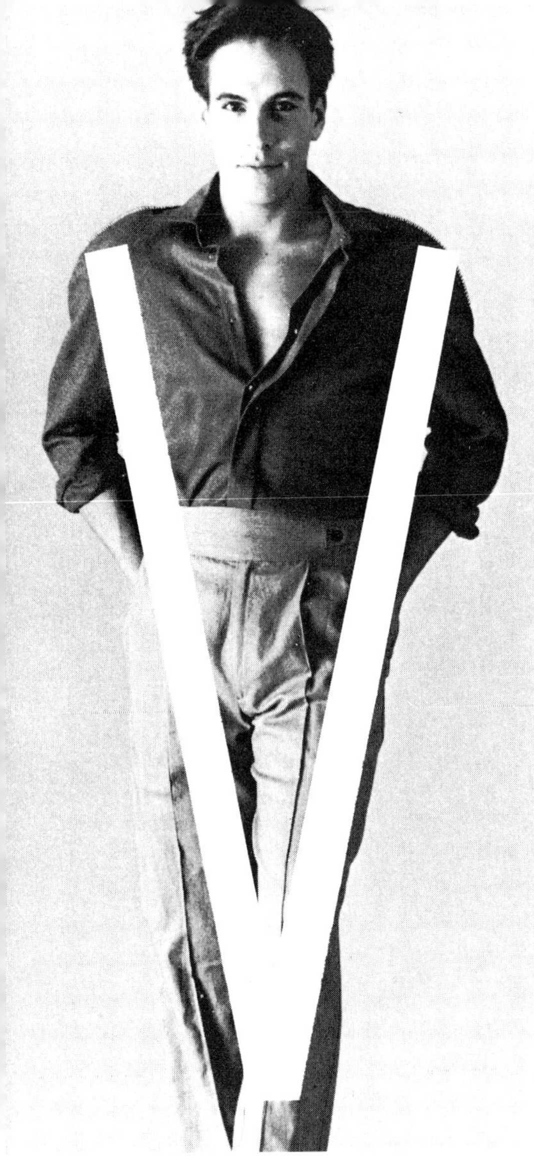

LINKS. Die V-Form ist sexy, weil sie die Kraft des Männertorsos hervorhebt. Die kaum sichtbaren Reißverschlußzähne, die über die Schultern auf die Ärmel hinunterlaufen, könnten wie Firlefanz erscheinen, machen aber Schultern und Arme massiver. (Ein strategischer Streifen würde dasselbe leisten.)

Läßt man die obersten Hemdknöpfe offen, entsteht ein V aus nacktem Fleisch. Daß das Hemd in den Bund gestopft ist, macht die Brust noch v-förmiger. Auch die Hose mit ihren leichten Bundfalten betont den v-förmigen Gesamteindruck.

Die Farbtöne von Hemd und Hose sind hier recht ähnlich. Diese relative Kontrastarmut macht den V-Eindruck fließender, als wenn die Schattierungen aufallend gegensätzlich wären. Modell (für alle drei Fotos): Michael Hart.

MITTE. Auch die Y-Kontur wirkt sexy. Sie verleiht Brust und Schultern noch mehr Nachdruck, weil die Hose hier eng ist. Der Steppbesatz in der Gabel vergrößert den Brustkorb. Die buntgestrickten Streifen schaffen optisch breitere, stärkere Schultern. Alle Raffinements dienen dazu, die Proportionen des Oberkörpers zu verbessern. Ausgewaschene Jeans deuten sämtliche darunterliegenden Teile hübsch an, ohne sie zu entblößen.

Traumkörper ist v-förmig und verengt sich fast geradlinig von Schulterweite auf einen Punkt unterhalb des Beckens, wodurch der Brustkorb Bedeutung erhält. Kleidung, die diese V-Förmigkeit wahrt, ist deshalb grundsätzlich männlicher — und reizvoller — als andere. Das Ansprechende an v-förmigen Kleidern liegt darin, daß sie dem natürlichen Fluß der männlichen Physis zu entsprechen scheinen. Obwohl der Körper nicht so konturiert ist wie in hautengen Sachen, entsteht doch eine Ahnung von dessen Aussehen, wenn er sich unter der Kleidung bewegt.

Y. Den männlichen Körper insgesamt kann man sich als y-förmig vorstellen. So betrachtet ist er zwar noch immer ein V, aber die Beine

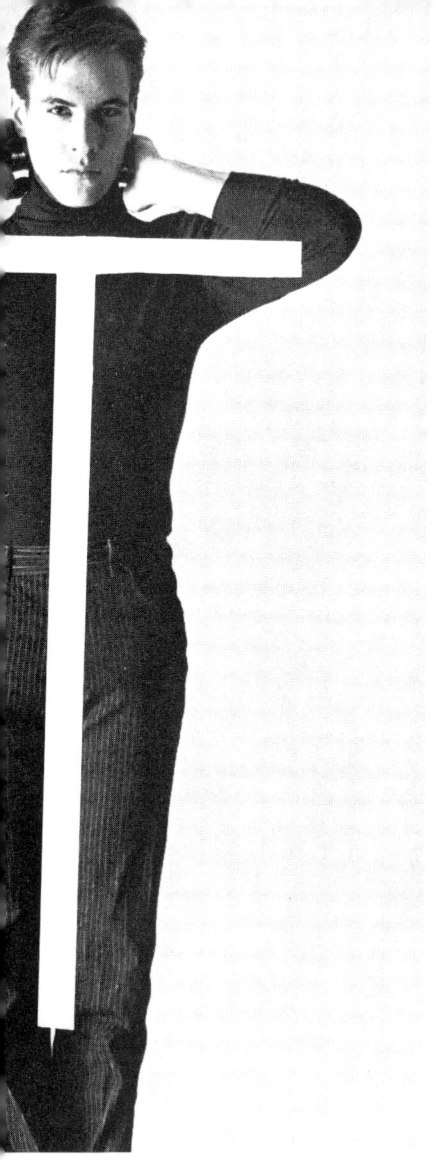

RECHTS. Das T ist die dritte reizvolle Art, Kleider zu kombinieren, verlangt aber einen guten Körper, denn der Phantasie bleibt wenig Raum. Es ist keine optische Täuschung: Sie sehen den Körper des Modells; soviel Knappheit ist absolut entlarvend.

Weil sowohl Pulli als auch Hose dunkel sind, tritt das T noch deutlicher zutage, als wenn beide gegensätzlich gefärbt wären.

ergeben zusätzlich den Schnörkel des Y. In diesem Zusammenwirken tritt die V-Form sogar noch drastischer hervor, weil der massive Brustkorb stärker akzentuiert wird. Und der Po. Relativ weite Oberteile — oder relativ enge über einer Brust, die von sich aus Eindruck macht — unterstreichen im Verein mit knapp an der Taille sitzende Hosen das y-förmige Gesamtbild.

T. Stellen Sie sich einen Mann vor, der die Arme hebt und die Hände in den Nacken legt. Er ähnelt einem T (mit Kopf). T-förmige Kleidung ist die radikal männlichste, denn sie kehrt am deutlichsten den Mann hervor. Ihr Sex-Appeal schwankt je nach Sexyness des Körpers, der sie trägt.

Auch ein Körperbau, der *nicht* attraktiv oder athletisch männlich wirkt, läßt sich mit Buchstaben kennzeichnen.

X. Eine Wespentaille ist nicht männlich. Sie erinnert zu sehr an die weibliche Sanduhrenform. Aufgeplusterte Oberteile und weite Hosen mit engem Bund sind keine sexuell ansprechende Männerkleidung.

H. Auch unförmige Geradlinigkeit ist nicht sexy, und selbst ein superb gebauter Mann kann in einem weiten, sackartigen Anzug H-förmig erscheinen. Wer alle Konturen bauschig verhüllt, wird nie lustvolle Seufzer zu hören bekommen.

O. Die Form des Übergewichtigen. Die Schwammigkeit eines massigen Körpers verwandelt in ein unmännliches, geschlechtsloses Neutrum. An einem o-förmigen Körper wird jede Art Kleidung wohl oder übel selbst o-förmig.

I. Die Form des Untergewichtigen. Auch Schmächtigkeit vermindert das männliche Appeal, wenn auch nicht so drastisch wie Übergewicht. Jackets mit wattierten Schultern z.B. können dem I-förmigen zur T-Förmigkeit verhelfen. Aber leider wirkt ein I-Körper auch in Badehosen immer I-förmig, und T-Shirts mit wattierten Schultern wird man nirgendwo finden.

Da V-, Y- und T-förmige Körper immer Sex-Appeal verströmen und da sich alle möglichen körperlichen Mischformen ergeben, gibt es auch zahlreiche Mittel, den Sex-Appeal zu steigern. Natürlich bestehen zwischen den Kleidungsstücken viele Unterschiede, aber ausnahmslos müssen sie dem Körper irgendwie schmeicheln. Mit etwas Vorbedacht können Sie in fast jeder Garderobe Ihren physischen Magnetismus erhöhen, — nicht aber, wenn Ihre „Männlichkeit" gänzlich unbetont bleibt.

VERSATZSTÜCKE

Obwohl manche Leute mit Neigung zur Ideosynkrasie mir widersprechen werden, wirkt sexy Kleidung nur am Körper. In einer Kommodenschublade ist auch die neckischste Wäsche nicht erotisch. Aber stecken Sie mal einen attraktiven Körper ins Höschen, dann können wir weiterreden!

Kurz: Kleidung ist nicht gleich Kleidung. Sie ist eine Reihe von Versatzstücken, die erst beim Tragen praktische Folgen zeigen. Die sichtbare Beziehung zum Leib des Trägers entscheidet, ob Kleidung sexy ist oder nicht.

Sobald Sie öffentlich auftreten, verpacken Sie sich in eine Tracht aus mehreren Einzelstücken. Wie diese zusammenpassen, einzeln aussehen und sich *alle* zu einem charakteristischen Bild vereinen, das entscheidet darüber, wie nachhaltig Sie den erwünschten Eindruck vermitteln.

Wenn ein Mann eine sexy Hose, ein sexy Hemd und ein sexy Paar Schuhe trägt, wird er reizvoller aussehen als ein Mann in sexy Hosen, der ein schlecht sitzendes Hemd und Wanderschuhe anhat. Wahrscheinlich wird dieser letztere sogar keineswegs sexy erscheinen, weil alle Bestandteile seiner Kleidung widersprüchliche Signale senden. Man dürfte ihn wohl für jemanden halten, der sich nachlässig kleidet und ein verschrobener Wandervogel ist, auch wenn er eigentlich Geschäften nachgeht. Sein Äußeres verrät, daß ihm beim Anziehen jedes Talent fehlt und daß er wahrscheinlich ein Einfaltspinsel ist.

Wenn einzelne Bestandteile schließlich sogar widersprüchlich werden, ist der Eindruck bizarr. Selbst in Atlantic City wirkt ein Mann in Badehose und Geschäftsschuhen überspannt ... genauso bizarr, wie ein Herr ausehen würde, der in Anzug und Weste Rollerskate fährt. Mehrere sehr gegensätzliche Kleidungsstücke von sehr gegensätzlicher Stimmung lassen etwas von geistiger Zerrüttung ahnen. Denken Sie nur an das Bild, das Penner abgeben, wenn sie die Straße entlangschlurfen.

Ein weniger extremes Beispiel: ein Mann, der zu sexy Hosen ein gewöhnliches Holzfällerhemd und die typischen Sportschuhe trägt. Er *kann* etwas sexy, gewöhnlich oder sportlich wirken. Seine Ausstattung im großen Ganzen ist nicht widersprüchlich. Aber auch nicht ausdrucksstark. Trüge der Mann ein sexy Hemd zu seiner sexy Hose, ließe die Joggingschuhe aber an, so wäre seine Garderobe vielsagender und er erschiene eindeutiger sexy. Um jedoch die stärkste sinnliche Aura zu erreichen, zöge er sich besser insgesamt sexy an und würde auf typische Joggingschuhe verzichten.

Manchmal allerdings sind solche Kombinationen reizvoll, etwa wenn milieutypische Kleidung irgendwo anders getragen wird. Wer auf der Wall Street in Sportstudiokluft einhergeht, wird, wenn er einen sexy Körper hat, aufregender wirken als beim Marathonlauf, denn dort verschwindet er in einer Heerschar von ähnlich Gekleideten. Derselbe Mann allerdings würde auf einer Vorstandssitzung mit seiner Staffage absolut unsexy, nämlich deplaziert erscheinen. Gegensätzliches wirkt eben nur in gewissen Grenzen.

KÖRPERPOLITIK

Einzelne Kleidungsstücke vermitteln eine Vielzahl von Eindrücken, also nicht immer nur *eine* Eigenschaft. Die wichtigsten Elemente dabei sind Schnitt, Gewebe, Farbe und/oder Muster des jeweiligen Teils. Viele Kleidungsstücke haben auch ihre eigene Psychologie. Lesen Sie die folgende Abhandlung aufmerksam durch, denn diese Faktoren beeinflussen die Übermittlung anderer Eigenschaften genauso wie die von Sex-Appeal.

SCHNITT

Wie Sie nun wissen, ist die Form Ihrer Kleidung insgesamt ein Mittel zum Ausdruck, wobei V-, T- und Y-Form als „am männlichsten" gelten. Da aber jedes Teil seinen eigenen Schnitt hat, stützt oder stört es die Gesamtkonstellation Ihrer Garderobe.

Überhaupt läßt sich der Begriff „Form" hier meist mit „Schnitt" gleichsetzen. Hosen z.B. sind in einer Unzahl von Varianten unten weit oder eng geschnitten. Pullis können eng oder bauschig, lang oder kurz oder irgendetwas dazwischen sein. Der Schnitt Ihrer Kleider be-

OBEN. Im Gegensatz zu dem unten abgebildeten hat dieses Ensemble wenig Protziges, ja, wendet sich sogar gegen Mode, weil es die Kluft eines Fabrikarbeiters sein könnte. Dem gestylten Look wird kein Zugeständnis gemacht. Und gerade auch darum finden bestimmt manche dieses Outfit sexy (während andere es schlicht für schlampig halten.) Doch es schützt nichts Falsches vor.

Das T-Shirt mit seinem aufgebäumten Muskelprotz verleiht sogar einen Hauch Komik. Seine Übergröße beweist, daß der Junge sich nicht allzu ernst nimmt, und die Jeans wirken weniger „animalisch".

Unterschwellig lenkt der Anblick des kecken Unterhemdträgers das Augenmerk auf den Torso. Die dicke Bemäntelung mit Kapuzenpulli und Weste erinnert an einen sexy Vagabunden. So sieht ein frecher Straßenlümmel aus! Modell: Jimmy Nikkerson.

UNTEN. Da sich Sexyness vielfältig mitteilt, es jedoch wenige Anlässe gibt, wo Sex-Appeal am Platze scheint, müssen Sie Ihre Kluft auswählen. Überall, wo sich Leute z.B. zum Tanz treffen, heißt das ungeschriebene Gesetz: Zwanglosigkeit; Discos gehören zu den wenigen Orten, wo ein bißchen Exhibitionismus toleriert wird. Fürs Symphoniekonzert ist dieses sextriefende Ensemble nicht gerade empfehlenswert.

Wenn ein Achselhemd, ob weit wie dieses oder hauteng, nicht zu einem Sportensemble gehört, sollte man es nur tragen, wo die Leute entspannt sind. Der ungewöhnliche Ledergürtel ist hier natürlich nur Schmuck und soll nicht die Hose halten. Er beeindruckt durch seine Größe und betont den dekorativen Zweck.

Bei den meisten Naturvölkern gehört es zum Werbungsritual, daß der Mann sich schmückt. Wenn rhythmische Musik in der Luft liegt, reagieren wir naturhaft, und fast aller Männerschmuck, der anderswo unpassend wäre, erscheint uns schnell sexy. Hemd & Hose: Bech Thomassen. Gürtel: Robin Khan. Modell: Jhamil. Aufgenommen am Times Square, New York City.

CITYGYM
YORK

LINKS. Hier noch ein Beispiel für sexy „Straßenkleidung" (mit hochaktuellem Preisschild).

Die geräumigen Proportionen der Lederjacke schaffen zusammen mit den kessen Jeans die Y-Form. Das Ensemble hat aber noch mehr für sich.

Die plüschig gefütterte Kapuze und der handgewobene Schal verraten, daß dieser Mann auf sanfte Berührungen reagiert. Die Narbenlederjacke hat mehrere Reißverschlüsse und aufgeknöpfte Laschen, die verborgene Schätze suggerieren ... wenn der Betrachter sie nur heben dürfte.

Trotz des dazugehörigen Gürtels bleibt die Jacke offen — eine Einladung, die andeutet, daß der Strip bereits begonnen hat. Die kessen, vom Auswaschen weichgewordenen Denimjeans bewegen sich mit dem Körper und bilden keine abschreckende Fassade. Jacke: Giorgio Armani. Schal: Susan Horton. Modell Doug Spitz.

Nebenbild. Hier noch eine sexy Aufmachung. Diesmal trägt der Bursche ein T-Shirt, das vage mit einem Sportpulli verwandt ist („Wettkampf" heißt einer der Schriftzüge darauf.) Der obere Schriftzug verbreitert die Schultern: Die aufgekrempelten Ärmel zeigen den Bizeps.

Dank seiner leuchtenden Farben ist das T-Shirt ein Blickfang, folgt also einer sexy Strategie. Die Muschelsammlerhose legt die Waden frei und bekräftigt die Tatsache, daß Kerls sich nicht die Beine rasieren. T-Shirt: Enrico Coveri. Hose (Clamdiggers): Float.

einflußt deren Proportion, und verschieden proportionierte Teile vermitteln je nachdem unterschiedliche Züge.

So sind z.B. Hosen, die den Po betonen, reizvoller als andere. Da auch Hosen, die an den Hüften weit, an Schenkel, Knie und Saum aber enger geschnitten sind, immer noch den Hintern konturieren können, sind sie nicht mehr oder weniger sexy als knallige Jeans, nur eben auf eine andere Art. Im Gegensatz dazu wirken am Hintern weit sitzende Röhrenhosen von sich aus niemals sexy. Zieht man jetzt aber noch einen fülligen Pulli an, der kaum über die Taille hinuntergeht, so kann diese Kombination einen reizvolleren, y-förmigeren Eindruck vermittteln, als würde man zu denselben Hosen einen gerade herunterfallenden Wollpullover tragen (der H-Form verleiht). Weit sexyer wäre der weite, an der Taille nicht zu lange Pulli, kombiniert mit der am Schenkel geräumigen, po-betonenden Hose, so daß ein V-Eindruck entsteht. Ebenso sexy wäre derselbe Pulli zu knallengen Jeans (zwecks nachdrücklicherer Y-Gestalt) ... solange Farben und Gewebe des einen Teils nicht mehr oder weniger sexy sind als die des andern.

Der Schnitt der einzelnen Kleidungsstücke also ist wichtig, wenn auch nicht so gravierend wie die Gesamtkombination der Formen. Und Farbe und Gewebe sind nie zu vergessen! Man muß auch bedenken, daß Kombinationen, die den einen Wesenszug nicht vermitteln, einen anderen sehr wohl akzentuieren können. Obwohl also die Pullover/H-förmige-Hosen-Kombination weniger sexy erscheint, wirkt sie doch freundlicher als andre.

In Kürze werden wir veschiedene Kleidungskategorien behandeln, um die besonders aufreizenden Artikel herauszustellen; vergessen Sie aber nicht, daß Farbe nur *eine* Zutat ist und daß zum optimalen Ergebnis jeweils die Farbkombination stimmen muß.

GEWEBE

Sobald wir unsere Haut mit Hüllen bedecken, werden uns die Gewebe dieser Hüllen zur „zweiten Haut". Vinyl ist ein dicker, harter Stoff, der den Körper geradezu panzert. Es vermittelt negative Wünsche, eine Rühr-mich-nicht-an-Einstellung. Folglich ist etwa eine Regenjacke aus Vinyl alles andere als sexy.

Das Gewebe hat einen enormen Einfluß auf die reizvolle Erscheinung. Fasern, die unterschwellig einladen, den Stoff, die zweite Haut, zu betasten, besitzen mehr Sex-Appeal als starre, rauhe. Kaschmir, Mohair und andere füllige Gewebe, die sich warm anfühlen, sind also die „knackigsten". Solange er durch wiederholtes Tragen nicht weich wurde, ist Denim zu stabil, steif und abweisend, um sexy zu wirken. Allerdings altert Denim in Schönheit, d.h. wird durch den Zahn der Zeit reizvoller; dann nämlich entspannt er sich auf der Haut zu einer körperbewußten Kleidung.

Leder ist etwas problematisch. Dickes schwarzes Leder kann an Gewalt und wüsten Sadomasochismus erinnern, im Verein mit weniger furchterregenden Materialien aber wirkt es unter Umständen sehr sexy — es ist der Reiz der kontrollierten Gefahr, die Aufregung eines unschädlichen sexuellen Abenteuers. Weiche Leder (bei Hosen meist Handschuhleder genannt) sind gewöhnlich sexyer als solche, die an harte Motorradbanden erinnern.

Weiche Leder „drapieren" mehr als andere. Das Wort „Drapierung" spielt darauf an, inwieweit ein Gewebe am Körper ruht. Starre Stoffe dagegen panzern den Körper; sie schränken seine sichtbare Bewegungsfreiheit ein. Fasern, die lose anliegen, betonen stärker die Körperteile, bewegen sich besser mit ihnen und erhöhen somit das

RECHTS. Wenn wir unsere Haut verhüllen, werden uns die diversen Stoffe zum Hautersatz. Weiche Textilien wecken im Betrachter größere Berührungslüste als harte, glatte, so daß tastfreundliche Gewebe viel stärker „einladen".

Manchmal aber trügen uns unsere Augen. Sehen Sie sich mal das Sacco an. Extrem tastfreundlich, nicht? Nein. Nur das Muster täuscht ein dimensionales Gewebe vor, obwohl die Wellenlinie im Grunde flach ist.

Wenn unsere Sinne uns täuschen, reagieren wir auf die Täuschung, nicht auf die Wirklichkeit. Betrach-

ter werden auf diesen glatten Stoff also ansprechen, als wäre er mehr oder weniger flauschig.

Auch die Lederhose möchte ein wenig trügen. Ein aufgedruckter Streifen mildert den harten Eindruck und macht die Hose tatsächlich beweglicher … und sinnlicher, weniger „lederkerlig", obwohl es letzten Endes doch eine Lederhose bleibt.

Das Nebeneinander von förmlichem Hemd, Lederhose und lässigem Sacco wirkt sehr hübsch originell und hilft, Sexyness zu vermitteln. Ensemble: Andrew Fezza. Modell: John Sommi.

Körperbewußtsein. Aus diesen Gründen auch sind weiche Leder reizvoller als starre — ausgenommen für Menschen mit sehr speziellen Geschmäckern.

Ebenfalls tierischen Ursprungs und von ebenso animalischer Ausstrahlung sind Wildleder. Auch eine allzu wildleder-betonte Kombination kann wie eine Parodie auf Sex-Appeal wirken, obwohl umgekehrt weiche Wildlederkleidung oft andere Arten von Sex-Appeal verströmt als sonstige weiche Leder. Ihr haftet weniger die Aura lockender sexueller Tabus an. Auch die aufgerauhte Oberfläche lädt den Betrachter mehr zum Anfassen ein.

Manche Textilien sind in puncto Sex-Appeal zweischneidig. Flitter- und Flatterkram symbolisiert zuviel Weiblichkeit, um an einem Mann jemals reizvoll zu erscheinen. Chiffon, Gaze und Spitze gehören in diese Kategorie. In gewissem Maße gilt das auch für Seide und Satin, die einen Frauenkörper zwar sinnlich verhüllen können, Männern aber selten gut stehen. Sicher, Seide kann manchmal sexy wirken, doch bei einem Mann besteht immer die Gefahr, daß er damit anderen die Lust

OBEN. Obwohl das athletische Achselhemd an einem sehr muskulösen Körper äußerst sexy wirkt, hilft oder schadet auch die Farbe dem Eindruck. Auf einem Schwarz-Weiß-Foto unmöglich zu erkennen, ist das Oberteil blaß gelb — ein Ton, der mehr warme Sinnlichkeit ausstrahlt als Weiß.

Auch die gestreiften Shorts verleihen Sexyness, weil die strenge Anordnung der Streifen vom darinsteckenden Körpern verändert wird: Beim Laufen krümmen sie sich hier und da, um sich der Form von Po, Schenkeln und dem ganzen Bewegungsapparat anzupassen. So nimmt der Beobachter den agilen Körper in den Shorts stärker wahr, als wenn sie einfarbig wären. Hemd & Shorts: Float. Modell: Peter Macci.

verdirbt. Ähnlich auch Samt und Velour. Um, allgemein gesprochen, mit Erfolg Textilien zu tragen, die stark an weibliche Sexualität erinnern, müssen diese bei einem Mann etwas härter sein. So können etwa seidene Hosen sehr sexy wirken, solange sie schwergewichtiger und dicker sind als die durchsichtige Seidenbluse einer Frau.

Manche Gewebe sind in puncto Sexyness neutral. Der Flanell von Herrenanzügen z.B. läßt sich nicht als eindeutig sexy oder unsexy einstufen. Allerdings ist er doch etwas sexyer als Gabardine mit seiner flacheren, härteren Oberfläche. Flanell ist aufgerauht, also auch wärmer für Auge und Berührung. Ähnlich sind auch Tweedstoffe an sich nicht weiter sexy, doch im Vergleich zu Köper — sehr robusten Fasern mit streng diagonalen Rippen — immer noch die reizvolleren ... es sei denn, der Köper ist etwas militärisch geschnitten. Solange dieser Stil nicht so übertrieben wird, daß man an eine Stadtguerilla oder einen Menschen mit Sturmtruppkomplex denkt, haftet militärischer Kleidung eine gewisse sexuelle Aura an.

Obwohl sich jedoch bei diesem raschen Überblick manche Gewebe als sexyer erweisen als andere, zählt nur, wie die Zutaten in ihrer Gesamtkombination wirken. Und man darf nie vergessen, daß Garderobe, die hier sexy erscheint, in anderer Umgebung als skandalös gelten könnte.

FARBE

Farbe ist nachweislich der wichtigste Faktor in der Männerbekleidung. Nehmen Sie nur die Farbe Rot. Physiologisch gesprochen, erhöht sie den Pulsschlag des Betrachters. Kein Wunder, daß sie an Leidenschaft erinnert. Oder Blau. Es wirkt auf unser Auge so beruhigend, daß es, physiologisch, unseren Pulsschlag senkt. Himmelblau steht nicht für Sex, sondern für Reserviertheit.

Unsere Reaktionen auf bestimmte Farben sind tief eingefleischt. Gewisse Töne verbindet unser Unterbewußtes mit Weiblichkeit. Rosa und Lavendel gehören dazu, was aber nicht heißt, daß Männer nie Rosa oder Lavendel tragen oder daß der, der es tut, nun automatisch weibisch erscheinen müßte. Nur wird ein Mann, der Rosa oder Lavendel trägt, bestimmt viel schneller auffallen als einer im blauen Anzug, denn Blau wird, obwohl auch Frauen es tragen, traditionsgemäß mit dem männlichen Geschlecht assoziiert. D.h. schlicht und einfach: Jeder, der nicht in grundsätzlich und ausdrücklich männlichen Farben herumspaziert, wird wohl oder übel Beachtung erregen, und davon hängt ja die sexuelle Anziehung ab: Eigenheiten zu vermitteln, die anderen scheinbar fehlen. Umgekehrt kann aber eine zu unmännliche Aura statt Attraktivität Abscheu erregen.

Die gängigsten Farben für Männer sind Blau, Braun, Grau und Grün — im Grunde kühle, emotional „neutrale" Töne (die „weiblichen" sind ja meistens warm und „subjektiv"). „Männerfarben" unterstreichen die Männlichkeit, wirken aber oft einfallsloser als weniger herkömmliche Kombinationen. Der Trick bei der Farbzusammenstellung ist im Grunde der, genug männliche Töne zu wählen, um ein herbes Sex-Appeal zu sichern, darunter aber betörend provokante Schattierungen zu mischen.

Farbe allerdings ist vom Muster nicht zu trennen. (Da Farbkombinationen immer ein Grundmuster ergeben, muß man sich selbst Einfarbiges im Verein mit anderen einfarbigen Teilen vorstellen). Blümchen verbinden wir so fest mit Weiblichkeit, daß sogar männlich getönte Hosen mit Blümchenmuster immer noch eher fraulich als männlich erscheinen.

Umgekehrt vermitteln Karomuster eine viel stärkere männliche Identifikation, obwohl sie nicht ausschließlich männlich sind. Karierte Kleidungsstücke können ruhig in weniger männlichen Tönen gehalten sein, — ein männlicher Schnitt wird ihnen immer noch mehr Aufmerksamkeit sichern als ein ähnliches Teil in sogenannten maskulinen Schattierungen.

Lebhafte Farben und Muster sind für Auge und Physiologie aufregender als etwa Khaki, vermitteln also auch mehr Sex-Appeal, solange ihre Kombination nicht grell erscheint. Meist wirkt ja das, was in einem Millieu aufregend aussieht, im anderen überspannt und affig. Eine jadegrüne Sportjacke ist beim Tanztee im Landheim ganz akzeptabel, aber nicht auf einer Beerdigung. Immer bestimmt die *Umgebung* die Anstandsregeln.

Pastellfarben, die in gedämpfter Vermischung mit Weiß, aus den Grundfarben hervorgehen, vermitteln keine so feste Aussage wie lebhaft bunte. Ganz unsexy sind sie aber auch nicht, denn sie strahlen sanfte Wärme aus. Es ist nicht die pyrotechnische Art Sex-Appeal; Pastelltöne sind kuschlig, knuddelig.

Ausgefallene Farben und Muster sprechen für einen ausgefallenen Geschmack, werden also jene Unglücklichen nicht in Hitze bringen, die Sex nur als Fortpflanzung verstehen. Denjenigen, die den Wundern und Freuden fleischlicher Experimente mehr zugetan sind, können sie aber den Mund wäßrig machen.

Doch selbst die sexuell minder Verwegenen werden unbewußt eher auf warme Töne reagieren als auf kühle. Warme Farben springen ins Auge und erhöhen den Puls (ein Zeichen sexueller Erregung), während kühle uns eben abkühlen. Farbtöne mit einem tüchtigen Schuß Rot sind wärmer, offener als solche mit tiefem, distanziertem Blau. Purpur — aus Blau und Rot gemischt — kann sexuell verlockend sein, aber die Kombination mit anderen Tönen bestimmt über seinen erotischen Reiz. Dank seiner inneren Spannung, seiner Mysteriosität, die für viele zur sexuellen Anziehung gehört, wirkt Purpur jedoch immer betörend.

Neutrale Farben sind ebendies — von ihrem Sex-Appeal her neutral. Eine nahtlos graue Kostümierung ist heikel. Wirken Form und Faser sexy, dann auch das Grau. Sind Form und Faser aber eindeutig unsexy, erscheinen auch Grau und alle neutralen Töne absolut geschlechtslos.

Schwarz und Weiß sind keine Schwarz-Weiß-Farben. Weiß erinnert an Jungfräulichkeit, schmutzt jedoch auch leicht — im Verein mit sexy Schattierungen kann Weiß darum bis zum Platzen gespannte Sexualität versinnbildlichen. Schwarz, die Farbe von Tod und Teufel, besitzt den Reiz verbotener Kenntnisse und Welterfahrenheit, kann aber auch an Ordenstrachten erinnern. Nein, Schwarz und Weiß setzen deutliche Signale. Wie immer kommt es auch hier ganz darauf an, ob Sie sie mit Sex-Appeal tragen.

PSYCHOLOGIE

Die vorangegangenen Betrachtungen machen klar, daß einzelne Kleidungsstücke ihre psychologische Seite haben. Der Sex-Appeal schlichter weißer T-Shirts hängt trotz deren Alltäglichkeit damit zusammen, daß sie einst zur Unterwäsche gehörten. Sie nun als körperliche Außenhülle zu tragen, deutet sexuelle Zugänglichkeit an. Erstaunlicherweise vielleicht stützt eine Sportjacke über dem weißen T-Shirt diesen Effekt noch: Es ist, als wäre ein Kleidungsstück bereits entfernt worden, um das Ausziehen zu erleichtern.

UNTEN. Obwohl dieses Ensemble einen nicht gerade mit Sinnenlust plattwalzt, wirkt es doch sowohl sexy als auch sportlich, weil es „bewohnt" wird. Perfekt gebügelte Athletenklamotten sehen nicht sexy aus, sondern riechen nach Putzteufel. Hier beweisen die schmutzigen Knieschützer und die abgetragenen Turnschuhe, daß der Bursche tatsächlich am Sport teilnimmt. Modell: Bob Martens.

OBEN. Zuweilen muß man etwas so Vages wie „Kleiderpsychologie" analysieren. Dieses wirklich ungewöhnliche Hemd basiert auf dem förmlichen Kragenstil, nur hat es dahinter einen Extrabund, ist also im Grunde eine Kreuzung aus Steh- und Umlegekragen. Die gefütterte Brust verbirgt einen eingenähten Latz.

Obwohl sich Förmlichkeit und Erotik oft gegenseitig ausschließen, deutet die Tatsache, daß der Träger den oberen Knopf seines betörenden Hemdes geöffnet hat — um den Hals herauszustellen — auf Experimentierfreude hin. Hemd: Andrew Fezza. Modell: Jim Catch.

RECHTS. Rein theoretisch könnte man vermuten, ausgefallene Unterwäsche sei reizvoller als das alltägliche Angebot. Praktisch jedoch wirkt „ehrliches" Styling oft reizvoller als kokette, dekorative Details oder funktionsloser Schnickschnack. Altmodische Jockey-Shorts sind sexyer als erregende Neuheiten. Modell: Benjamin Hobbins. Aufgenommen in Venedig.

Sichtbare Reißverschlüsse provozieren immer, sie zu öffnen, eine Hand hineinzustecken und den Körper zu befühlen. Das gilt auch für sichtbare Taschen, im Gegensatz zu flächigen Anzügen, wo nur ein Einstiegsschlitz dazusein scheint.

Asymmetrische Kleidung — etwa ein Hemdchen, das seitlich zugeknöpft wird — ist sexyer als einförmige. Sie fällt aus der Reihe, lockt mehr zur näheren Begutachtung.

Spielt man aber an der grundsätzlichen Integrität eines Kleidungsstückes herum, so wird Mißtrauen geweckt. Nehmen wir etwas scheinbar so Einfaches wie Herrenunterhosen.

Obwohl man sie sicher selten der Öffentlichkeit vorführt, ist doch die Unterhose immer die letzte Hülle, die andere fallen sehen, ehe es ans Geschäft der Paarung geht. Wenn Sie beide sich in Leidenschaft winden, sollte nicht ein Paar Liebestöter die Freuden zum vorzeitigen Ende bringen.

Wenn Sie brandneue Nylonslips mit spröden oder riskanten Zeichnungen und Sprüchen für sexy halten, denken Sie lieber noch einmal nach. Denn derlei Höschen, die auf den letzten Seiten schlüpfriger Zeitungen angepriesen werden, sind eben nur Gags. Mit dem gleichen Erfolg können Sie sich eine Pappnase unten rumbinden. Sicher, Sex sollte locker sein, aber kein pubertäres Geblödel über anzügliche Zoten.

Durchsichtige Unterwäsche, die eine Vorschau auf das später Enthüllte liefert, mag abstrakt ja ganz sexy wirken, aber kaum in Wirklichkeit. Fleischfarbene Säckchen beengen Ihre Männlichkeit und entstellen Ihre körperlichen Anhängsel. Und durchsichtige Wäsche sieht auch nicht „normal" aus; sie könnte ein perverses Verhältnis zu Ihren Geschlechtsteilen andeuten. Gefallen Sie sich ruhig, aber bitte nicht zu leidenschaftlich.

Bikiniwäsche ohne Eingriff muß nicht unsexy sein, wirkt aber auch nicht ehrlich und stimmig. Im Grunde heuchelt sie — gibt etwas vor, daß Sie gar nicht sind. Bikinihaftem, das nicht, — wie ein Sprung ins Planschbecken beweisen würde, — zur Schwimmausrüstung gehört, fehlt auch das Rüstzeug zur Unterwäsche. Es scheint eher daraufhinzudeuten, daß der Betreffende nie pinkeln muß oder sich, wenn doch, auf die Brille hockt. Gemusterte Bikinislips wirken dekorativ, nicht zweckmäßig.

Manche halten Boxershorts wegen ihres „Freiraums" für sexy, und, als einziges Kleidungsstück getragen, können sie das auch sein, aber als Unterhose werden sie gefährlich, sobald sich nämlich mehr, als der Anstand erlaubt, breitmacht.

Die reizvollste Unterwäsche ist schlicht und weiß. Nach ihrem Hersteller bezeichnet man sie oft auch als Jockey-Slips. Was an einfacher, praktischer Unterwäsche so sexy sein soll? Ihre Direktheit; ihre Ehrlichkeit. Sie ist rundheraus männlich.

Überflüssig zu sagen, daß ein infrage kommender Bettgefährte auch über rotflanellene Liebestöter ausflippen könnte; aber wir behandeln hier nur die Gesetze der Wahrscheinlichkeit.

Um zu resümieren: Wo man die Integrität eines Kleidungsstückes antastet, wird Argwohn wach. Ein weiteres Beispiel: Da ein Anzug eher zur Berufskleidung gehört, würden Sie Anzugshosen nie ebenso leichtfertig wie kläglich in Shorts verwandeln, nur um das Ensemble sexy zu machen.

Nachdem wir nun die Faktoren Schnitt, Gewebe, Farbe bzw. Muster und die Psychologie der Kleidungsstücke behandelt haben, wenden wir uns der Klassifikation von Herrengarderobe zu, um diejenige mit dem größten Sex-Appeal zu ermitteln.

Hosen

Wie schon angedeutet, müssen Hosen, um sexy zu wirken, vor allem den Po akzentuieren. Das läßt sich auf mehrerlei Art erreichen. Die offensichtlichste wäre, schlichtweg enge Hosen anzuziehen. Diese List ist bei förmlicheren Anlässen aber weniger akzeptabel. Um dem Gesäß einen dreidimensionalen Effekt zu verleihen (ähnlich wie bei der Brustpartie von Damenblusen), können Hosen auch mit Bundfalten und Säumen ausstaffiert sein. Die Kniffe des Schneiderhandwerks sind unbeschreiblich. Aber um zu sehen, wie die Hose Ihren Po betont (oder nicht), schauen Sie doch mal in einen dreiseitigen Spiegel. (So können Sie auch entscheiden, ob Ihre Kiste zu breit ist; einen unattraktiven Hintern hervorzuheben, wäre ein törichter Irrtum.)

Hosenträger vermitteln übrigens fast nie den Eindruck von Sexyness, weil sie zu sehr an Ruheständler in überalterten Vorortgemeinden erinnern. Das mag zwar eine unzulässige Verallgemeinerung sein, aber stürmische Sexualität verknüpft sich nun einmal mit der Vorstellung von Jugend und Kraft.

Egal, wie Bund oder Hosenschlitz angelegt sind, müssen die Taille fest, der Bauch flach und die Hüften so schmal gehalten sein, daß weder die Rettungsringe noch das Wänstchen übertreten. Darum wirken Bundfaltenhosen auch nur an einem schlanken, gutgebauten Körper sexy, nicht an rundlichen.

Manchmal — besonders bei leichten Stoffen, die an Pyjamas erinnern — sehen Hosen ohne Schlitz sexy aus. Das gilt erst recht bei ei-

OBEN LINKS. Zur Sexyness dieses Ensembles tragen verschiedene Faktoren bei. Grundsätzlich muß bei der Hose der männliche Po irgendwie akzentuiert werden. Hier macht das der Ziergürtel, der absolut keine andere Funktion erfüllt. Ensemble (auch links unten): Matsuda. Modell (auch links unten): Richard Villella.

UNTEN LINKS. Hier ein Beispiel für erotische Gestaltung des Hosenschlitzes. Allgemein gilt, daß bei jedem atypischen Detail das Auge unbewußt die visuelle Abweichung herausfiltert und der Betrachter interessiert wird ... oder angewidert, wenn das Atypische ihm anrüchig erscheint.

In sehr unförmlichem Milieu, z.B. in Parkanlagen, läßt man Ihnen mehr Freiheit, in Ihrer Garderobe „anders" und mithin sexyer zu sein. Umgekehrt wird man bei Anlässen, wo freier Gedankenaustausch zwischen Fremden als anstößig gilt und „Formen" hochgehalten werden, nur unerotische Garderobe erwarten.

RECHTS OBEN. In diesem Fall steigert das Fehlen eines Hosenschlitzes den erotischen Reiz, indem es unterschwellig den Schritt mehr hervorhebt. Genauso verlocken auch Eingriffe mit vielen Schnürriemchen den Betrachter, sie aufzuknoten und nachzuschauen, was dahintersteckt. Ensemble: Ronald Klodzie. Modell: Brian Terrell.

nem Schnürbündchen ... zumal, wenn die Riemchen sichtbar sind und psychologisch herausfordern, sie zu lösen. Gewöhnlich wirken ausgefallene Hosenschlitze sexyer als standardisierte, weil sie in allen Ehren mehr Aufmerksamkeit auf den Schritt lenken, ohne gleich zu protzen. Selbst Hosen mit niedrigem Schritt können in Maßen sexy erscheinen, weil sie den Genitalien Freiraum lassen. Dazu sollten aber auch geräumige Schenkelproportionen (die die darunterliegenden Muskeln andeuten) und schlanke Beine gehören. Umgekehrt sind auch kurze Hosenschlitze sexy, wo sie von hautengen Schenkelproportionen begleitet werden; das erklärt den Erfolg zerschlissener Jeans zum Vorn-Zuknöpfen in gewissen Kreisen. Auch Jeans kleben ja hauteng am Körper.

Leder- und Wildlederhosen sind besonders reizvoll, wenn sie zu keiner ganzen Montur gehören. Gestrickte Hosen dagegen wirken zu banal, sofern man sie nicht so gestylt hat, daß sie wie eine Art Jogginghosen aussehen. Dann überwiegt die Sportsymbolik und verleiht ein Allzeit-bereit-Appeal.

Unter gewissen Umständen sind auch grellbunte Hosen einmal sexy, weil sie Abenteuerlust zu verraten scheinen. Genauso sollten Sie Blau- und andere kühle Töne Erdfarben vorziehen.

Hemden

Wie Hemden geschnitten sind, ist von größtem Einfluß auf die Akzentuierung der gepriesenen männlichen Attribute: breite Schultern, breite Brust, kraftvoller Nacken und starker Bizeps.

Um den Nacken nachhaltig zu betonen, sollte man Sporthemden mit offenem Kragen tragen. Hemden ohne Kragen — bzw. mit einem kleinen Stehbund — präsentieren den Hals noch deutlicher, stellen magere Hälse aber auch schonungslos zur Schau.

In der Regel vermitteln ungewöhnliche Kragen Sexyness, indem sie den Hals hervorheben und unterschwellig die Experimentierlust ihres Trägers darstellen.

Schulteraufsätze wie z.B. Epauletten vermitteln den Eindruck von breiteren Schultern, fördern also auch den Sex-Appeal.

Die Brust kann durch verschiedene Mittel breiter erscheinen. Das Hemd bis zum Brustbein aufzuknöpfen, erregt mehr Beachtung ... für eine vielleicht unterentwickelte Hühnerbrust. Vergessen Sie aber nicht, daß Lächerlichkeit droht, wo die lustweckenden Maschen als Klischee durchschaubar werden. Es gab eine Zeit, da wollten etliche Männer ihre Zugänglichkeit demonstrieren, indem sie ihre knappen Hemdchen bis zum Nabel aufknöpften und die Lücke mit allen möglichen Goldgehängen schmückten. Diese Aufmachung verkam zum altbekannten Klischee. Heute ist sie sogar ausgesprochen abstoßend. Wenn Sie also ein paar Knöpfchen extra öffnen möchten, dann nur bei einem weiten, weichen Hemd, in das jede Hand scheinbar mühelos hineinschlüpfen könnte. Denn darin liegt der wahre Reiz der heutigen weiten Hemden — in ihrer Offenheit. Enge Hemden wirken nur auf einer hochentwickelten Brust sexy, wo sie ebendeshalb eng zu werden scheinen. Altmodisch gerippte Unterhemden und Muskelshirts entblößen ganz einfach mehr Fleisch. Maschige Hemden ebenso. Hemden aus Leinen und anderen natürlichen, gewobenen Fasern zeigen geschickt ein bißchen Fleisch, ohne es ganz zur Schau zu stellen. Oft ist das Halbverborgene reizvoller, weil die Phantasie des Betrachters den Rest erahnen muß. In Nudistencamps verliert das allgegenwärtige Fleisch bald jede Erotik.

Natürlich unterstreichen auch Streifen und Ringelmuster den Brustkorb und dehnen ihn sichtbar aus.

Die sogenannten Muskelshirts mit ihren schräg gekappten Ärmeln deuten einen starken Bizeps an. Über dem Bizeps aufgekrempelte Ärmel sind eine andere Spielart.

Hemden, die vom Design her darauf angelegt sind, mit Schlips und Sacco getragen zu werden, wirken an sich unsexy; sie sehen eben sehr leicht allzu ernst aus.

Fühlbare Gewebe und Strickmaschen sind reizvoller als harte, flache Oberflächen; genauso auch Hemden in warmen, freundlichen Farben, die nicht neutral oder distanziert erscheinen.

Pullis

Weil es so viele Arten von Pullis gibt, kann schon einer allein oft die unterschiedlichsten Eigenschaften vermitteln. Sollen sie eine Vielzahl von Charakteristika andeuten, so wird der Gesamtausdruck verwässert; zusätzliche Teile aber können als Akzentsetzer dienen. Obwohl auch der richtige Pulli selten nur sexy wirkt, kann er doch zum Sex-Appeal eines Ensembles beitragen.

Besonders unsexy sind Rollkragenpullis, denn da sie den Hals verdecken, implizieren sie Verwundbarkeit, nicht Stärke, und weil man sie oft mit der „Beat-Generation" und den Eierköpfen jenes Jahrzehnts verbindet, symbolisieren dunkle Rollkragenpullis auch ein Intellektuellentum, das, zu Recht oder Unrecht, als weniger sexy gilt.

Die meisten Wolljacken mit ihrem großväterlich-professoralen Anstrich sind ebenso reizlos, zumal sie unter ihrer Formlosigkeit für gewöhnlich das Gesäß verbergen. Eine Ausnahme bilden die amerikanischen Universitätspullis: Diese Sweater stehen für athletische Kühnheit, lösen also noch anderweitige Assoziationen aus. Werden sie allerdings von Herren getragen, die die Schule längst hinter sich haben, so legen Uni-Sweater den Verdacht nahe, daß ihr Träger glorreichen Tagen nachtrauert und wenig Aussicht auf eine ebenso glorreiche Zukunft hat. Pullis, deren Machart man eng mit sportlichen Aktivitäten in Verbindung bringt, ohne daß sie direkt zu einem Dress gehörten (z.B. „Tennis"-Sweater, wie man sie nie auf dem Tennisplatz sieht), lassen sich zwar als vital-sexy auffassen, werden wohl aber eher nur sportlich wirken. Dennoch hängen Athletentum und Sexyness stark zusammen, und ein Pulli mit sportlichem Beigeschmack könnte durchaus auch zu einem Eindruck von Sex-Appeal führen.

OBEN. Der robuste Pullover verleiht dem Oberkörper optische Dimensionen, während die Horizontalmusterung sowohl Brust als auch Bizeps stärker erscheinen läßt — und das nachhaltig, denn der Bursche ist sowieso schon körperlich stark konturiert.

Der Schal wurde so drapiert, daß es fast aussieht, als ginge er in den Pullover über; dadurch entsteht ein eigenes interessantes Element um diesen kräftigen Hals.

Daß Pullover und Schal — beide von starker Gewebestruktur — warme, freundliche Farben haben, fördert die Sinnlichkeit des Ensembles. Pullover & Schal: G. Maislinger. Modell: Bryan Coolahan.

RECHTS. Einen sexy Körper zu haben, ist ein großer Vorteil, wenn man Erotik ausstrahlen will, zumal, sobald Teile dieses Körpers lockend hervorschauen.

Das glühend orange, sexy gefärbte Netzhemd kann das knallenge Achselhemd dieses Burschen — absichtlich! — nicht ganz verdecken. Beides entblößt den Körper, als wäre er bereits splitternackt.

Der militärische Gürtel verbreitet sexuelle Symbolik, und die ausgebleichten Jeans sind alles andere als weit. Sonnenbrille: Ray-Ban. Modell: Richard Villella.

LINKS. Selbst auf einige Entfernung sticht leuchtendes Rot noch deutlich heraus: das macht es so sexy. Daher die Erotik dieser Jacke, die darauf angelegt ist, die Schultern durch Farbe und Form zu ,,heben".
Obwohl glatte Stoffe an sich nicht sexy wirken, stimuliert das unerwartete Leuchten dieser Hose doch das Auge, und auch die ungewöhnlichen Streifen erregen Interesse.
Das tastfreundliche Strickhemd besitzt nur einen Halsbund und eine kontrastierende Knopfleiste, die beide den Hals betonen und so zum Ganzen das erotische Flair beitragen. Kleider: Roger Forsythe. Modell: David Spiewak. Aufgenommen auf der Brooklyn-Brücke.

UNTEN. Noch einmal E-Rot-ik, diesmal an einer zweifarbig mit Vlies gefütterten Jacke, die Kontrast und Anfaßbarkeit verleiht. Die kühne Geometrie des leuchtenden Pullovers lenkt das Auge auf die Brust, eine der hochgeschätzen Körperpartien. Jakke: Charivari 72. Modell: Lou La-Russo.

RECHTS. Wieder sexy Rot, auf sportlichen Hosen, die der Welt verraten: Hier ist ein zähes Kerlchen. Darüber ein üppiger seidener Bademantel in starken, vibrierenden Farben, nach denen sich die Köpfe drehen.
Um ehrlich zu sein: Der Körper dieses europäisch-australischen Schwergewichts-Champions in Karate braucht nicht viel Hilfe von außen, um aufzufallen. Bademantel: Fernando Sanchez. Modell: Hans Lundgren.

LINKS. Knöpfe, Nieten, Druck- und Reißverschlüsse — mit dieser Fülle von Möglichkeiten locken sie, das Ensemble (mit dem schon offenen Hemd, um dem Auge das Vordringen durchs Netzhemd zu erleichtern) zu ,,betreten'', wie es konventionell gestylte Kleidung nicht kann. Doch es gibt noch andere sexy Details.
Die militärischen Epauletten verbreitern die Schultern, während die zivilistisch umgestaltete Pilotenjacke an der Taille aufhört, um von hinten die Hinteransicht und von vorn die Vorderansicht auf die unverdeckten Knöpfe am Eingriff freizugeben, die diskret den Schritt hochspielen.
Auch der Gürtel hat einen militärischen Anflug, und das heißt fast immer: Sex-Appeal. Modell: Benjamin Hobbins.

UNTEN. Auch Pelz wirkt fast immer sinnlich, wie diese luxuriöse pelzgefütterte Jacke.
Der burgunderfarbene Grundton des Pullovers verströmt nur etwas weniger Leidenschaft als Ur-Rot, und das geometrische Horizontalmuster verbreitert die Brust, während der handgewebte Schal den Hals spitzfindig liebkost. Jacke: Cleo & Pat. Pullover: Gianfranco Ruffini. Hose: Daniel Caron. Schal: Susan Horton. Modell: Tony Stephano.

Dank seines Designs wirkt ein Pulli mit V-Ausschnitt am reizvollsten, denn er erinnert an den v-förmigen Idealkörper. Trägt man dazu ein Hemd mit offenem Hals, so akzentuiert der V-Ausschnitt auch die Nackenpartie. Dieses V noch auszuschmücken — etwa durch ein geometrisches Muster —, setzt einen zusätzlichen Akzent.

Obwohl die Sexyness eines Pullis von dessen Stil abhängt, sind Farbe und Stoff eigentlich noch viel wichtiger. „Rauhe" Gewebe und reiche, ausgefallene Farben wirken am verlockendsten.

Anzüge

Auch wenn man sie in der Freizeit trägt, setzen Anzüge doch eigentlich geschäftsmäßige Signale. Man zieht sie selten zum Spaß an, öfters aber zu geselligen Anlässen, und genau dann werden sie zur Freizeitkluft. Kann denn ein Anzug sexy sein? Wenn Sie eine Frau schwärmen hören, wie gut Männer in Anzügen aussähen, dann seien Sie gewiß: Die Dame denkt weniger ans Bett als an Heim und Herd; flott geschnittene Maßanzüge vermitteln meist etwas von sozialer, persönlicher und beruflicher Stabilität — Tugenden an einem Ehemann, die jedoch nichts mit sexueller Erfahrung zu tun haben.

Fast alle Anzüge wirken nicht einmal an Tarzan-Typen sexy, weil sie den Körper mehr wie ein Zelt verhüllen statt ihn zu konturieren. Das gilt vor allem für Anzüge mit sogenannter „natürlicher" Schulter, die man am ehesten mit Geschäftsleuten in Verbindung bringt. Raffinierte Kniffe, z.B. eine Andeutung von Taille, sind in dieser Schule tabu. Entsprechend sind auch die Hosen dazu von der Hüfte bis zum Saum (ohne Aufschläge) gerade geschnitten und der Schlitz vergleichsweise tief. Der relativ lose Sitz verwischt daher die anatomischen Konturen. Ein Mann in einem solchen Anzug wird also eher H-förmige Proportionen annehmen — und die sind in Hinsicht auf sexuelle Anziehungskraft unerwünscht, obwohl dieselben Proportionen im Geschäftsmilieu als angemessen gelten können.

Die englisch angehauchten Anzüge haben leicht wattierte Schultern (wenn auch nicht immer), die dazugehörigen Jacken aber liegen fast stets enger an, um dadurch Taille und Hüfte eine gewisse Rundung zu geben. Auch die Hosen folgen den Linien des Körpers, indem sie am Knie weniger voll sind als am Oberschenkel. Insgesamt wirkt die britische Machart spitz zulaufend und verleiht v-förmige Proportionen.

Noch mehr Form als selbst britische Anzüge besitzen die im europäischen Stil (selbst wenn sie in HongKong hergestellt wurden). Diese eher körpergerechten Jacken und Hosen suggerieren y-förmige Proportionen.

Wahrscheinlich werden Sie in britischen bzw. europäischen Anzügen tatsächlich weniger geschäftsmäßig aussehen als in der amerikanischen Manageruniform, d.h. auch entschieden „knackiger".

„Hochmodische" Anzüge versuchen gelegentlich, mit neuen Formen zu experimentieren. Bei ihnen fällt die Diagnose schwerer. In den Augen mancher Betrachter verwandelt sich Avantgarde zu Sex-Appeal, andere sehen darin eher Überspanntheit. Bei hochmoderner Kleidung ist stets besondere Vorsicht geboten, obwohl sie in der Regel nicht stark von der erwünschten V- bzw. Y-Form abweicht. So besteht eine gute Chance, daß Sie darin verlockender erscheinen als in traditionell geschnittener Kluft.

Natürlich hängt Sexyness nicht allein von den Konturen des Anzugs ab, auch der Stoff spielt eine entscheidende Rolle.

Serge, oft für preiswerte Ensembles verwendet, wirkt auf Auge und Tastsinn nicht besonders erotisch, denn ihrer glatten Oberfläche fehlt

UNTEN. Anzüge wirken selten eindeutig sexy, weil sie zu sehr an Geschäftsgarderobe erinnern — Kleidung, die man oft mehr aus Pflichtgefühl und aufgezwungener Etikett trägt. Avantgarde-Anzüge jedoch können leichtes Sex-Appeal verleihen, denn sie deuten auf eine Verwegenheit, die sich nicht kleinkriegen läßt.

Jacketts und Saccos mit breiten Schultern und „Taille" sind körperbewußter als geradegeschnittene Anzüge. Auch die Position des Einschnitts zwischen Kragen und Rockaufschlag führt zu einem sexy Eindruck. Infolge eines ziemlich tiefsitzenden Knopfes auf dem Jackettorso wirkt auch der Hemdausschnitt recht tief. Er verlängert die V-Form und erhöht dadurch den erotischen Magnetismus.

Die Dynamik des komplizierten Karomusters ist reizvoller als ein gesitteteres bzw. einfarbiges Karo. Die genoppte Oberfläche der Flanellhose hat mehr Tastfreundlichkeit — und Sex-Appeal — als ein härterer Stoff.

Vergröbert gesprochen, erscheinen Sacco-Kombinationen meist reizvoller als Anzüge, weil sie weniger reserviert wirken. Jacke & Krawatte: Charivari 72. Modell: Lou LaRusso.

alles Weiche, Volle. Flanell dagegen fühlt sich weicher an, weil seine leicht aufgerauhte Oberfläche etwas genoppt ist. Wegen seiner Gewebe-„Knubbel“ wirkt auch Tweed sinnlicher als Textile mit glatter Oberfläche, denn die suggerieren immer Kühle; Stoffe „zum Anfassen“ lassen etwas von Körperwärme ahnen.

Die Farbe ist dabei nicht zu vergessen. Am beliebtesten scheint Marineblau zu sein — ein unsinnlicher Farbton. Blau steht unterbewußt immer für Distanz und Reserviertheit — beides bei Sexualkontakten völlig fehl am Platz. Marineblau als einer der tiefsten Blautöne wirkt extrem distanziert und reserviert.

Wie gesagt, bedeutet Rot Leidenschaft; aber nur St. Nikolaus kann sich einen roten Anzug leisten. Braun ist eine Erdfarbe. Und da Sex etwas Erdverbundenes hat, wirkt Braun verwegener als Blau, obwohl es nicht ins Schwarze spielen sollte, die Farbe der Leichenbestatter. Ein mittleres oder blasses Braun ist immer „herzlicher“, weil etwas Weiß in jeder Schattierung die schwermütige Würde zerstreut. Ein leicht rosa Stich in einem mittleren Braun setzt die feine, raffinierte Rot-Pointe und macht daher sexyer. Aber wie immer zählt allein die Verpackung insgesamt.

Anzugmuster sind in der Regel weder sexy noch unsexy, aber Streifen oder Karos hängen vom persönlichen Geschmack ab.

(Detailiertere Erforschung der Anzugwelt im zweiten Teil des Buches: Im Beruf.)

Shorts

Zurück zur Kleidung in der ganz entschiedenen Freizeitklasse.

Straßenshorts (im Gegensatz zu Unterwäsche- oder Sportshorts) entblößen die Waden und manchmal auch die Schenkel, aber das macht sie noch lange nicht sexy. Da z.B. deutsche Italientouristen unweigerlich Shorts anziehen, legen diese oft auch Infantilität nahe. Und da die Welt gottlob nicht nur aus Päderasten besteht, gelten auch Shorts mit Hosenträgern, die sie am Fallen hindern, selten als aufregend.

Weil erwachsene Männer ihre Beine, außer am Strand, meist bedeckt halten, sind schon teilweise entblößte Schenkel häufig für das Auge ein lebhafter Reiz. Die eingefleischten Gedankenverbindungen bestimmen das Urteil des Betrachters.

Bermudashorts, die mit ihrem Ofenrohrschnitt bis fast an die Kniekehle reichen und wenig Raffinement besitzen, erinnern an sich oft an die Fünfziger Jahre und recht konservative Dinge. Ihr Sex-Appeal ist darum nicht sehr groß.

Jams dagegen, die meist aus leichtem Stoff und mit einem Schnürbund versehen sind, stecken randvoll mit ... dem Mystizismus des Surfens. Sie erinnern an Freiheit, Abenteuer und Sex.

Khaki- und Safarishorts lassen eher an derbe Sexualität denken, zumal, wenn sie mit Schnallen, Taschen und Reißverschlüssen ausgestattet sind, die Militärisches nahelegen.

Sportliche Shorts erfreuen sich der Assoziationen, die stets mit Athletentum in Zusammenhang gebracht werden.

Lange Hosen oder Jeans, die man per Schere in Shorts verwandelt hat, vermitteln den Eindruck so großer Lässigkeit, daß man selbst ein Stück Kleidung zerstört, um den Körper von Hemmnissen zu befreien. Manche finden das vielleicht sexy; andere finden es eher krampfhaft oder einschüchternd.

Die extrem knappen, engen und zeigefreudigen Hot Pants erinnern zu stark an Pinup-Girls, um an Männern zu gefallen.

RECHTS. Manche Kleidungsstücke sind aufgrund eingewurzelter Gedankenverbindungen von „Gefühl“ durchtränkt. Shorts, die an den Jam-Stil erinnern, strahlen Sexyness aus, weil dem Betrachter die Surfer-Szene einfällt. Und weil Surfer scheinbar körperliche Freiheit, Abenteuer und Sex genießen, gewinnen Jams durch eben diese Vorstellungen.

Hier gibt der deutlich sichtbare Schnürbund eine weitere glückliche Möglichkeit, unterschwellige Erotik einzubringen. Modell: Russell Henis.

Neuerdings hat eine Reihe junger Männer zu weiten, beutelnden Shorts gegriffen — dem Gegensatz all dessen, was als sexy gilt. Diese meist plissierten Hosen werden oft zu Brust- und/oder Bizeps-betonenden Freizeithemden getragen, manchmal aber auch zu absichtlich übergroßen Pullis und Sweatshirts. Wahrscheinlich entstammt der Reiz dieser Shorts einer psychologischen Umkehrung; sie lenken die Aufmerksamkeit auf ihren männlichen Inhalt, indem sie ihn restlos kaschieren: Was könnte wohl hinter diesen Falten lauern, daß es soviel Platz zum Sich-Verstecken braucht?

Badehosen

In einigen stillen Eckchen gilt ein blanker Hintern als beliebtestes Badekostüm. Meist jedoch hält man allzu freizügige Badebekleidung für abstoßend, besonders im Stadtpark. Schon ein Fläumchen Schamhaar provoziert den drohenden Zeigefinger.

Wie bei der Unterwäsche ist das Konventionellste auch hier das Reizvollste. Normale Badehosen sind praktisch, unvorbelastet und damit sexyer als alles Schrille. Fast alle Badehosen haben keinen Eingriff oder nur einen vorgetäuschten, der ganz heimlich das Augenmerk aufs Päckchen lenkt, ohne viel zu verraten. Das ist natürlich verlockender als ein Slip ohne jeden Eingriff.

Wie die absichtlich geräumigen Shorts vermitteln schlabbrige Boxershorts manchmal einen Reiz, wenn sie flippig gemustert oder gefärbt sind. Schlammfarbene Boxershorts scheinen allerdings eher anzudeuten, daß ihr Träger eine Nymphe ist.

Alles in allem gilt doch stets eines: Da Badehosen so viel vom Körper zur Schau stellen, sind sie immer sexy, solange sie schöne Körper zieren und deren Schönheit nicht krampfhaft ins Blickfeld rücken wollen.

LINKS. Kleidung aus ihrem gewohnten Zusammenhang zu reißen, kann mehr Reiz verleihen, als wenn man sie in ihrem orthodoxen Milieu beließe, ... oder krampfhaft aufgesetzt wirken.

Hier erscheint der Frotteemantel logisch und funktional, denn ohne den Swimmingpool zu sehen, kann man dessen Nähe wittern. Der Effekt heißt darum Sexyness, nicht Deplaziertheit. Bademantel: George Graham Galleries. Modell: Jim Catch.

RECHTS. Mit Badehosen läßt sich enorm viel Fleisch vorzeigen. Ist die entblößte Physis nicht auf Zack, versagt aber jede Badekleidung. Nur neckische Bikinihöschen sind so aufdringlich, daß sie selbst an Prachtleibern nicht sexy wirken.

Schwimmkostüme, die zuviel zeigen, wirken meist eher als Stimmungstöter ... außer bei Leuten, die stark auf Haut stehen. Badehosen: Laguna. Modelle (von links nach rechts): Steve Finehirsh, Richard Villella, Gregory Osgan.

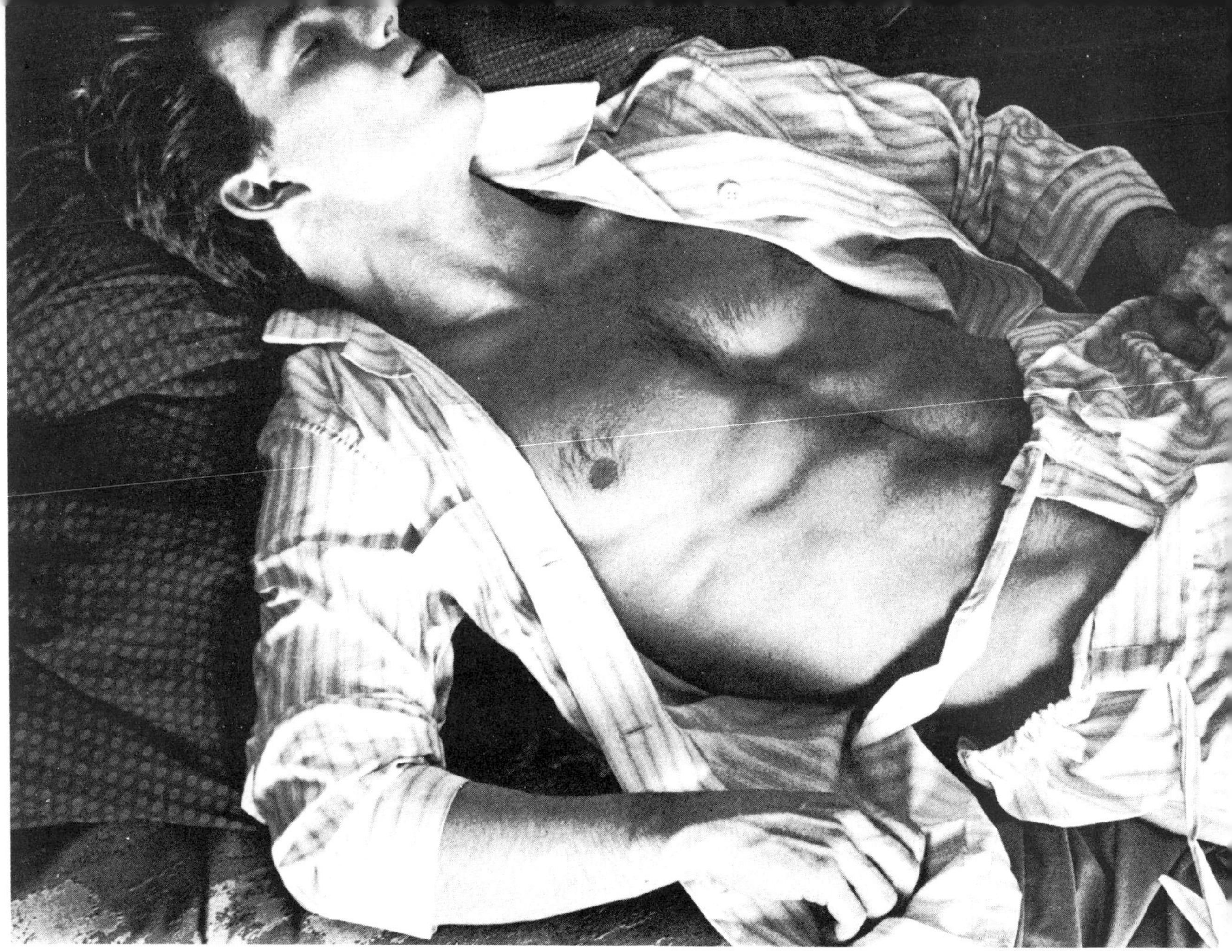

Schlafanzüge

Schlafanzüge sind genauso zum Vorzeigen da wie zum Darinschlafen. Ein sprödes Nachthemd wirkt kaum sexy, aber Pyjamas, die sich auf der Haut sinnlich anfühlen und Sie in den Augen anderer sinnlich ins Licht setzen, um so mehr.

Obwohl Bademäntel nicht zum Schlafen dienen, gehören sie zur Nachtgarderobe. Außerhalb des Bettes wirken Schlafanzüge noch weit erotischer — oder komischer —, als wenn man sie ihrem eigentlichen Zweck zuführt. Ein Grund, weshalb luxuriöse Frotteebademäntel am Beckenrand so sexy erscheinen, geht über deren Funktion als Wärmer und Trockner hinaus: Die nächtliche Rolle des Bademantels verbindet sich hier mit der öffentlichen Zurschaustellung von Fleisch, und da funkt die unterbewußte Phantasie. Auch weite Hosen, die mit typischen Pyjamamustern versehen sind, wirken sexy, weil sie an Schlafzimmeraktivitäten erinnern. Rechtschaffene, brave Schlafanzughosen jedoch auf der Straße zu tragen, würde komisch aussehen, weil sie eben dort nicht hinpassen. Ähnlich gingen auch Pyjamajacken nie als Sporthemden durch; sie erschienen komisch. Waschechte Sporthemden mit Pyjamakragen dagegen gewinnen sexuelle Reize durch ihren leisen Hauch von Schlafzimmer.

OBEN. Dieser Pyjama ist sexy, weil ihn ein muskulöser Bursche anhat; auf einem weniger attraktiven Körper wäre er nicht halb so reizvoll. Aber auch ein keineswegs perfekt gebauter Mann wird darin noch attraktiver aussehen als in „Liebestötern".

Während weiche Stoffe in der Alltagskleidung sexy wirken, sind glatte, schimmernde bei Schlafanzügen am erotischsten; sie sprechen unterschwellig von Genießertum.

FUSSBEKLEIDUNG

Obwohl Schuhe zuallererst mit der Garderobe harmonieren müssen, können sie doch wie jedes Kleidungsstück Erotik oder andere Eigenheiten vermitteln. Schuhe tun das nicht unbedingt offen; es ist eine Sa-

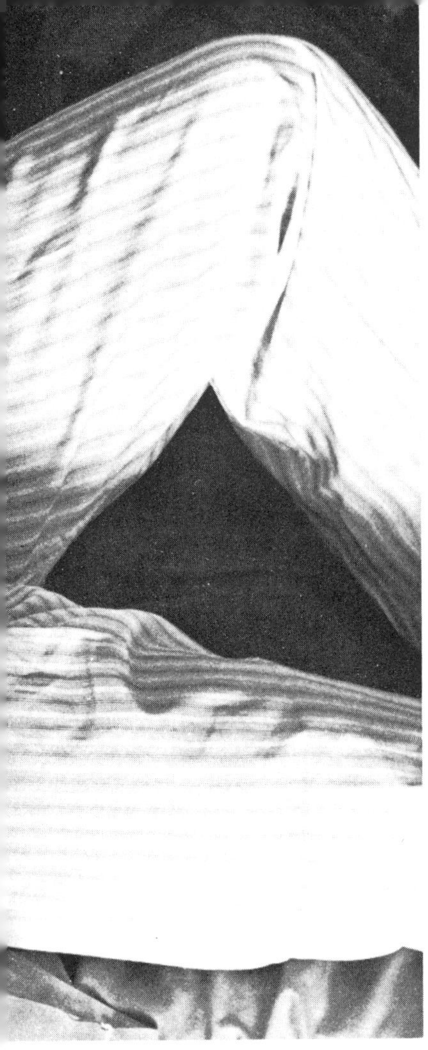

che von Nuancen. Und die Nuancen ändern sich je nach infragekommendem Ensemble.

Niemand außer Fußfetischisten findet bloße Zehen erregend. Gummisandalen unter langen Hosen sind sogar direkt antisexuell; sie erinnern an zölibatäre Seelenhirten. Zusammen mit Shorts oder Strandbekleidung erscheinen solche Sandalen, da man sie ja aus reiner Zweckmäßigkeit trägt, sexuell neutral. Das gilt auch für Ledersandalen, obwohl ihr Design abwechslungsreicher ist. Vornehmere Modelle mögen ja ganz chic sein, aber selten direkt sexy. Und hüten Sie sich vor stark gemusterten Socken zu kindisch aussehenden Sandalen.

Die meisten Schnürschuhe sind eleganter als Schuhe zum Hineinschlüpfen, also auch förmlicher, und da Sex und Förmlichkeit fast unvereinbar sind, fehlt geschnürtem Schuhwerk oft jede Anziehungskraft. Schuhe aus körnigem oder aus Wildleder bieten allerdings mehr zum Anfassen, wirken folglich auch reizvoller als glattlederne Schnürschuhe. Dabei ist das eleganteste Modell weit und breit der einfache Lederhalbschuh zum Hineinschlüpfen, — eine Ausnahme von der Regel, daß Geschnürtes stets weniger sexy sei.

Sachen zum Hineinschlüpfen (besonders bei den von sich aus sinnlich erscheinenden Schuhen) wirken so sexy, weil man ja auch mühelos wieder hinausschlüpfen kann und dadurch eine freiere Sexualität vermittelt als Kleidung, die sich schwer ablegen läßt.

Aus genau diesem Grunde sind Stiefel nicht immer und unbedingt sexy. Manche wirken allerdings höchst symbolträchtig, was ihren Reiz erhöht, und auch hochhackige verlagern den Körperschwerpunkt und verlängern das Bein (in Zielrichtung Penis). Brust und Gesäß werden

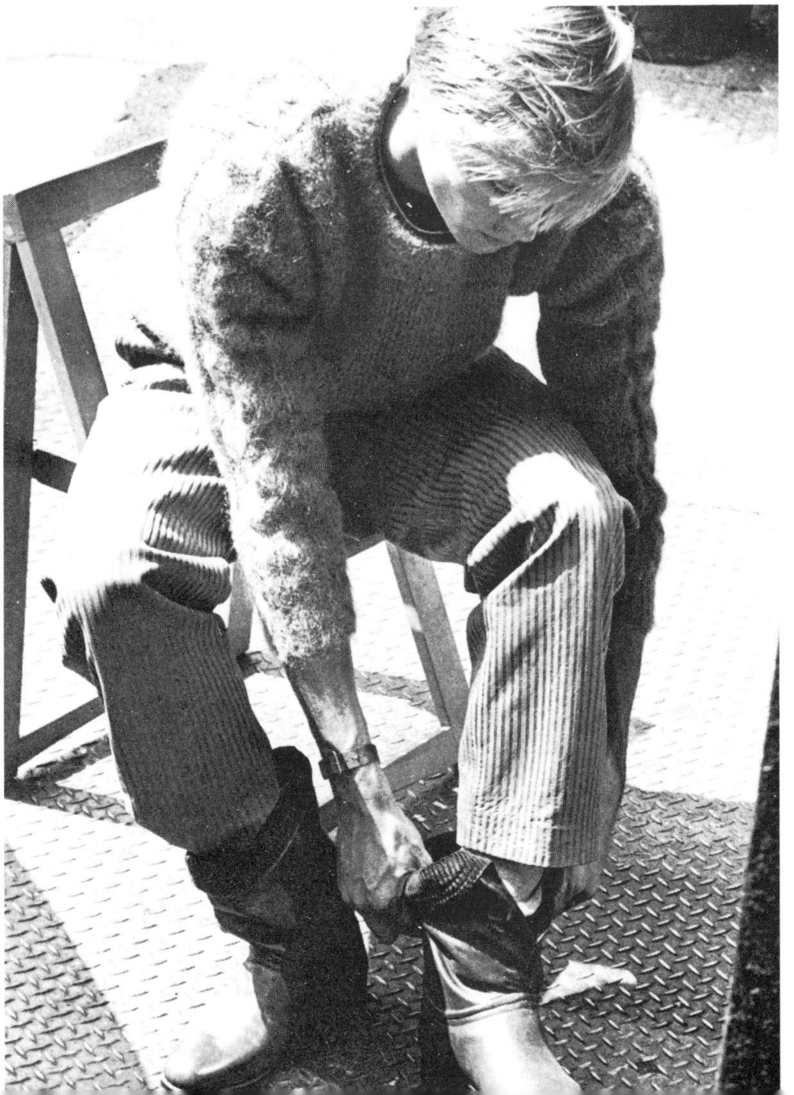

RECHTS. Fußbekleidung gehört nicht zur erotischen Kategorie, aber selbst Stiefeln wohnen Nuancen inne, die zum Gesamtbild beitragen. Hochhackige verlagern den Körperschwerpunkt, d.h. die Brust wird vorgewölbt und der Po prall herausgekehrt, so daß zwei Attribute des Männerkörpers größeres Gewicht erhalten. Je höher der Absatz, desto stärker der Effekt. Da die Stiefel in diesem Falle nur leicht erhöht sind, werden sie die Statur des Mannes bloß minimal verändern. Bei Cowboystiefeln mit ihren hohen Hacken jedoch kann die Wirkung drastisch sein. Stiefel: Fratelli. Modell: Chris Byars.

dabei mehr ins Blickfeld gerückt; hochhackige Stiefel verändern also den sichtbaren Reiz des Körpers selbst. Cowboystiefel zehren gewaltig vom Mythos der Revolverhelden, obwohl sie wie Schwindel wirken können, wenn man kein Naturbursche ist. Gewisse Kreise halten Bauarbeiterstiefel für sexy, doch auch diese können allzu deutliche Elemente von Mummenschanz enthalten. Über Stiefel läßt sich abstrakt schwer etwas sagen. Man müßte sie von Fall zu Fall bewerten.

Auch Strümpfe drücken selten etwas Persönliches aus. Normalen schwarzen Socken fehlt der Pfiff, wenn man sie konventionell trägt. Hellrote Sportstrümpfe, die zusammen mit Turnhosen rassig aussehen, wirken an einem Priester unglaubwürdig. Meistens jedoch erregen atypische Socken, wie etwa pastellfarbene aus Schurwolle, bei Freizeitkleidung mehr Interesse, d.h. übersetzt auch: mehr Sex-Appeal als standardisierte Trikotagen. Aber selbst dann noch werfen schreiende Strümpfe ein Ensemble aus dem Gleichgewicht; wozu sollte man das Hauptaugenmerk schon auf die Knöchel lenken?

ÜBERBEKLEIDUNG

Wie der Ausdruck schon verrät, wird Überbekleidung außer Haus als oberste Hülle getragen und unterscheidet sich meist von derjenigen innerhalb der vier Wände. Ein Mantelpulli etwa ist kaum mehr als ein überdimensionaler Pullover, der als Schutz vor den Unbilden der Witterung dienen kann, den aber ein eiserner Energiesparer auch drinnen anziehen könnte.

Da Überbekleidung eher praktisch als modisch orientiert ist, sendet sie keine persönlichen Impulse aus. Bei genauerem Hinschauen allerdings erkennt man einige.

Elegante Mäntel sind vornehmlich da, um in förmlichem Milieu korrekt auszusehen. Aber gerade das verhindert ihre erotische Ausstrahlung. Einige haben Pelzkragen, und Pelz lockt zum Anfassen; umgibt er die empfindliche Halspartie, kann er auf eine sinnliche Natur hindeuten. Mäntel, die sich, meist ohne sichtbare Knöpfe, vorn überlappen und von einem Gürtel, manchmal mit Schnalle zusammengehalten werden, suggerieren, der Körper darunter ließe sich gern „knuddeln", da ihn der Mantel ja quasi „umarmt".

Obwohl Trenchcoats ursprünglich mit Schulteraufsätzen und zahllosen Taschen versehen waren, sind sie heute oft zweckmäßige, neutrale Überbekleidung, die ohne viel Geschlechtsunterschied sowohl Männer als auch Frauen anziehen. Insofern ist der ungeschönte Trenchcoat reizlos zwitterhaft. Auch seine Symbolkraft (für trottelige Inspektoren) untergräbt alles Sex-Appeal. Mit mehr oder weniger echten militärischen Details andererseits wird der Trenchcoat plötzlich protzig. Überhaupt verleihen militärische Ambitionen der Überbekleidung etwas Breitspuriges. Pilotenjacken stammen aus männlichen, heldenhaften Ursprüngen, und auch, daß sie keinesfalls die Hüfte verdecken, ist ein entschiedener Pluspunkt. Alles Aeronautische wirkt wildromantisch.

Mit Schafwolle gesäumte Mäntel, ob kurz oder lang, sehen immer gleichzeitig derb und sinnlich aus.

FÖRMLICHE KLEIDUNG

Förmliche Kleidung, wie Dinnerjackets und dergleichen, kann man sich schwer als Freizeitkluft vorstellen, und doch schmückt man sich zuweilen lächelnd mit schwarzer Fliege und Rockschößen.

Grob gesagt, sind Rockschöße nicht sexy, sondern albern.

RECHTS. Überbeleidung ist meist mehr zum praktischen Zweck bestimmt als dazu, die Merkmale ihres Tragers zu überhöhen. Dennoch läßt sich in ihr mehr als bloße Funktionalität ausdrücken.

Schurwollgefütterte Mäntel profitieren vom männlichen Western-Mythos. Obendrein besitzen Schurwollmäntel eine Sexsymbolik, indem sie den Hals umhüllen und das Gesicht mit einem tief flauschigen Textil säumen. Dieser handschuhlederne Schurwollmantel ist schon an sich äußerst sinnlich, obwohl die Erotik des Ensembles noch weitergeht.

Der konventionelle rechteckige Ausschnitt des Pullovers zeigt viel, wenn man kein Hemd darunter trägt. Die Hose ist aus Leder, aber mit Streifen strukturiert, um jedem abnormen Ledereindruck vorzubeugen. Und sie sitzt fein um Po und Hüften. Der militärische Gürtel wirkt nicht bedrohlich, sondern verspielt. Und doch weckt seine sexuelle Symbolik Interesse.

Ohne die Grenzen des guten Geschmacks zu überschreiten, wird hier starke Sinnlichkeit vermittelt. Ensemble: Andrew Fezza. Modell: Todd Bentley.

Doch auch das klassische Dinnerjacket wirkt nicht sexy, denn es läßt jeden Mann zwischen lauter gleichförmigen Pinguinen verschwinden. Es heißt also, sich Freiheiten zu erlauben, will man in „Förmlich" einen Schuß „Sexy" zwingen. Eine hellrote Satinfliege etwa kann die traditionelle schwarze ablösen. Dazu passend meist eine farblich und stofflich gleiche Bauchbinde.

Doch je nach persönlichem Wagemut darf man sich noch mehr erlauben, sofern Sie stets die Regel beachten, daß bei förmlichen Anlässen auch der Kleiderzwang größer ist. Hier und da findet man schon Alternativen zur genormten Dinnerjacke, und wenn diese nur körperbewußt sind (was für viele zutrifft), erscheinen sie sowohl sexy als auch abenteuerlich. Auch nicht sehr körperbewußte Alternativen können, wo nicht ausdsrücklich sexy, doch verwegen wirken. Erinnern Sie sich bei der Suche nach neuen Möglichkeiten jedoch immer an die V-, Y- und T-förmigen Proportionen.

ACCESSOIRES

Accessoires sind Artikel, die ein Ensemble erst würzen, streng genommen aber keinen Zweck erfüllen. Gürtel etwa. Die meisten Hosen würden doch nie rutschen, warum also Gürtel? Weil sie ein Ensemble abrunden, es vervollständigen. Schmuck gehört zu den Accessoires. Er ist kaum notwendig. Manchmal sind auch Krawatten reine Accessoi-

OBEN. Konventioneller Abendgarderobe gebricht es an Erotik, weil sie pinguinhaft „gleichmacht". Untraditionelle Ensembles hingegen erfordern mehr individuelle Aufmerksamkeit.

Hier ist der Abendanzug sowohl sexy als auch auffallend, weil er extrem körperbewußt anliegt. Das taillenlange Jackett im Spencer-Stil verstellt nicht den Blick aufs Darunterliegende, während die Satinaufschläge direkt auf die Brust aufmerksam machen. Die Schultern sind leicht wattiert, um „abzukanten".

Die weiten, spitz zulaufenden Hosen betonen die sexy V-Form.

In einem mit Metallfäden durchsetzten Gewebe könnte dieses Ensemble zu zwanglos erscheinen, denn oft herrschen bei steifen Anlässen ebenso starre Ansprüche. Sie dürften Schneid brauchen, um den Frauenbund durch soetwas zu provozieren. Ensemble (außer Fliege): Jhane Barnes. Fliege: Vicky Davis. Modell (auch rechts): Tim Clement.

RECHTS. Accessoires sind Komponenten, die ein Ensemble vermeintlich bis zum letzten — überflüssigen — Knopf vervollständigen. Manchmal stehen sie dem gewünschten Eindruck leider im Wege, weil sie die Blickrichtung des Betrachters durcheinanderbringen; sie ziehen zuviel Aufmerksamkeit auf sich.

Eine Goldkette hätte von der Sexyness dieses Pullovers abgelenkt, weil der sinnliche Appeal des starken nackten Halses unbetont geblieben wäre. Pullover: G. Maislinger.

res. Auch Schals, Hüte, Armbanduhren, Aktenkoffer und Schirme gehören zu den Accessoires. Manche davon — z.B. Brieftaschen — sind sogar selten überhaupt zu sehen.

Meist gilt: je weniger Accessoires, desto mehr Sex-Appeal. Im Grunde nämlich ist vieles davon Schnickschnack, und den Körper auszustaffieren wirkt weniger sinnlich, als ihm Atemraum zu lassen. Natürlich sind aber Accessoires oft auf Sexyness angelegt. Eine Uhr kann man vornehm oder robust nennen, kaum jedoch sexy. Und auch wenn eine Goldkette einen starken Hals betont, tut sie dies doch etwas auf Kosten des Halses; das Auge des Betrachters kann — und wird wohl — an der Kette hängenbleiben und erst nachher den Hals selbst registrieren. Um den optimalen Sex-Appeal zu erreichen, sollten Sie die Accessoires darum möglichst gering halten. Alles Verbleibende muß dann sehr gewinnend aussehen.

ÖFFENTLICHER NUTZEN

Ob nun die Liebe um die nächste Ecke liegt oder nicht; jedesmal, wenn Sie vor die Tür bummeln, begegnen Sie Fremden, die (meist nur einer auf einmal) zu Sexualpartnern werden könnten. Darum sollten Sie nur öffentlich auftreten, nachdem Sie Ihr Äußeres sorgfältig abgeschätzt

RECHTS. Genauso wie Sex nicht bierernst sein muß, kann auch sexy Kleidung einen unbeschwerten Sinn für Humor verraten.

Dieses höchst gestylte Ensemble würde zu vielen Anlässen passen, vom Theaterbesuch bis zum Tanz. Es vereint sicheres Modegespür mit raffinierter Erotik.

Hier verschiebt eine überbreite Schulter die Dimensionen. Der schmale Einsatz verströmt die Sinnlichkeit von Leder, ohne zu übertreiben. Da die Jacke an der Taille aufhört, gewährt sie ungehinderten Einblick auf die ungewöhnlich stark plissierte Hose (und auf den Po, wenn der Typ sich umdreht); ihre Weite und die spitz zulaufende Form ergeben eine deutliche V-Gestalt.

Die Stoffklappe auf dem Hemd, die als sehr unkonventionelle Krawattennadel dient, reicht völlig, um ein Gespräch mit Fremden in Gang zu bringen. Ensemble: Matsuda. Modell: Jhamil.

haben. Solange Sie *nicht* nackt sind, tragen die Kleider zu dem von Ihnen gelieferten Gesamteindruck bei, und wenn Sie erst nackt sind, dann Ihre Körperpflege.

Wenn Sie in ein teures Restaurant gehen, rasieren Sie sich doch? Das sollten Sie aber auch vor einem Besuch beim Schuster. Während Sie warten, könnten Sie schließlich mit einem attraktiven Menschen ins Plaudern kommen. Und falls die Attraktivität auf Gegenseitigkeit beruht, möchten Sie ihn später vielleicht in ein ausgewähltes Restaurant führen.

Begriffen? Ziehen Sie sich immer für den unverhofften Glücksfall an, denn dann können sich unverhoffte Freuden erfüllen.

Natürlich werden Sie sich auf der Suche nach neuen Bekannten nicht für ein teures Restaurant anziehen, solange Sie nur zum Schuster wollen. Kleiden Sie sich stets den Umständen entsprechend.

Da aber die Umstände schwanken, vergessen Sie nie, daß das, was hier sexy erscheinen kann, anderswo lächerlich wirkt.

GEISTIGE NAHRUNG

In der Regel entsteht dort, wo sich Menschen zum Essen versammeln, auch allgemeine Herzlichkeit. Stellen Sie sich eine Cocktailparty ohne Hors d'Oeuvres vor. Nur sehr Extrovertierte nicken dann wohl dem Fremden am Buffet zu. Wenn aber die Käsehäppchen reihum gehen, lächelt man einander freundlich an.

Moral? Da man in kulinarischem Zusammenhang entspannter ist, wird man auch milder urteilen. Bei kulinarischen Anlässen ist Ihnen in Ihrer Garderobe größere Freiheit gestattet, solange Ihre Ausdruckskraft keine ungeschriebenen Gesetzte bricht. Entspannte Menschen sind auch aufnahmebereiter. Sollten Sie auf einer Party in erster Linie Sex-Appeal verströmen wollen, so verrät Ihnen die Gegenwart eines Büffets, daß Sie sich frecher anziehen dürfen als bei dem Besuch einer Autorenlesung.

ENGE BEGEGNUNGEN

Was steht in Ihrem Terminkalender? Kleine Zusammenkunft oder Straßenkrawall? Je weniger Personen auf der Bildfläche mit desto größerer Wahrscheinlichkeit werden einzelne eine Gruppenidentität suchen. Die Kleidung ist da ein leicht erreichbares Bindeglied. Wenn Sie also als einziger sexy angezogen auf eine Versammlung gehen, könnte man Sie „schneiden". Meist ist es in kleinen Gruppen klüger, sachte aufzutreten, bis ein näherer Kontakt hergestellt wurde. Wenn Sie andererseits ein Draufgänger sind und innerhalb der kleinen Schar das Gewünschte anlocken, Hut ab!

Größere Menschenansammlungen legen weniger Wert auf Uniformität …, sofern es sich nicht um den Ku Klux Klan handelt, der so spröde ist, daß er Laken für etwas zum Anziehen hält statt zum Drinherumwühlen. In einer großen Menge ist es nicht so schwer, sich zu gruppieren, es fällt auch nicht so leicht, solo zubleiben. Das heißt, Sie können den gewünschten Wesenszug etwas frecher ausstrahlen, solange Sie nicht das Empfinden der Allgemeinheit verletzen, indem Sie etwa zu einem Diplomatenempfang Hot Pants tragen. Andererseits können Sie sich selbst im diplomatischen Dienst ein hellrotes Satintuch in die Brusttasche Ihres Dinnerjackets stecken.

OBEN. Wie gegenüber haben wir hier ein Ensemble, das nicht auf die Holzhammermethode sexy wirkt. Die extreme Tastfreundlichkeit des Pullovers reizt zum Bekrabbeln. Kombiniert mit den nach unten engen Hosen ergibt sich eine V-Form. Ensemble: Charivari Workshop. Modell: Neil Kramer.

RECHTS. Hier noch ein V-förmiges Ensemble (der Varianten sind viele; Sexyness hat manche Gesichter.)

Die Stoffklappen an der Schulter, keine echten Epauletten, „bauen auf", während die hochgeschobenen Ärmel die Bizepspartie aufplustern. Da ein Kragen fehlt und der Pulli einen runden Ausschnitt hat, tritt der Hals stärker hervor.

Die Leinenhose (hinten unmerklich konturiert und im Schritt relativ kurz) soll durch Schenkelweite und Knitter „abgelegt", frei übersetzt auch „abgeschlafen", wirken.

Studieren Sie den Gürtel gut: Er geht zweimal nicht um die Hüfte, sondern tiefer, um den Bauch — eine feine Blickverschiebung, die unterschwellig mit Sex beladen ist.

Da dieses Ensemble sexy, aber diskret wirkt, ist es ohne Zensurgefahr an verschiedenen Orten zulässig. Aber er sendet kleine erotische Signale, die mit zu den stärksten gehören. Sie treffen nämlich auf keinen b e w u ß t e n Widerstand. Ensemble: Roger Forsythe.

HOHEITSGEBIET

Weil man im eigenen Element heikler ist, ist die Einladung in ein fremdes Haus so etwas wie ein Privileg. Manchmal ist damit für den Gastgeber das Unbehagen verbunden: Wird die Heiligkeit des Territoriums gewahrt bleiben? Zumindest anfangs wird man Sie vielleicht testen. Eine aufdringlich erotische Ausstrahlung mag verletzend wirken, als träte da ein anderer Brunfthirsch ins Revier. Falls Sie nicht absolut sicher sind, daß Sie beide Sex im Hinterkopf haben, wäre es undiplomatisch, sofort aus vollen Rohren zu schießen. Umgekehrt wirkt die sexuelle Ausstrahlung oft dadurch verwässert, daß sie aufs Geratewohl selbst harmlosen Passanten mitgeteilt wird, die jene Signale gar nicht empfangen sollen. In diesem Falle verliert die Erotik ihre Bedrohlichkeit, weil sie sich nicht unter vier Augen abspielt.

Auf Ihrem eigenen Terrain sind starke sexuelle Signale zulässiger, denn wer Sie zum erstenmal besucht, kann durchs Hintertürchen verschwinden, falls ihm Ihr überwältigendes Outfit als Überrumpelung erscheint. Extrem aufdringliche sexuelle Symbolik ist in den vier Wänden immer riskant, weniger jedoch, wenn diese Ihnen gehören. Trotzdem wäre es klug, sich nur an entsprechenden Orten, wie einer Disco, wo Sie sämtliche Register ziehen können, in Ihre atemberaubende Montur zu werfen.

UNTEN. „Haus"-Kleidung erfordert Sonderbehandlung, denn sich als Gastgeber (oder Gast) extrem sexy anzuziehen, kann Abwehr provozieren, statt sie zu senken. Familiäre Kleidung, etwa eine Jogginghose, vermindert eventuelle Spannungen vielleicht eher als eine sexprotzige Kluft.

Wählt man die richtige, scheinbar „sichere" Kleidung, muß man aber gar keine Sexyness abbauen. Diese Jogginghose z.B. ist nicht so harmlos, wie sie zunächst vielleicht erscheint. Ihre blasse Farbe ist besonders einladend, und der tastfreundliche Velour suggeriert, daß man ruhig mal antippen darf.

Durch das gestreifte T-Shirt unter dem Oberhemd (offen bis zum Geht-nicht-mehr) bleiben Fleisch und Sehnen der Brust zwar verdeckt, doch unterbewußt wird dem Betrachter klar, daß es da was zu sehen gibt, wenn bloß das Hemdchen nicht drunter wäre. Modell: Russel Aron.

OBEN. Hier noch ein Oberteil, das — noch mehr als das gegenüber — extrem brustentlarvend wäre, läge nicht noch eine Schicht Hemd darunter (eigentlich zieht dieser Bursche das Achselhemd nach unten, um noch mehr Haut zu entblößen, als der ohnehin tiefe Ausschnitt schon freilegt. In warmen Räumen klappt diese strategische Geste; in kühlen bliebe sie nicht unbemerkt.)

Wegen des Achselhemdes enthüllt das „einschneidende" V der Strickjacke nicht ungehörig viel Fleisch. Aber es gibt den ungehinderten Blick frei auf das „zufällig" brustenge Achselhemd. Damit nicht genug, vereint dieser Pullover mehrere weiche Gewebe und vielfältig schattierte Garne, die den Oberkörper optisch vergrößern und — erraten! — sexyer machen.

Mit seiner starken Sinnlichkeit ist das ein Balz-Ensemble. Obwohl auf öffentlichem Parkett perfekt, könnte es auf häuslichem Boden zu deftig sein. Strickjacke: G. Maislinger. Achselhemd: Float. Hose: Hector Herrera. Modell: Bryan Collahan.

INTIME KENNTNIS

Bekannte reagieren anders auf Sie als Fremde. Ihre Stimme, Ihre Art, Ihre Gedanken — diese und viele zusätzliche Hinweise auf Ihre einzigartige Persönlichkeit färben die Reaktion anderer, sobald das erste Eis gebrochen ist. Sexy Kleider *können* Ihnen helfen, gewünschte Partner anzulocken, *können* aber auch etwaige Partner abschrecken, die die sexuelle Intimität fürchten. Bei gewissen Wunschpartnern kommen Sie vielleicht weiter, indem Sie statt Sex lieber Freundlichkeit, Kultiviertheit oder Sportlichkeit ausstrahlen. Wenn Sie wie ein Radaubruder auftreten, grenzen Sie womöglich reizvolle Fremde aus, die sich von derlei Rabaukentum abgestoßen fühlen. Denken Sie mal drüber nach. Wer sich jedoch zu schüchtern anzieht, dem kann ein Mordsspaß entgehen.

Haben Sie erst einen etwaigen Partner angelockt, so werden Sie wohl ganz gern einen Aspekt Ihrer Sinnlichkeit beleuchten. Was haben wir hier schließlich dauernd untersucht? Wie Sie, wenn überhaupt, unter bestimmten Umständen einen sexy Eindruck vermitteln können. Hat man erst einmal eine Vertrautheit hergestellt, ist das gar nicht mehr zwingend erforderlich: dann nimmt der Austausch von Mensch zu Mensch, nicht bloß Signale und Symbole, überhand. In dieser Phase ziehen Sie sich zu Ihrem und dem Vergnügen des anderen an, und erfüllt sich erst einmal die Romanze, dann können Sie abwägen, wie Sie Ihre Garderobe zwecks anderer Spielarten menschlicher Erfüllung einsetzen können. Eigentlich dürften Sie ja auch ohne den Idealpartner nicht jede Stunde damit zubringen wollen, sich sexy herzurichten, denn traurig, aber wahr: Wir können nicht das halbe Leben im Bett verbringen — es gibt noch mehr als nur unser Vergnügen, ob Sie's nun glauben oder nicht.

KAPITEL 2
FRISCH!

HERR SAUBERMANN

LINKS. „Frische" Garderobe wirkt nie erschreckend, aber auch nicht altvertraut. Nehmen wir diese Shorts. Ihre Länge ist konventionell — nicht zu lang, nicht zu kurz; auf den ersten Blick ist man nicht überwältigt. Der zweite aber zeigt uns die ungewöhnliche Spange auf jeder Seite des Bundes. Obwohl mit Bermudas verwandt, verdanken diese Shorts einem stilistischen Schritt nach vorne ihre Frische.

Nur, ohne Hemd zu erscheinen stört den frischen Eindruck, denn frische Garderobe ist nicht für Körperlichkeit berühmt. Shorts: Alan Flusser. Modell: Cameron Hall.

Obwohl Sie nun wissen, wie Sie sich in eine Sexbombe verwandeln können, sollte Ihnen klar sein, daß man Ihre Libido für zähmungsbedürftig halten wird, wenn Sie tagaus, tagein sexy umherlaufen. Sich ohne Zwang anzuziehen, erlaubt Ihnen, diverse Wesenszüge zu beleuchten, indem Sie sich je nachdem unterschiedlich kleiden. Und dieses „Je-nachdem" heißt nicht immer Sex.

Sie dürften vielen Anlässen gerecht werden, wenn Sie ein Image von Eigenwilligkeit erwecken (Achtung! „Eigenwillig" werden wir gleich definieren). Im allgemeinen ist sich der Stilvolle aller Konventionen bewußt, d.h. sagt oder tut absichtlich nichts, das derb oder plump scheinen könnte. Er *paßt sich* dem sozial akzeptierten Verhaltenskodex *an*, den Regeln der Etikette. In Sachen Kleidung knöpft sich der Stilbewußt-Seriöse bis obenhin zu und erregt niemals Anstoß.

Ständige Anpassung — ob in der Kleidung oder sonstwo — ist jedoch keine Tugend, und Gefälligkeit wirkt nicht immer attraktiv. Nett ist nett, aber *zu* nett ist langweilig.

Der eigenwillige Mensch kennt alle Spielregeln, scheut sich jedoch nicht, die altmodischen oder unsinnigen zu brechen. Darum weiß der Eigenwillige auch, *was* gespielt wird, ist kein Naivling und kein blinder Mitmacher.

Zu eigenwilliger Seriosität gehören „Bescheidwissen", persönliche Lauterkeit, aber auch der Mut, gegen den trägen Strom zu schwimmen und individuelle Maßstäbe zu entwickeln, ohne auf den Rechten oder den Gefühlen anderer herumzutrampeln.

Der Ausdruck „eigenwillige Seriosität" läßt sich auch auf einen bestimmtem Stil, sich zu kleiden, anwenden: herkömmlich, aber nicht vorhersehbar. Mit einem Wort: Frisch!

LINKS. Mit Konvention und Innovation zu jonglieren, um einen frischen Effekt zu erzielen, läßt sich mehrfach erreichen. Hier sehen wir einen traditionell geschnittenen Anzug mit Standardkragen und ganz leicht wattierter Schulter. Die breiten Streifen jedoch sind ungewöhnlich. Nicht traditionell auch der gehäkelte Pulli zu einen Anzug.

Das ist ausgesprochene Freizeitkleidung. Weil aber ein aus Konvention stammender Anzug den Hauptbestandteil stellt, riecht das Ensemble nicht sehr nach Neuerung, zumal die Streifen khaki und cremefarben sind. Wären es gefühlsbetonte Farben, wäre der Anzug zu ausgefallen, um Frische zu vermitteln. Anzug: Country Britches. Pulli: Bech Thomassen. Modell: Charlie Melite.

Terminkalender

Wer sich frisch kleidet, der vollführt einen dauernden Balanceakt: Er jongliert mit Tradition, Neuerung und Zurückhaltung, um eine Atmosphäre neuartiger Kombinationen zu erzielen.

Zunächst: Tradition. Manche Kleidungsstücke wecken traditionelle Gedankenverbindungen und werden von vielen Menschen als „korrekt" betrachtet. Weiße, gestärkte Leinenhemden fallen in diese Kategorie, aber auch Polohemden, Chino-Hosen und Bermudashorts.

Zweitens: Neuerung. In jedem mittelständischen Vorort der USA werden Sie etliche Herren in blaßblauen zugeknöpften Hemden und lohfarbenen Chinos entdecken, wahrscheinlich sogar etliche andere in roten Polohemden und marineblau/grau/blaßblau karierten Bermudashorts. Das ist nichts Neues.

Vielleicht erspähen Sie in Ihrem Vorort *einen* Mann in pfirsichgelbem Hemd mit jadegrünen und rubinroten Streifen zu einem Paar taubengrauer Chinos. Oder *einen*, der zu seinen Bermudashorts in prächtig schillernden Tönen ein türkises Polohemd mit neongelb gesäumtem, karmesinroten Kragen trägt. Das ist neu.

Nun: Zurückhaltung. Wenn Sie dem Typen begegneten, der taubengraue Chinos und ein pfirsichgelbes Hemd anzieht, erlebten Sie mit eigenen Augen den „frischen" Stil. Der Schnitt von Hemd und Hose zwar ist traditionell, aber die Farben sind, ohne im geringsten zu schockieren, eine Neuerung.

Und wie steht's mit dem Kerl in schillernden Bermudas und grellem Polohemd? Sein Stil ist nicht frisch. Dazu sind die Farben ein bißchen zu gewagt, obwohl aufregend, ja, sogar geschmackvoll, wenn auch unruhig. Das Ensemble paßt bestens zusammen, aber in einem *raffinierten* Sinn! (Diesen abenteuerlichen Stil erforschen Sie im siebten Kapitel.)

Färben wir es doch zurückhaltender. Das Hemd wäre prima, wäre nur die Hose so gediegen braun, daß sie dessen Schrillheit dämpfte. Genauso würde auch ein blütenweißes (oder pastellfarbenes) Polohemd die feurige Pracht der Shorts dämpfen, insgesamt also mäßigend wirken.

Merken Sie sich als Faustregel für einen frischen Stil: Ist der Schnitt Ihrer Garderobe angemessen traditionell und bilden die einzelnen Farben nur eine bescheidene Neuerung, so wird das Ganze frisch und nett aussehen. Fällt jedoch *ein* Kleidungsstück in Schnitt oder Farbe besonders auf, dann muß ein traditionelles das Gleichgewicht wiederherstellen. Zurückhaltende Neuerung ist grundsätzlich der sicherste Weg, diesen Stil zu treffen, denn Gratwanderungen können tückisch sein. Andererseits bringen aber Gratwanderungen, wenn sie glücken, oft donnernden Applaus ein.

RECHTS. Die Wirkung dieses Ensembles stammt fast nur von der Farbe, und ebendie erhebt es in den frischen Stil. Die Windjacke ist statt der gewohnteren Lohfarbe ziegelrot leuchtend. Das konventionell geschnittene Hemd hat unkonventionelle ziegelrote und malvenfarbene Streifen.

Einen weiteren unerwarteten Touch — obwohl keinen ungebührlich kühnen — erzielt man, indem man einen leichten, sacht strukturierten maisgelben Pulli mit geradem Ausschnitt unter dem Hemd statt darüber trägt.

Auch die stahlgraue Bundfaltenhose verleiht einen innovativen Schub, der Frische vermittelt. Ensemble (außer Pulli): Alexander Julian. Pulli: Float. Modell: Peter Macci.

Obwohl wir hier von feinsten Unterschieden sprechen, sind diese doch oft entscheidend. Ohne Feingefühl werden Sie in Ihrer Kleidung nie besondere Züge herausstellen können. Gchen wir also etwas mehr ins Detail.

ENT-MANNT

Eingangs hörten Sie, daß V-, Y- und T-Form am reizvollsten, weil eindeutig „männlich", seien. Und da daran nichts zu rütteln ist, werden Sie bei Ihrem Bemühen, andere Attribute als nur die sexuellen zu enthüllen, nicht ganz von diesen Formen abkommen. Ein Zweck der Kleidung ist ja, Ihre Geschlechtszugehörigkeit zu zeigen.

Wenn aber offenkundige Sexyness nicht Ihre Hauptsorge ist, braucht man die „männliche" Form ja nicht zu übertreiben. Der H-Schnitt, den wir unsexy nannten, weil er den Männerkörper nicht akzentuiert, wird anderswo sogar ganz akzeptabel. So verleiht etwa ein Anzug mit „natürlicher" Schulter und ohne Taillierung, dessen Beine gerade geschnitten sind, seinem Träger eine H-Form; ist aber der Stoff gestreift und in neuartigen Farben gehalten, wirkt der Gesamteindruck frisch: Der traditionelle Schnitt sorgt für die nötige Zurückhaltung, die neuartige Farbgebung dagegen macht ihn wieder zeitgemäß. Zusammen mit einem leicht progressiven Frackhemd und ebensolcher Krawatte, ist dann der Gesamteindruck frisch.

Natürlich beeinflussen die Faktoren, die ein Ensemble sexy machten, auch dessen „Frische". Erkunden wir also Schnitt-, Gewebe- und/oder Muster-Psychologie in diesem Licht.

OBEN. Diese beiden Shorts stehen hier nebeneinander, um zu zeigen, wie man durch einen Jongleurakt mit Konvention und Innovation Frische erzielt.

Die weißen Shorts rechts sind sehr traditionell. Der neuartige Pulli — das vertraute Rautenmuster wurde leuchtend aufpoliert — gibt der Kombination den frischen Dreh.

Die Shorts linkerhand wirken dagegen, dank ihrer weiteren Proportionen, vergleichsweise neuartig. Darum wurden Karohemd und Pullunder (mit Zopfmuster) traditionell ausgesucht. Verwegenere Oberteile zu diesen Shorts würden das Ensemble wahrscheinlich über die Grenzen der „Frische" hinauskatapultieren. Kleider (links, rechts): Robert Stock, Cesarani. Modelle (links, rechts): Patrick Taylor, Cameron Hall.

SCHNITT

Da der frische Stil in Konventionen wurzelt und Kleidung mit ungewöhnlichem Schnitt immer höchst unseriös nach Beachtung schreit, sind nur kleine Abweichungen vom Traditionellen statthaft. Himmelweite Matrosenhosen, Slacks mit bleistiftdünnen Beinen oder ein farbenprächtiges Modell von der Stange wären absolut unmöglich. Extreme Schnitte vertragen sich vielleicht mit anderen Stilrichtungen, aber nicht mit der frischen.

GEWEBE

Wer an ein frisches Gewebe denkt, der stellt sich wohl ein glattes vor. Glattes und Engmaschiges paßt auch am besten zum frischen Geschmack, ist allerdings kein Muß. So könnte etwa eine burschikose Wolljacke mit einem Paar Chinohosen, einem Knöpfhemd und Penny-Loafers einen frischen Eindruck ergeben, ... falls Farben und Muster eine zurückhaltende Neuerung darstellen.

Obwohl die zur frischen Schule am besten passenden Stoffe die glatten sind, bilden Leder und Seide unter den Hauptkleidungsstücken doch eine Ausnahme (Seidenkrawatte und Lederschuhe sind okay). Ein seidener Anzug z.B. wäre zu elegant, um frisch zu wirken, und ein lederner steht auf einem *ganz* anderen Blatt. Wertbeständiges verleiht meist mehr Frische als Avantgardistisches.

Denken Sie mal so: Welche Stoffe bestimmen jahraus, jahrein die Herrengarderobe? Richtig gefärbt und/oder gemustert dürften diese Stoffe eine solide Basis zum frischen Gesamteindruck bilden. Letztlich entscheidet aber die Harmonie sämtlicher Einzelteile, wie gut Wesenszüge signalisiert werden. Auf lange Sicht zählt allein das Gesamtbild.

RECHTS. Obwohl man Madrasgewebe meist mit Karos verbindet, gibt es sie auch einfarbig und in Streifen.

Dieser Madrasanzug ist sehr konventionell geschnitten, aber die lebhaften Streifen sind bei Anzügen mit natürlicher Schulter nicht Standard. Hier wirken die Streifen so neuartig, daß allzu kühne Farben sie in puncto Frische disqualifizieren würden. Um dies zu vermeiden, sind die Streifen in traditionell männlichen Blau- und Brauntönen gehalten.

Kombiniert mit diesem Hemd und der nadelpunktierten Krawatte, ginge dieses Ensemble auch im Beruf durch. Bei gelegentlichen förmlichen Anlässen wäre es ebenfalls mehr als akzeptabel.

Würde man Hemd und Krawatte gegen ein Polohemd austauschen, erschiene der Anzug deutlicher freizeitmäßig, aber immer noch sehr frisch. Ensemble: Casarani. Modell: Ken Batt.

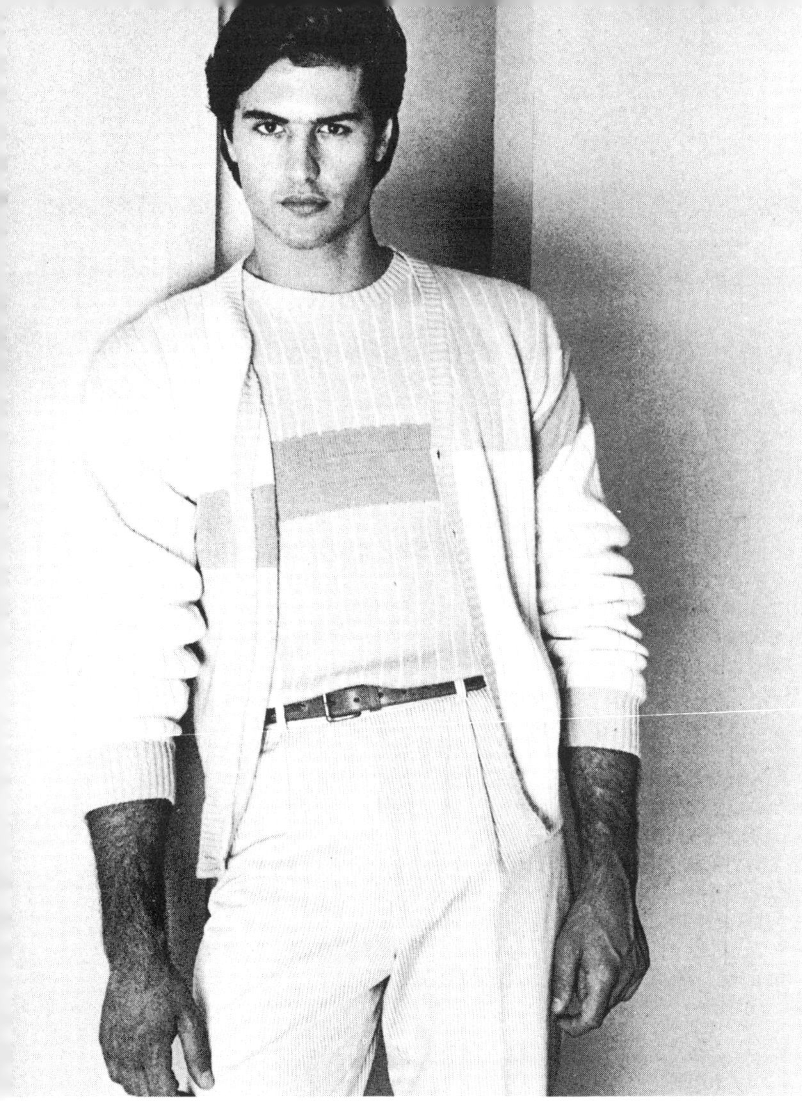

FARBE

„Farbe" heißt der große entscheidende Faktor. Da nämlich der frische Stil nicht sehr vom Schnitt Ihrer Kleidung abhängt und für gewöhnlich nicht mehr verlangt, als daß die Stoffe glatt sind, kommt der Farbe die Aufgabe zu, Ihre Frische zu kennzeichnen.

Obwohl fast alle gedeckten Töne infrage kommen — die „maskulinen", Blau, Braun und Grün, gehören zu den prominentesten —, geben sie doch in untypischen Versionen meist den erneuernden Funken. Und obwohl maskuline Farben vorherrschen, macht häufig ein Anflug von ausgefallenen Schattierungen die Kombination zeitgemäß. Besondere Kombinationen lassen sich dabei aber nicht ermitteln; diese farblichen Anflüge wechseln von Jahr zu Jahr. Dennoch, die allgemeine Regel heißt ohne Rücksicht auf Modeschwankungen: Grundlage für den frischen Stil bleiben maskuline Töne, die jeweils etwas unkonventionell ausgewählt sind, während kleinere Dosen von ungewöhnlicheren Farben, die traditionell nicht als männlich gelten, die „frische" Palette ergänzen.

PSYCHOLOGIE

Obwohl schon grundsätzlich stimmt, daß man lieber nicht mit der ureigensten Seriosität eines Kleidungsstücks spielen sollte, gilt das erst recht in puncto Frische. Nehmen wir mal einen Wollpulli, aber einen

LINKS (beide). Im Schnitt sind beide abgebildeten Kombinationen sehr traditionell. Auch die Stoffe gehören in die Kategorie „typisch".

Ungewöhnliche Farbspritzer jedoch erklären beide Male den frischen Eindruck. Die Hosen sind in neutralem Grau und Weiß gestreift (die ganz links sind aus einem Stoff, der an die traditionellen Sommeranzüge erinnert; die „kreidegestreifte" Hose rechts davon ist aus leichtem Flanell). Beide Male aber bilden Meerschaumgrün und Altweiß die farbliche Grundlage der Pullis.

Obwohl Grün traditionell als maskuline Farbe gilt, findet die Meerschaumschattierung selten in der Herrengarderobe Verwendung und liefert daher die erforderliche Neuartigkeit der Ensembles.

Zwei Innovationen kommen noch hinzu: Bei dem Ensemble links fällt die Pullikombination — mit Rundausschnitt und einer Strickjacke — auf. Beim rechten Ensemble sind Polohemd, gerippter Pullunder und Hose alle optisch so reizvoll unterschiedlich gestreift, wie man es bei gewöhnlicher Herrenbekleidung selten erlebt. Ensembles: Ron Chereskin. Modell: Joe Dakota.

RECHTS. Karierte Madrasgewebe, ein Teil des College-Syndroms, sind im frischen Stil ebenfalls oft zu sehen, obwohl die daraus geschnittenen Kleider häufig Merkmale aufweisen, die sie von ihren rein hochschulmäßigen Artgenossen abheben.

Dieses Hemd trägt ein neuartiges Karmesin/Chartreuse-Karo. In der College-Abteilung hätte es sicher auch einen Kragen zum Anknöpfen. Hier nicht. Es besitzt einen Pyjamakragen — so genannt, weil man diese Art meist an Schlafanzugjacken findet und weniger an Hemden.

Und doch ist etwas neu: Die Brusttasche wurde mit schrägem Muster aufgenäht und weckt sofort Interesse.

Als radikal drastisch kann dieses Hemd zwar nicht gelten, aber es sind scheinbar so unwichtige Details, die alle bei der Kombination eines Ensembles zusammenwirken. Hemd: Robert Stock. Modell: Rich Olsen.

recht ausgefallenen: lang genug, daß er etwa dreißig Zentimeter über dem Knie aufhört, und sehr flauschig. So etwas ist schon kein Pulli mehr; er liefert eine Mischung aus Pullover und Überzieher. Durch seine Psychologie scheidet dieses Kleidungsstück als „frisch" aus, weil ein wollener Mantel an sich zu untraditionell ist.

Zum Vergleich: Die meiste Madras-Kleidung fügt sich automatisch in die Kategorie „Frisch", weil man sie mit dem Stil der '50er/'60er Jahre verbindet, aus dem sich das heute „Frische" herleitet. Obwohl unser frischer Stil viel vom allgegenwärtigen College-Look hat, vermeidet er doch dessen Klischees. Er ist unberechenbar. Der frische Madras z.B. ist meist in unkonventionellen, aber nicht zu elektrisierenden Tönen gehalten. Hinter dem College-Look steckt die Psychologie, durch Festhalten an einer bewährten Formel in einem sozial anerkannten Kostüm den eigenen Status zu heben. Eigentlich ist der frische Stil das gerade Gegenteil, denn es geht ja darum, sich ein wenig neuartig auszustaffieren, ohne an einem alten Rezept zu kleben. Während die Collegemode Klüngelei und unterschwelligen Snobismus verkündet, hebt der frische Stil den einzelnen über die Gruppe hinaus.

EINS AUFS ANDERE

Da der Hauptimpuls des frischen Looks von der Farbe ausgeht und da sich Farben ständig verändern, dürfen Sie keine radikalen Enthüllungen erwarten; wir gehen nur mal rasch durch, inwieweit bestimmte Stilarten in den diversen Kleidungskategorien helfen, einen Eindruck von Frische zu vermitteln.

LINKS. Dieses Ensemble ist der Gipfel an „Frische". Selbst das Gewebe von Pullunder und Polo-Strickhemd ist im Grunde glatt. Dazu der konventionelle Schnitt: das Hemd klassisch, der Pullunder mit altehrwürdigem V-Ausschnitt, die Hosen gerade und ohne Bundfalten (außerdem sind sie aus Madras). Karo- und Streifenmuster herrschen in der Herrengarderobe unumstritten vor. Der frische Eindruck entspringt also den Farben und ihrem Zusammenspiel.

Sowohl Hemd als auch Hose sind vorwiegend gelb, burgunder und, in geringem Maße, himmelblau. Obwohl die als am männlichsten geltende Farbe, Blau, hier unterrepräsentiert bleibt, gibt sie doch eine maskuline Basis.

Die kühne Breite der Streifen wiederholt sich, auch farblich, exakt in denen des Karohemdes. Da sie gemeinsam konzipiert wurden, passen Hose und Hemd ganz natürlich, wenn auch ein klein wenig „knirschend", zusammen. Die meisten Männer würden beides wohl lieber ohne den Pullunder tragen. Mit dem Pullunder als Puffer jedoch wirkt alles viel besser.

Daß der Pullunder ebenfalls eine Bahn Streifen, nur kleinere, enthält, harmonisiert das stilistische Konzept, wie es ein völlig einfarbiger Pulli nie könnte. Etwas Einfarbiges würde die einzelnen Stücke nur trennen, während dieser Pullunder sie integriert.

Da er außerdem noch marineblau mit weißen Streifen ist, dämpft er auch die farbliche Lebhaftigkeit des Ensembles und macht es gemäßigter, als wenn man eine kühnere, leuchtendere Farbe ausgesucht hätte.

Zum Ausgleich für den traditionellen marineblauen Pullunder ist die Sportjacke, die sich das Kerlchen über die Schulter geworfen hat, gelb. Ensemble: Cesarani. Modell: Ron LaRussa.

RECHTS. Hier noch ein klassisches Polohemd, auf der Brust waagrecht gestreift, an den Armen aber (vom gerippten Einsatz abgesehen) einfarbig (die Streifen finden ein abgewandeltes Echo im Kragen). Eine andere Art Streifen weisen die gerippten Westenbündchen auf. Obwohl also beide Teile gleich gefärbt sind, sorgt die unterschiedliche Streifenanordnung für Unberechenbarkeit und damit: Frische. Kleider: Robert Stock. Modell: Tom Hill.

HOSEN

Allgemein gesprochen, sind geradegeschnittene Hosen, die bequem, aber nicht eng anliegen, in der frischen Mode ein Grundpfeiler. Der Mann dahinter wird nicht überdeckt, doch keineswegs ausgestellt.

Bei den weiteren Freizeithosen rangieren Chino- und Khakistoffe vor Denim. Wird Denim verwendet, so bitte nicht im Westernstil, für den die Levi's 501 (zum Zuknöpfen) das Paradebeispiel wäre. Ein leicht eleganter Schnitt ist immer vorzuziehen.

Ansonsten sind Aufschläge und Bundfalten wünschenswert. Die Hosen können um die Hüfte ruhig etwas weiter sein. Gabardine und leichter (nicht schwer genoppter) Flanell finden oft Verwendung. Die Behandlung der Taschen neigt zum Minimalismus; im Gegensatz zu Taschen, die aufgenäht und darum viel auffallender sind, deuten nur Schlitze (und vielleicht eine diskrete Klappe zu deren Verdeckung) an, wo die Öffnungen liegen. Frische Kleidung hält sich fast immer vornehm zurück.

HEMDEN

Wie schon erwähnt, rangieren Knöpfhemden mit Kragen in dieser Sparte ganz oben. Genauso gestrickte Polohemden. Obligatorisch ist aber, daß die Hemden adrett wirken, daß sie weder am Körper kleben noch sich abbauschen, und daß sie bequem, also in keiner Hinsicht hemmend erscheinen. Bezeichnenderweise sind die sichersten Töne pastell oder gedeckt, kaum jedoch tiefdunkel. Oft werden Streifen und Karos verwendet. Die Oberfläche kann zuweilen etwas schimmernd, aber nicht so glanzvoll wie bei Satin sein. Ein Interesse an Gewebestruktur ist kaum erkennbar.

PULLIS

Pullis spielen beim frischen Stil eine Hauptrolle, weil sie unberechenbare Farbe verleihen und mildernde Gewebe einbringen, die bei anderen Kleidungsstücken meist fehlen. Besonders willkommen sind Pullunder. Obwohl Einheitliches Verwendung finden kann, besteht das Design der Pullis doch oft aus Rippen um Hals und Taille, vermehrt um andere auflockernde Details. Rauten sind ein beliebtes Motiv, zumal in ungewöhnlichen Interpretationen.

Zwei oder mehr Muster zu vermischen, ist im frischen Stil ein raffinierter Trick, und Pullis helfen unschätzbar, zwischen Mustern zu vermitteln, die sonst aufeinanderprallen würden. Stellen Sie sich z.B. ein zweiteiliges Ensemble vor: lohfarbene Hosen mit zartgelben, pfefferminzgrünen und himbeerfarbenen Streifen und ein Karohemd, das auf weißem Untergrund denselben Farben gemustert ist wie die Hose.

Obwohl Hose und Hemd farblich aufeinander abgestimmt sind, könnten sie ein schreiendes Wirrwarr ergeben, weil eben die Muster vielleicht doch zu gegensätzlich wirken, um zu gefallen. Würde dieser aggressiven Kombination jedoch ein Pulli hinzugefügt, so wäre der optische Friede wiederhergestellt.

Ein einheitlich schokoladebrauner Pulli mit V-Ausschnitt könnte da vermitteln. Keine sehr einfallsreiche Lösung allerdings. Wie wär's mit einem Sweater, der um den V-Ausschnitt, vielleicht auch an Taille und Ärmeln, blaßgelb und himbeerrot gesäumt ist? Diese Lösung wäre einfallsreicher, aber riskanter: Farbliche Harmonie zwischen mehreren Stücken kann äußerst gezwungen wirken. In unserem Beispiel würde es das Problem etwas unkonventionell lösen, den Sweater mit einer Heidemischung aus Minzgrün und warmen Lohgelb zu färben. Er fungiert dann zwar nur als Folie, bringt aber auch seine Eigenart ein und verwandelt das Ensemble in ein frisches.

ANZÜGE

In ihrer Urform tendiert frische Freizeitgarderobe zu Geschäftskleidung. Gestärkte Kragenhemden zum Zuknöpfen etwa sind stark im Berufsleben beheimatet, und auch den Stil der geradegeschnittenen Hosen, der besonders an Freizeit-Frische erinnert, fällt häufig an Ge-

OBEN LINKS. Einen Anzug zu entformalisieren ist „typisch frisch". Hier wurde, ganz untraditionell, ein stark strukturiertes T-Shirt daruntergezogen und ein Schal um den Hals gewickelt, was den Anzug zur Wochenendkluft verwandelt.

Heute kreieren viele Modeschöpfer sogenannte „Wochenendanzüge", von denen die meisten leichtgewichtige Versionen konventioneller „Straßenanzüge" darstellen. Anzug: Cricketeer. T-Shirt: Float. Modell: Michael Principe.

OBEN RECHTS. Sportsacco-Ensembles sind innerhalb des frischen Stils oft tastfreundlicher als weniger elegante frische Kombinationen. So bleibt eher ein gewisses Freizeitempfinden gewahrt.

Das Hemd gehört hier ganz zum förmlichen Bereich, Pulli und Tweedjacke aber wirken dem geschäftsmäßigen Eindruck entgegen.

Fliegen helfen dem frischen Stil sehr nach, zumal, wenn man sie nur spaßeshalber trägt. Weil die Fliege hier eine begrenzte Zahl Streifen auf meist einfarbigem Untergrund hat, paßt sie hübsch zu dem Hemd, dessen Kragen ja noch dazu weiß ist. Ensemble: Robert Stock. Modell: Noa.

UNTEN LINKS. Da zur Frischesymbolik ein paar „herausgeputze" Anflüge gehören, die aber nur spaßeshalber eingefügt wurden, trägt man Krawatten hier eher aus Stilgefühl.

Fliegen mit einem unterschwellig skurrilen Effekt (der sie im Berufsleben tückisch macht) verleihen ja immer etwas Neuartiges. Für eine eher förmliche Begebenheit wurde hier der Wollpulli durch einen konventionelleren Blazer ersetzt.

Die Streifen am Bund des Pullis geben einen frischen Pfiff. (Um genau zu sein: Der Junge hätte den obersten Hemdknopf zumachen und die Fliege fester binden sollen, da man ja nichts hinter dem Knoten der Krawatte sehen darf. Aber man m u ß ja nicht immer „genau" sein.) Ensemble: Cesarani. Modell: Ron LaRussa.

UNTEN RECHTS. Auch ein Pulli mit V-Ausschnitt läßt sich, um Frische zu vermitteln, bei etwas förmlicheren Umständen durch ein Sacco ersetzen, zumal dieser V-Ausschnitt mit ungewöhnlichen Streifen versehen ist und Hemd und Schlips atypische Farben aufweisen. Modell: Carter Collins.

schäftsleuten auf. Elegante Freizeitensembles ließen sich darum (zum Essengehen oder für einen Theaterbesuch) um eine Sportsacco-Kombination erweitern. (Sollten Sie einen Anzug wählen, dann verleihen Sie ihm mit ein paar unkonventionellen Accessoires gediegenen Pfiff — etwa einer ungewöhnlich gemusterten Krawatte.)

Saccos geben sich viel individueller als sonstige Jackets. Oft sind Stoff und Muster gewagter, da beides nicht zu einer Anzughose passen muß. Obwohl sich frische Garderobe nicht gerade durch Anfaßbarkeit auszeichnet, sind noppige und tweedige Saccos doch möglich, wenn die anderen Kleidungsstücke im Grunde glatt bleiben. So lassen sich etwa eine Seidenkrawatte und ein gestärktes Hemd zu einem noppigen Sacco und zu Gabardine- oder leichten Flanellhosen tragen. Die fühlbaren Qualitäten einer Strickkrawatte und einer Kordhose aber würden dem frischen Eindruck zuwiderlaufen.

Pullis und Pullunder werden häufig mit Saccos und Krawatte kombiniert, um die geschäftsmäßigen Assoziationen herunterzuspielen, die sich sonst einstehlen könnten.

Beim frischen Stil sind Krawatte und Pulli manchmal ein Ersatz für das Sportsacco. Sind Sie also vielleicht unverhofft zu einem Imbiß geladen, auf dem jemand seine Eltern einem kleinen Kreis vorstellen will, so werden Sie einen Anzug für allzu förmlich halten. Fischgrätsacco mit blauem Pulli (darunter ein weißes Hemd ohne Krawatte) und dunkelblaue, lässige Gabardinehose wären gesellschaftlich sicher korrekt, — aber langweilig und keineswegs frisch. Sie stellen jedoch fest, daß Ihr Sacco in der Reinigung ist. Wenn Sie einen grobgestrickten Pulli mit V-Ausschnitt und in eigenwilligem Lavendel mit einer malvenfarben-, indigo- und silbergestreiften Krawatte nehmen, wirkt das insgesamt so respektierlich wie das ganze Sacco-Ensemble, fügt

OBEN. Obwohl seinem Wesen und Ursprung nach sportlich, wirkt dieses Ensemble insofern frisch, als es die athletische Seite abmildert.

Die Shorts sind wie Turnhöschen geschnitten, aber aus einem weichen, gewobenen Stoff. Das Achselhemd hat, im Gegensatz zu den meisten sportlichen senkrechte Streifen. Das Hemd, als lässige Jacke getragen, ist überhaupt nicht sportlichen Ursprungs (wie man am Pyjama sieht).

Außerdem erscheint in drei Teilen ein Pastellgelb. Diese Modifikationen erklären die „Frische". Ensemble: Ron Chereskin. Modell: Patrick Taylor.

GEGENÜBER. Gewobene Badekleidung mit interessanten Mustern — z.B. dieses Tropenfisch-Design — fällt unter den frischen Stil.

Die Art, wie man etwas trägt, kann den Eindruck verändern. Hier ist die Botschaft des offenen Schnürbündschens sexy, nicht frisch; unterschwellig wird verraten, daß es keinerlei Kraftakt wäre, die Hose herunterzuziehen.

Wäre die Schnur verknotet und säuberlich weggesteckt, ließe sich die Hose eindeutiger als frisch beschreiben. Manchem wäre es so vielleicht lieber. Modell: Russell Henis.

aber eine Frische hinzu, die ursprünglich fehlte. Jetzt präsentieren Sie sich so phantasievoll, wie Sie sind.

Manchmal aber gehört ein Anzug auf den Freizeitplan. Diese sogenannten Freizeitanzüge werden meist aus leichten Geweben, zuweilen sogar aus Hemdstoffen hergestellt. Es sollen Spielanzüge sein — nicht für Kinder, sondern für erwachsene Männer, die sich locker-lässig kleiden möchten. Diese Neuerung fügt sich heute problemlos in die frische Garderobe.

SHORTS

An sich passen Ausgehshorts mit ihrer optischen Stimulierung nicht ins frische Genre. Bermudashorts sind der Inbegriff der Zurückhaltung, also auch des frischen Stils. Auch Turnhosen aus Hosenstoffen (z.B. Khaki oder Köper) gehören zum frischen Look, aber nicht Nylon- oder gestrickte Turnhöschen.

BADEHOSEN

Gewobene Badebekleidung gehört — im Gegensatz zur elastischen — auch in den frischen Bereich, zumal die mit Mustern. Neckisches oder Schlabbriges ist tabu. Aber Frische zu vermitteln, dürfte kaum Ihr Hauptanliegen sein, wenn Sie in die Badehose schlüpfen.

SCHLAFANZÜGE

Auch über Ihren Schlafanzug Frische auszustrahlen, dürfte kaum zu Ihren brennendsten Wünschen zählen. Wenn Sie's interessiert: Baumwollene Pyjamas in Pastellfarben sind frisches Nachtzeug. Ein frischer Bademantel ist schlicht und ohne Schnickschnack.

FUSSBEKLEIDUNG

Lederloafers mit Quasten sind ein sehr frischer Schuhstil. Ob eher lässig oder elegant: Sie sehen gut aus. Wirkt ein Ensemble sehr lässig, dann sind glatte Sandalen und Segelschuhe — oft nach ihrem Hersteller *Top-Siders* genannt —, ausgenommen in Braun, eine gute Wahl. Espandrillos, leichte Leinwandlatschen, wären eine andere Möglichkeit. Allgemein gesprochen, sollten Schuhe nicht streng zweckmäßig erscheinen, um das richtige Gefühl zu vermitteln. Schwere Sohlen etwa wirken praktisch — gelegentlich zu praktisch, um noch elegant zu sein. Frisches Schuhwerk sollte etwas Raffiniertes besitzen, und die meisten Stiefel scheinen eher erdverbunden.

Da frische Garderobe mit ihrer Unberechenbarkeit steht und fällt, tun bunte, gemusterte Strümpfe ihr übriges.

ÜBERBEKLEIDUNG

So wenig lässig die frische Garderobe auch ist: Fie dazugehörige Überbekleidung ist keineswegs „elegant"; etwa ein grobwollener Tweedmantel mit Raglanärmeln — auch Balmacaan genannt — bei dem also Schulter und Arm aus einem Stück geschnitten sind. Aufgeknöpft wirkt der Kragen wie ein sehr großer, offener Hemdkragen.

Schön, das ist nicht unbedingt frisch - dazu ist z.B. das Gewebe etwas zu flauschig. Außerdem sieht er recht bodenständig aus. Aber ein rein „frischer" Mantel ist selten ratsam. Wenn Sie die „Frische"-

Richtlinien bis aufs i-Tüpfelchen befolgen, landen Sie wahrscheinlich bei einem unauffälligen Trenchcoat in ziemlich auffallender Farbe (um Unberechenbarkeit zu garantieren).

Da jedoch Überbekleidung in erster Linie schützen soll, wäre oft ein unspezifischer Stil empfehlenswerter, als sich ein speziell kennzeichnendes Kleidungsstück auszusuchen, dem es an allgemeiner Verwendbarkeit fehlt.

LINKS (beide). Ein Balmacaan-Mantel aus Tweed wirkt lässig-elegant, in puncto Frische eine gute Wahl für Überbekleidung. Dieser ist extrazweckmäßig mit einem wasserdichten Material gefüttert. Mantel: D. Cenci. Modell: John Sommi. Frisur: Kent Rulon.

UNTEN. Neuartiges hat es bei förmlicher Kleidung sehr, sehr schwer, denn meist sind die Ansprüche an Förmlichkeit hoch. Die Satinfliege ist hier genau wie die (nicht sichtbare) Bauchbinde tief moosgrün — genug Innovation, um dem Ensemble das Etikett „frisch" zu verpassen, obwohl es auf einem klassischen schwarzen Dinnerjackett beruht.

Bei förmlicher Kleidung gilt immer, daß die Krawatte aus dem gleichen Material sein sollte wie der Rockaufschlag. Nach dieser Faustregel muß also auch die Bauchbinde mit dem Stoff der Krawatte harmonieren.

Nicht jeder hält sich an diese Regeln, aber wer stark davon abweicht, wird auf jeden Fall das Mißfallen der Traditionalisten ernten. Modell: Stuart Carberry.

Lohfarbene Windjacken gibt es zwar wie Sand am Meer, aber mit interessanten Streifen oder Farben sind sie nicht überall zu finden. Raten Sie mal, welche frisch wirken.

Lässige Überbekleidung, die von der Seefahrt inspiriert wurde, schaukelt, wenn zeitgemäß gefärbt, die Sache ebenfalls.

Unmengen von Taschen, Reißverschlüssen und Zubehör sind kein Bestandteil frischer Überbekleidung.

FÖRMLICHE KLEIDUNG

Sie wissen jetzt: Der Schlüssel zum frischen Stil heißt zurückhaltende Neuerung; bei förmlichen Anlässen jedoch kann selbst das zuviel sein. Ein weißes Dinnerjackett ist während der heißen Monate und auf Tropenfahrt zwar korrekt, aber dunkle sieht man häufiger. Darum kann schon seine Weißfärbung unberechenbar genug sein. Ein zweireihiges weißes Dinnerjackett wäre noch origineller. Und wenn man obendrein noch förmliche Hosen mit Schottenmuster trägt, macht es die Neuerungen perfekt. Eine hellgrüne Fliege und Bauchbinde könnten Ihre „Frische" auf die Spitze treiben. Anders gesagt: Der frische Stil kippt vielleicht um, und Sie erscheinen plötzlich raffiniert gestylt (siehe Kapitel 7!). Aber Sie müssen ja nicht engstirnig immer nur *einen* Wesenszug projizieren. Im Gegenteil: Das wäre sogar ein Fehler.

ACCESSOIRES

Um in Ihrer Freizeitkleidung Sinnlichkeit auszustrahlen, sollten Sie die Accessoires aufs Nötigste reduzieren. In puncto Frische jedoch ist das noch eine Überlegung wert.

Weil Mützen und unförmliche Hüte ein Signal setzen, verleihen sie dann Ihrer Originalität rassig Nachdruck, wenn sie an sich pfiffig und nicht militärisch vorbelastet sind.

Farbige Gürtel wirken besonders in recht elegantem Milieu effektvoll. Sie machen fühlbar, daß Ihre Freizeitkleidung nicht aus aufgemotzter Berufskleidung besteht. Genauso liefern auch sportliche Uhren mehr Frische als elegante. Teuer wirkender Schmuck ist als Zeichen gehobener Ansprüche etwas zu schwer mit Machtsymbolik beladen. Der frische Mann profitiert eben nicht von Diamanten.

Wenn Sie die Wahl haben, dann entscheiden Sie sich lieber für unbeschwert heitere Accessoires.

UNTEN. Dieses unkomplizierte Ensemble wäre ohne den zum Spaß aufgesetzten Hut nicht sehr eindrucksvoll. Daß es Spaß ist, beweist der hochgeknickte Rand, und mit diesem Hut wird die ganze Kombination skurril frisch. Ensemble: Ron Chereskin. Hut: Screaming Mimi's. Modell: Brad Brown.

GEGENÜBER LINKS. Dieser Anzug ist durch und durch traditionell geschnitten, die Farben aber fallen heraus. Besonders das rosenholzfarbene Sacco ist für den frischen Eindruck verantwortlich, während das vogeleiblaue Hemd die erforderliche „Männlichkeit" gewährt. Ensemble: Jeffrey Banks. Modell: Dan Cahill.

GEGENÜBER RECHTS. Wieder bricht die Farbe, nicht der Schnitt, mit der unfrischen Tradition. Hier findet man die farbliche Neuerung im Karohemd. Ensemble: Alan Flusser. Modell: Terrence Dineen.

RECHTS UNTEN. Noch einmal wirkt das Ensemble dank seiner Farbe frisch. Wie bei diesem Stil üblich, sind die Gewebe glatt, ihr Schnitt traditionell. Ensemble: Alexander Julian. Modell: Lou LaRusso.

LINKS. Bei diesem konventionell geschnittenen Button-down-Hemd sorgen saubere Pastelltöne für Frische. Die blaß pflaumenblaue Hose hebt das Ganze fast schon in progressive Höhen. Letztlich bewahrt dann das Jacket den frischen Gesamteindruck. Völlig ungewöhnlich ist der Schnitt dieser relativ kurzen Jacke, mit ihrem eigentlich für Anzüge üblichen Kragen; sie läßt sich nur ganz unten zuknöpfen, wie sonst nur ganz lässige Jackets. Im Kragen finden sich rosa und pflaumenblaue, tastfreundlich eingewobene Fasern. Das ist wirklich raffinierte Frische! Jacke und Hose: Ferragamo. Hemd: Alexander Julian. Modell: Patrick Taylor.

RECHTS. Hier befinden sich Streifen der gleichen Farbe auf Hemd und Hose, nur ist der Untergrund des Hemdes weiß, der der Hose ganz zart blau-grün. Die Streifen des Hemdes fallen darum mehr auf, so daß dieses Ensemble nicht allzu gewollt kombiniert aussieht.
Der eigentliche Brennpunkt natürlich ist der Pullunder mit seinen bunten Flechten, die sich an der Brust hochranken. Die Farben entsprechen denen von Hemd und Hose, sind aber leuchtend kräftig. Der altweiße Rahmen um die knalligen Zöpfe wirkt als Ruhepunkt. Ensemble: Alexander Julian. Modell: Geraldo Tebo.

NÄCHSTE SEITE, OBEN LINKS. Dieses Ensemble zeigt einen anderen farblich frischen Ansatz auf konventionell geschnittener Kleidung. Die Streifen des Hemdes sind brilliant gehalten, also sehr voll, hell und intensiv, so daß man sie, um teilweise noch einen Eindruck von Frische zu bewahren, dämpfen, mit weniger aggressiven Tönen ausgleichen muß. Der Bouclé-Pullunder sorgt für die notwendige Ruhe.
Weil die Farben des Hemdes im selben Maß auf dem Pullunder erscheinen, läuft beides zusammen. Daher die allgemeine Gedecktheit des Pullunders, obwohl man, wenn man sich konzentriert, die einzelnen brillianten Fasern identifizieren kann.
Die rauchblaue Hose ist im kühlen Pastell gehalten, so daß auch sie dem stürmischen Impuls des Hemdes entgegenwirkt. Ensemble: Alexander Julian. Modell: Lou LaRusso.

le nouveau
DETECTIVE
Victime
toute une nuit
d'un couple
de
sadiques

New plan to end NGA dispute
Linkloan.
Cuts your debt.
Then cuts
the cost.
L'Avellino
non cambia
di punto
in... Bianchi
lo sport

SALONFÄHIG

Was allgemeine Salonfähigkeit betrifft, sind Sie mit einer frischen Ausstrahlung besser bedient als mit der Absicht, Sinnlichkeit zu vermitteln, — obwohl kein Stil universelle Akzeptanz garantieren kann. Erwarten Sie von Ihrer Kleidung keine Wunder. Erwarten Sie aber, daß sie eingefleischte Überzeugungen infragestellt.

Da frische Garderobe ein gewisses Maß an Snobismus enthält, dürften mißtrauische Menschen sich nicht dafür begeistern. Stur, wie sie gegen optische Veränderungen sind, werden die modisch Konservativen glauben, jede Abweichung vom strikt Konventionellen verrate abweichendes Verhalten. Wie will man dem begegnen? Mit Souveränität. *Sie* kennen Ihren Wert; setzen Sie sich damit über Engstirnigkeiten hinweg!

Kann man modische Bigotterie ausrotten? Ja, wenn Sie für alle Gelegenheiten die sozialen Normen kennen und sich dann „gesellschaftsfähig" anziehen. Aber so, daß Sie den Garderobewächtern dort draußen Ihr wahres Ich zeigen und sich dennoch human benehmen. Da das *wahre* Ich verschiedenste Züge umfaßt, werden Sie alle stets daran erinnern, daß Schubkästen nicht für Menschen gemacht sind. Sich ungezwungen anzuziehen heißt, unabhängig von allen Kleingeistern persönliche Freiheit zu gewinnen. Manche dieser Pedanten werden Sie sogar bekehren. Wenn Sie's nicht versuchen, wer sonst?

OBEN RECHTS. In einer dunkleren Spielart greifen Schuhe und Strümpfe die Farbe der Hose auf, und runden diese Kombinationen ab: von Kopf bis Zeh herscht nun ein frischer Eindruck. Kleider: Alexander Julian. Schuhe: Cesare Pacioti (exklusiv für Wilkes Bashford, San Francisco). Modell: Lou LaRusso.

UNTEN. Interessante Schuhe verraten den persönlichen Standpunkt innerhalb neuartiger Mode.

Leuchtend grüne Segelschuhe sind der Vorschulsymbolik brauner oder beiger College-Schuhe als Ausgehkleidung einen Schritt voraus. Bunte Sportstiefel beweisen Sportlichkeit, ohne kraftmeierisch zu wirken. Schwarz-rotes Schuhwerk ist flippig und lustig, aber wohl zu schrill, um frisch zu erscheinen. Werden Geschäftsschuhe durch Karos und weiße Bänder umgewertet, so ist der Bruch mit der Konvention komplett; man kann sie nicht übersehen.

Gesäumte Lederschlüpfer wirken dagegen „gesetzt". In weniger bunter Gesellschaft würde dies letzte Paar den meisten konventionellen Schuhen eine Stufe überlegen scheinen.

Die Sache ist klar: Das Urteil schwankt je nach umgebender Stilvielfalt. Hier sind die meisten Schuhe genauso überspannt, wie ein Mann im Geschäftsanzug auf einer Kostümparty aussehen würde — dem angestammten Element entrissen. Schuhe (von rechts nach links): Cole-Haan, Roger Forsythe, Vittorio Ricci, Cole-Haan.

PHYSICAL

KAPITEL 3

NETT!

AUFTAKT

Vielleicht gehört es ja nicht zu Ihren Lebensaufgaben, das Modebewußtsein zu verändern. Vielleicht möchten Sie den modisch Konservativen ja gar keins auswischen. Sie streben nicht nach Lustgewinn und Raffinement. Sie wollen Ihre Berufskleidung nur mit möglichst wenig Mühe ablegen. Ihre Garderobe muß gar keine tiefschürfenden philosophischen Aussagen über Ihr Ego liefern.

Aber sie wird es dennoch tun, auch wenn das nicht in Ihrer Absicht liegt. Wenn Sie schlichte Aussagen bevorzugen — als wären Sie ein schlichter, unkomplizierter Junge von nebenan — werden Sie sich meist an den netten Stil halten! (Wenn Sie nur manchmal nett erscheinen möchten, greifen Sie eben ganz nach Belieben zu diesem Stil.)

Nette Kleider erregen, wie nette Leute, fast niemals Aufsehen und gehen kaum jemandem gegen den Strich. Sie sind einfach, und jeder (gut: beinahe jeder) mag sie. Da unkomplizierten Burschen aller Führerehrgeiz fehlt, stehen Sie selten am Kopf der Avantgarde, und für gewöhnlich, wenn auch nicht unbedingt, hinken unkomplizierte Kleider dem Trend ein paar Schritte hinterher.

Weil nette Mode auch einfach zu verstehen ist, werden wir sie hier unschwer entschlüsseln können.

LINKS. Wegen ihrer Brüderschaft, nämlich als „Uniform", ähneln sich netter und sportlicher Stil öfters. Beim netten Stil jedoch ist wichtig, daß die Kleidung nie aufdringlich wirkt. Wird Garderobe gewählt, die irgendwie an Wettkampf erinnert, so sollte sie ruhig zerfranst und abgetragen sein, um nicht mehr aggressiv zu scheinen. Diese Turnhose etwa gleicht einem Relikt aus alter Zeit und strahlt daher nicht Kampfgeist, sondern lässige Bequemlichkeit aus. Modell: Bryan Coolahan.

SCHNITT

Der Schnitt dieser Kleidung ist konventionell und keineswegs neuartig. Die Hemden z.B. sind eben zum Auf- und Zuknöpfen und kommen als T-Shirts ohne Kragen daher, aber auch dann nur mit rundem Halsausschnitt, nicht mit untypisch v-förmigem. Alltägliche Formen herrschen vor.

GEWEBE

Freundlichkeit ist der Grundstein. Vorhin haben wir flauschige Stoffe als sinnlich gewertet, doch auch Glattes wirkt einladend. Und Abschreckung wäre tabu für jeden Kumpeltypen. Denken Sie mal so: Ein Kuß kann erotisch oder platonisch sein. Weiche Gewebe in unsexy Farben verströmen Freundlichkeit, keinen Sex.

FARBE

Untraditionelle Farben sind nicht nett. Obwohl auch mal ein ausgefallener Ton auftauchen kann, ist die typische Farbpalette warm und neutral: Braun, Rostrot und Grün-Farben, die zugänglich erscheinen, weil sie sich nach außen wenden. Blautöne sind nur teilweise okay, denn sie gelten strikt als männlich bzw. (um eine frühere Feststellung zu wiederholen) als reserviert, mithin auch weniger freundlich.

LINKS. Obwohl sich der nette Stil nicht durch Neuerungen auszeichnet, muß er nicht einfallslos sein. Wenn auch nicht sehr drastisch, ist dieses Ensemble in seinen warmen Farben dennoch recht freundlich.

Ein netter Eindruck wäre zwar auch ohne Pullunder möglich, doch ist dieser hier das tragende Element; sein tastfreundliches Gewebe wirkt entgegenkommend wie ein warmer Händedruck. Ensemble: Jeffrey Banks. Modell: Bryan Coolahan.

NÄCHSTE SEITE, LINKS. Dieses Ensemble ist von den drei hier gezeigten das graphischste, bleibt aber doch dem netten Stil verhaftet, weil scheinbar kein Konzept dahintersteckt: Der Betrachter meint, dieser Junge hätte sich in das geworfen, was beim Aufstehen gerade zur Hand war. Solche Unverkrampftheit (ob echt oder durchdacht) ist das Markenzeichen einer netten Ausstrahlung.

Man stelle sich zu dem Jungen eine frech aufgestülpte Kappe vor. Sie würde die ganze Illusion vernichten, weil man voraussetzt, daß Mützen, und zumal frech aufgestülpte, aus Effekt getragen werden. Pulli: RGFM. Modell: Tom Hill.

NÄCHSTE SEITE, RECHTS. Warum, glauben Sie, hat dieser Typ eine Krawatte an? Etwa weil er es sollte, obwohl er gar nicht mag? Wissen Sie, weshalb Sie das annehmen? Weil die rauhe Hemdoberfläche warm und unförmlich wirkt; die weite, tastfreundliche Strickweste ebenfalls; selbst die Kordhose läßt auf Zwangslosigkeit schließen.

Und wie sieht's mit der gewählten Krawatte aus? Sie ist zwanglos, gestrickt, nicht aus förmlicher Seide.

Bei so vielen informell wirkenden Elementen ist es beinah unglaublich, daß dieser junge Mann den Garderobenzwang mit offenen Armen aufnähme, den eine Krawatte versinnbildlicht, denn alles andere deutet darauf hin, daß er ein recht unkomplizierter Typ ist. Ensemble: Chereskin. Modell: Terry Van Derent.

Karos — besonders Karohemden in maskulinen, warmen Kombinationen — sind die einfachsten, freundlichsten Muster.

MANNSCHAFTSGEIST

Obwohl Uniformen vom Individuellen ablenken, verströmen manche davon doch unter jenen Leuten Herzlichkeit, die etwa dieselbe Uniform tragen. Das wissen vor allem die Briten, wie ihre Vorliebe zur Clubkrawatte beweist — eine angestammte Eigenart, die zunächst bedeuten sollte, daß man eine bestimmte Schule besucht oder dem und dem Club angehört hatte. Ein Wiederholungsmotiv. Auch militärisch gestreifte Halsbekleidung ist britischen Ursprungs und wurde anfangs von zivil auftretenden englischen Offizieren gepflegt, um dadurch anzudeuten, zu welchem Regiment sie gehörten. In beiden Fällen entsprang die Erfindung dem Bewußtsein, daß Kleidung verbindend zwischen Menschen wirken kann, die sich zwar nie getroffen haben, wahrscheinlich aber gutfreund werden könnten, weil sie ähnlicher Herkunft sind. Außerdem grenzen solche Krawatten alle jene aus, die nicht das Privileg besitzen, sie zu tragen.

Kleidung kann unter Leuten, die sich ähnlich anziehen, Eintracht gewährleisten, denn Geschmacksverwandtschaft deutet ja auf Seelenver-

OBEN. Die kumpelhafte Herzlichkeit von „Clubkrawatten" verträgt sich bestens mit dem netten Stil. Darum bilden sie eine gute Alternative zu Strickkrawatten, wenn einmal ein Schlips angesagt ist. Wer ganz genau hinsieht, der kann auch Pferdeköpfe auf der Krawatte erkennen.

Ganz dem netten Stil entsprechend, trägt dieser Mann ein gewöhnliches Hemd mit Knöpfkragen und ein konventionelles Fischgrätjackett.

Um seine freundliche Natur zu beweisen, hat er sich eine Blume angesteckt. Jacke: Austen Reed. Krawatte: Celine. Hemd: Henry Grethel. Modell: Lou LaRusso.

NÄCHSTE SEITE. Wie schon bemerkt, signalisieren Teile eines Sportdress eine Art Männerkameradschaft, denn Mannschaftssportarten sind tief von der Sage kerniger Freundschaft — zumindest im eigenen Lager — durchdrungen.

Damit die Mannschaftsunabhängigen Ihre Kleidung nicht als aggressiv auffassen, sollte der, der Einfachheit ausstrahlen will, lieber etwas zu große oder zufällig wirkende Teile tragen. Wollen Sie kraftvolle Körperlichkeit vermitteln, dann sollte Ihnen Sportkleidung sowieso nur schmeicheln. Modell: Nelson Gonzalez.

wandtschaft. Umgekehrt werden Leute, die sich gegensätzlich kleiden, einander mißtrauen, weil die Gegensätzlichkeit ihres Äußeren gegensätzliche Herkunft und Geisteshaltung vermuten läßt. Vor einem Aufmarsch diverser Garderobestile bleiben alle Teilnehmer in Verteidigungsbereitschaft, falls Feindseligkeiten aufbrechen sollten.

Der nette Stil wirkt durch und durch vertraut, neigt also auch dazu, sämtliche aggressiven Reaktionen im Keim zu ersticken, indem er die Angst vor dem Andersartigen zerstreut. Machotum oder Anspruch auf körperliche Überlegenheit haben hier keinen Platz. So sind natürlich keine Charakteristika der Sexyness anwendbar: Sexyness bringt die Gefühle ja in Wallung. Und frische Farben sind allzu verwegen: Zum Verwegensein gehört Gefahr. Im Grunde stellt die nette Erscheinung philosophisch und verhaltensmäßig Gutmütigkeit zur Schau: „Ich bin einer von Euch."

Adrett ist der nette Stil nicht; das würde nämlich auf distanzierte Steifheit deuten, wie ja auch jemand, der ein überkorrektes Deutsch spricht, oft muffig wirkt. Nach dieser Analogie wäre der nette Stil umgangssprachlich. *Nicht* vulgär. Er ist ein Straßen-, kein Gossenjargon.

SPORT UND SPIEL

In den letzten Jahren sieht man zunehmend Kleider sportlichen Ursprungs — Flanellpullis, Tennissocken, Shorts, Unterhemden — als lässige Freizeitkleidung. Fachsprachlich ausgedrückt, wäre solche Garderobe eben „sportlich". Eine relativ neue Modekategorie — man könnte sie schein-sportlich nennen — umfaßt Sportbekleidung, die zwar nicht haltbar oder grob genug ist, athletischen Strapazen zu widerstehen, die aber genug Sportlichkeit ausstrahlt, um an solche zu erinnern. So fällt z.B. eine Jacke, die entfernt wie ein Baseballdress wirkt, für den Betrachter in die Abteilung „Sport".

Diese mysteriösen Unterschiede haben ihren Sinn. Da starke Körperlichkeit den netten Stil stören kann, ist betont athletische Kleidung allzu protzig. Sie fällt übermäßig auf und lenkt das Augenmerk auf den Körper. Im Gegensatz dazu erinnert „Sportkleidung nur zum Anschauen" an die Kumpelhaftigkeit einer Gruppe von Begeisterten, die einem Spiel zusieht, ohne so zu tun, als besäße sie die Kühnheit, darin mitzuwirken. „Sportkleidung zum Anschauen" wirkt also weniger aggressiv: sie ist leicht und nett.

Da die meisten Sportsachen körperbewußt und deshalb eher sexy als nett sind, verwandelt man sie am leichtesten in Alltagsgarderobe, indem man absichtlich nicht-körperbewußte Übergrößen trägt. Ohne seine Schulterpolster versinkt jedes Footballhemd in gutmütige Lässigkeit.

(Wenn Sie einmal Ihren Körper zur Schau stellen und athletisch erscheinen wollen, lesen Sie dazu Kapitel 6.)

UNTER KUMPELS

Sie haben es schon auf dem Fußballfeld gesehen: Die siegreichen Spieler schlagen sich fast bewußtlos, wenn sie einander auf den Rücken klopfen und die Köpfe an die Brust drücken — *das* Symbol männlicher

40

Kameradschaft (und eines der wenigen erlaubten; die Spieler umarmen sich, küssen sich aber selten).

So wenig kämpferisch der nette Stil auch ist, bleibt er doch ausgesprochen männlich. Zu diesem Zweck baut er stark auf die Prinzipien der Gruppenidentität. Wer im Beruf ein dufter Kumpel sein will, zieht sich als dufter Kumpel an. Wer wie ein Herr Schmitt erscheinen will, wie ein Herr Schmitt. Und so weiter. Selbst in Sachen Garderobe ist Imitation eine ehrliche Form der Schmeichelei und manchmal die Einlaßkarte zu einer Gruppe.

Welche Ihrer Sachen haben sich also als Verkünder konventioneller Maskulinität bewährt? Wir zählten sie bereits im Kapitel über Frische auf (2). Um frisch auszusehen, mußten Sie ja traditionelle Kleider mit dezent neuartigen Farben tragen. Wer es nett und locker haben will, muß nicht unbedingt zum Neuerer werden. Warum nach einem malvenfarbenen Knöpfhemd mit Kragen suchen, wenn Sie mit Ihrem hellblauen genauso hinkommen?

Natürlich wird man Sie, wenn Sie bloß das Allerkonventionellste anziehen, in der Menge wahrscheinlich übersehen. Das ist bisweilen ja

LINKS. Großkarierte Flanellhemden lassen die Leutseligkeit unkomplizierter Holzfäller ahnen. Auch ein flauschiger, neutraler Rollkragen- bzw. sogenannter „Fischerpulli" vermittelt Freundlichkeit von Mann zu Mann. Da dem allen etwas Erdverbundenes anhaftet, wird die gesamte Kombination nicht unbedingt einen netten, sondern eher einen erdigen Eindruck vermitteln.

Hier jedoch ist das Flanellhemd, als Jacke getragen, blaßpurpurn und pfirsischfarben — keine erdigen Töne, die darum dahingehende Eindrücke sofort zerstreuen und stattdessen eine neuartig angehauchte Nettigkeit ausstrahlen.

Um weniger neuartig — und netter — zu sein, müßte das Hemd warme, maskuline Töne aufweisen. Hemd: Ron Chereskin. Modell: Joe Kloenne.

RECHTS. Pullis sind in allen Freizeitstilen weit verbreitet. Kombiniert man einen recht konventionellen mit ziemlich alltäglichen Hosen, ist der Effekt meist nett.

Hier sind weder Pulli noch Kordhose neuartig; das ganze Ensemble besitzt keinen charakteristischen Extra-Clou. Stilistisch betrachtet, ist die Pelzmütze des Kindes das einfallsreichste Kleidungsstück weit und breit; die Aufmachung des Mannes tritt dahinter zurück, wenn sie überhaupt Interesse weckt. Leise auftretende Garderobe wirkt ausgesprochen nett. Modell: Joe Dakota. Kind: Troy Brown.

ganz schön und gut. Wenn Sie irgendwo auf der Zuschauertribüne sitzen und sich mit der Masse eins fühlen (wenigstens mit den Fans Ihrer Mannschaft), dann gehört das zum Spaß. Nette Kleidung beweist ja nur: Sie sind einer von den Jungs.

Und obwohl Jungs ganz nett sein können, dürften Sie gelegentlich doch Ihre Männlichkeit beweisen wollen. Das ist beim netten Stil nicht leicht, aber doch möglich. Wühlen wir dazu in drei vor Nettigkeit triefenden Kleidern. Zum Beispiel:

DER GESTREIFTE LEINENANZUG

In den USA hat der Sommeranzug mit seinen typischen zittrigen Streifen seit Jahrzehnten einen Platz in der Herrengarderobe. Meist stellt man ein ganzes Ensemble zusammen, indem man dazu weißes Knöpfhemd mit Kragen und marineblaue Seidenkrawatte anzieht. Das Alternativhemd ist rosa, die blaue Krawatte wird zu einer gestrickten. Das wär's. Kurz und schmerzlos. Und das Gesamtbild wirkt dennoch

nett. Wer ein braunrot-blau bedrucktes Tuch in die Brusttasche stopft, der ist haarscharf daran, das nette Terrain zu verlassen, aber erschießen wird man Sie deswegen wohl noch nicht.

(Übrigens: Solche Tücher gibt es in zahllosen Mustern, obwohl sie meist auf geometrischen oder amöbenhaften Formen beruhen.)

DAS FLANELLHEMD

Flauschige, kuschlige Flanellhemden wirken sehr unkompliziert. Mit Schottenmuster trägt man sie gewöhnlich zu Jeans oder Kordhosen. Wie wär's aber mit einer stahlblauen Kordhose? Nichts Grelles, nur ganz leicht verspielt. Aber Sie möchten ja Ihre Mitgliedskarte bei den Netten nicht verlieren.

(Die schottischen Hochlandfamilien entwerfen übrigens ihre diversen Karomuster selbst — Tartans, wie sie korrekt heißen —, um ihre Sippe zu kennzeichnen. Imitationsversuche betrachten sie nur mitleidig. Heute gilt „Tartanmuster" als Oberbegriff — ein Stil, den man in einem bestimmten Milieu antrifft; auch das Glen-Karo ist schottischer Herkunft. Es war einst das Mützenmuster.)

DER WOLLPULLI

Wer hat gesagt, nur dunkelblaue Wollpullis wirkten nett? Ein schokoladenbrauner mit blassen gelb- und cremefarbenen Streifen ist nicht weniger lässig, aber entschieden freundlicher und gewiß nicht „knallig". Man kann ihn sogar zu Khakis tragen oder ein Tattersall-Hemd darunter anziehen, ohne die Öffentlichkeit oder ihre Busenfreunde zu schockieren.

(„Tattersall" heißt für gewöhnlich: überlappte Karomuster mit Randstreifen, die in der Regel zweifarbig und auf einem leicht gefärb-

OBEN LINKS. Da nette Ensembles großartige Aussagen bewußt vermeiden, riskiert der, der sie aufregend machen will, stets, zu aufregend, also nicht mehr nett, zu sein. Ein kleines Detail — etwa ein kleingemustertes Tuch in der Brusttasche des gestreiften Baumwollanzugs — erhebt das Ensemble über die Banalität. Anzug: Cricketeer. Modell: Peter Macci.

OBEN MITTE. Karohemden wirken sehr unkompliziert; oft nennt man sie „Holzfällerhemden". Weniger nach Arbeit und doch nett sehen sie über einem Rollkragenpulli aus, der den stilistischen Pfiff verleiht. Modell: David Hocs.

OBEN RECHTS. Eine Prise Pfeffer läßt sich Strickjacken beigeben, wenn sie ein Extra besitzen, etwa einen Kragen. Statt des Standard-Flanellhemds bereichert ein interessant kariertes den optischen Eindruck, ohne das Ensemble über seine netten Grenzen zu treiben. Strickjacke & Hemd: Robert Stick. Modell: Pat Hardie.

ten Untergrund erscheinen. Man verwendet sie oft für Gesellschaftshemden, wo Sie sogar eine rostrote Strickkrawatte zu dem neu kombinierten Ensemble tragen könnten.)

GANZ NETT

Wenn bei Ihrem Eintritt das Gespräch verstummt, damit die Gesellschaft ihren kollektiven Hals nach Ihnen drehen kann, sind Sie nicht nett gekleidet. Jedes Kleidungsstück sollte etwas Vertrautes ausstrahlen, und jede Abweichung heißt, sich in die Minderheit begeben. Der Schlüssel ist stets, sich unterhalb der Erwartungsnorm anzuziehen. Wem z.B. sowohl ein Dinnerjackett als auch das Kapital fehlt, sich eines zu borgen, kann Förmlichkeit improvisieren, indem er seinen klassischen blauen Blazer, graue Flanellhosen, weißes Hemd, karierte Fliege und eine passende Bauchbinde trägt. Außer den Modesnobs wird jeder anerkennen, daß Ihre Staffage einen aufrichtigen Versuch darstellt, sich, wenn auch nicht aufs i-Tüpfelchen, dem Anlaß unterzuordnen.

Diese Unterscheidung gibt den Ausschlag. „Nett" darf nie Plump oder Schlampig heißen bzw. als grob oder rebellisch gelten. Bei aller Einfachheit muß der Versuch erkennbar sein, sich der Etikette der Situation anzupassen. Sie müssen Ihren gesunden Menschenverstand gebrauchen, um die Trennlinie zwischen einem lässigen und einem jämmerlich dürftigen Erscheinungsbild zu finden.

RECHTS. Sehen Sie genau hin. Lassen Sie sich nicht von Fliege und Bauchbinde täuschen. Das ist kein Dinnerjackett. Der Mann trägt einen gewöhnlichen blauen Blazer, graue Flanellhosen und sogar ein weißes Hemd mit Knöpfkragen.

Die einzigen förmlichen Zutaten bestehen aus Fliege und Bauchbinde, die zufällig tiefblau, dunkelgrün und kastanienbraun kariert sind.

So kann man mit am einfachsten den Anforderungen eines Abends mit Krawattenzwang gerecht werden, wenn man etwas Besonderes machen, aber nicht aufs Ganze gehen möchte. Bei einem Anlaß, der streng auf Garderobenetikette besteht, wäre dieses Ensemble deplaziert.

Wenn die Ansprüche hoch sind und Sie keine Lust haben, ihnen zu gehorchen, können Sie ja auch zu Hause bleiben oder ins Kino gehen. Blazer, Hose: Austen Reed. Fliege & Bauchbinde: Christian Dior. Modell: Stuart Carberry.

KAPITEL 4
ERDIG!

GRUND UND BODEN

Nette Garderobe ist einfach zu beschreiben; vielgesichtiger ist der erdig genannte Stil! Er läßt sich nicht immer auf Anhieb erfassen, genauso wie es viele Arten gibt, sich sexy anzuziehen. Der Wege, sich erdig zu geben, sind viele, und manche leuchten eher ein als andere. Sobald Sie jedoch erst das Gelände kennen, werden Sie die ehrlichen, ungehemmten, irdischen, herzlichen, mitunter sogar obszönen Eigenheiten der diversen erdigen Erscheinungsformen entdecken, die auf den einen unwiderstehlich, auf den anderen anstößig wirken. Sei's drum. Schließlich sprechen wir bei einigen Spielarten ja von einem ungewöhnlichen Stil für den ungewöhnlichen Mann. Es gibt andere Fälle, da sieht das Ganze sehr gewöhnlich aus. Zu gewöhnlich für manche.

Die Farbe setzt den Hauptunterschied. Meist herrschen Erdfarben vor, wie man sie — einschließlich Orange — tausenderlei in Laub und Scholle findet. Ganz genau genommen, gilt Grau, da es neutral ist, selten als ein erdiger Ton, obwohl einige seiner Schattierungen sehr wohl in diese Kategorie fallen; es müssen eben die rechten Bedingungen geschaffen werden.

HERBSTBUNT

Höchste Zeit für ein bißchen tiefergehende Farbtheorie.

Fällt natürliches Licht durch ein Prisma, so wird es in elf „reine" Farben aufgeteilt: rot, rot-orange, orange, gelb-orange, gelb, gelbgrün, grün, blau-grün, blau, blau-violett und violett. Im natürlichen Lichtspektrum fehlt Rot-Violett zwar, aber man fügt es den Grundtönen hinzu, um die Zahl reiner Farben auf ein gerades Dutzend aufzurunden.

Unter diesen befinden sich die sogenannten Primär-, Sekundär- und Zwischenfarben. Rot, Blau und Gelb sind die Urfarben — die drei, aus denen alle anderen erst entstehen; sie sind am reinsten mit Pigmenten gesättigt. Durch eine Mischung zu gleichen Teilen ergeben zwei Primärfarben die drei sekundären: Orange, Violett und Grün. Aus Mischung von einer Primär- und einer Sekundärfarbe entstehen die Zwischenfarben Rot-Orange, Gelb-Orange, Gelb-Grün, Blau-Grün, Blau-Violett oder Rot-Violett.

Tertiäre, „trübe" Farben bilden sich, wo zwei sekundäre gemischt wurden, und können, beliebig neu vermischt, auch neue Farben schaffen. Auf dem Farbrad finden sich Hunderte von Tönen nebeneinander, die beweisen, wieviele Schattierungen aus der Mischung benachbarter Farben entstehen.

LINKS. Der erdige Stil läßt sich nicht gerade einfach beschreiben. Wer ihn sieht, erkennt ihn gleich. Hier z.B. sind die Tarn-Aufdrucke sehr dominant (mehr darüber in diesem Kapitel); der vorherrschende Eindruck ist erdig, obwohl sich eine erotische Absicht feststellen läßt. Natürlich hängen Erdigkeit und Sexyness — wenn auch nicht immer — eng miteinander zusammen: Der erdige Stil deckt eine große Bandbreite ab. Hemd: The Trader. Modell: Chris Doyle.

Setzt man die zwölf reinen Farben in kreisförmige Beziehung, so plaziert man die drei Urfarben und die drei sekundären jeweils gleich weit voneinander. Zwischen den Primär- und den Sekundärfarben liegen die sechs Zwischenfarben, ebenfalls gleichweit voneinander entfernt.

Analoge Farben heißen jene, die Seite an Seite erscheinen. Fünf analoge Farben um ein blau-grünes Zentrum wären z.B. Gelb-Grün, Grün, das zentrale Blau-Grün, Blau und Blau-Violett. In ihrer Reinform sind analoge Farben immer harmonisch, zumal wenn sie nah beieinander liegen. Obwohl Blau-Grün und Blau-Violett also harmonieren, trifft dies für Gelb-Grün und „Urgrün" noch mehr zu, weil sie enger benachbart sind. Stehen Farben durch familiäre Herkunft von *einer* Farbe in enger Beziehung, so kommen sie bestens miteinander aus: Gelbkombinationen wirken auf das Auge harmonischer — und ruhiger — als blau-gelbe.

Komplementärfarben stehen sich diametral gegenüber. Einige dieser Opponenten sind Gelb und Violett oder Rot und Grün. Solche Warm/Kalt-Gegensätze kontrastieren immer, und obwohl Komplementärfarben sich nicht beißen — Gegensätze ziehen sich ja an — ist ihre Paarung nie so harmonisch wie die der analogen. Reine Komplementärkombinationen wirken auf das Auge dynamisch-kraftvoll. Dagegen behalten aufgehellte oder abgedunkelte Komplementärkombinationen, obwohl sie weniger solide sind als die reinen, ein gewisses Maß an Selbstsicherheit.

Wie Sie wissen, wirken Rot- und Gelbtöne warm und einladend, während blaue und grüne kühler, ausweichender sind. Doch grüne Farben erscheinen wegen ihres Gelbanteils relativ wärmer als blaue.

Wenn Sie die Reserve kühler Farben brechen wollen, müssen Sie warme hinzuziehen. Warme Farben wirken ja sogar noch wärmer, wenn man sie mit neutralen oder kühlen kontrastiert. Gelb und Rot z.B. sehen, als warme Farben, miteinander kombiniert gleich warm aus. Setzen Sie jedoch Rot neben das statische Grau, erscheint dieses Rot noch wärmer und freundlicher als neben Gelb, weil Rot und Gelb sich beide dem Auge aufdrängen und keines je die Oberhand gewinnt. Gesellt sich aber eine warme Farbe zu weniger aggressiven Tönen, erntet sie die größere Aufmerksamkeit. Darum macht ein Anflug von warmer Farbe oft mehr Eindruck, als man sich nach dessen Größe träumen ließe.

Die Intensität einer Farbe wirkt auch auf ihr Verhalten. Ein blasses Gelb ist offener als Dunkelblau. Aber das pigmentgesättigte Urblau leuchtet wiederum stärker als blasses Gelb. Auch von Haus aus kühle Farben wirken also, wenn sie intensiv sind, direkter als abgetönte warme Farben. Vergleicht man andererseits mehrere tiefe dunkle Töne mit einem Sortiment heller, weicher Schattierungen, so werden diese stärker hervortreten als die dunklen. Dunkle Farben sind stets zurückhaltender, während intensive auffallender und direkter wirken. Am direktesten unter den intensiven Farben sind die reinen warmen Töne.

Die meisten Erdfarben gehören nicht zum Primär-, Sekundär- oder Zwischenspektrum; sie sind aus mehreren Farben gemischt, oft auch eher dunkel als hell. Damit Erdfarben warm und ansprechend erscheinen, brauchen sie einen guten Schuß Gelb und Rot, um dem unscheinbaren Wesen dunklerer Töne entgegenzuwirken. Rostrot ist eine sehr warme Erdfarbe, denn es enthält neben Braun starke Rot- und Orangezusätze. Olivkhaki wirkt weniger warm, weil es zwar ein erdiges Braun, aber hauptsächlich Grün und Gelb ohne jedes Rot enthält. Das zwischengelagerte Orange — eine Mischung zu gleichen Teilen aus Urgelb und Urrot — ist der wärmste unter den Erdtönen — weit wärmer als zwischengelagertes Grün etwa, das einen kräftigen Blaustich besitzt.

MEISTERMISCHUNG

Trotz der scheinbaren Bandbreite, gibt es grundsätzlich nur drei Methoden, wie Sie Farben in Ihrer Kleidung einsetzen können: monochromatisch, analog oder komplementär.

Bei der monochromatischen Technik haben alle Teile eines Ensembles entweder dieselbe Farbe (z.B. den exakt gleichen Blauton) oder gehören zur selben Farbgruppe (Blautöne z.B.). Sehr erdig wäre etwa ein monochromatisches Ensemble in, sagen wir, verschiedenen Grünschattierungen.

Die analoge Technik vereint enge farbliche Verwandte, die jedoch nicht derselben Farbfamilie entstammen. Braun und Grün sind analoge, erdige Farben. Also ist auch ein Ensemble aus den Tönen beider Farben erdig, obwohl nicht mehr oder weniger als eines aus monochromatischem Grün.

Die Komplementärtechnik wiederum vereint Farben aus gegensätzlichen Farbgeschlechtern. Da etwa Grün und Orange erdige Kontrastfarben sind, wirkt auch ein Ensemble aus Grün- und Orangetönen auf selbstsichere, komplementäre Art erdig. Aber nicht mehr oder weniger als die beiden anderen. Denken Sie stets daran, daß Erdverbundenheit eine wandelbare Eigenschaft ist.

Monochromes, das also nur eine Farbbotschaft übermittelt, wirkt sehr entschieden. Ein einfarbig rotes Ensemble macht einen heftig leidenschaftlichen Eindruck. Erdige monochromatische Ensembles hingegen sind, obwohl gefühlvoll, nicht derart offen.

Analoge Farben äußern sich weniger direkt, weil es mehr als *eine* Farbbotschaft zu entschlüsseln gilt. Da analoge Farben jedoch nah verwandt sind, sind analog gefärbte Ensembles spannungsfrei und auch frei von jeder Doppeldeutigkeit. Gefühlsmäßig wirken analoge erdige Ensembles unverkennbar warm.

Komplementäre Farben, die ja stets auf Warm/Kalt-Kontrast beruhen, machen die komplexesten Aussagen. Zwar erinnert die Spannung unter den Farben nicht unbedingt an Kampf, aber gelöst wirken komplementär gefärbte Ensembles nie. Die gegensätzliche Farbbotschaft gleicht einer Geheimschrift, die sorgfältige Entschlüsselung verlangen kann, d.h.: Oft sind Komplementärsysteme eher verstandesbetont. Ihre Vielschichtigkeit kann durchaus verlockend, ja sogar geheimnisvoll oder exotisch wirken, wenn sie sich aus Tertiärtönen zusammensetzen. Ist das Farbschema extrem verzwickt, erscheint es mitunter absolut verwirrend, aber doch keineswegs langweilig.

Im Bereich Erdig können Sie die Farbe auf jede Weise einsetzen — monochromatisch, analog oder komplementär. Wenn jedes Kleidungsstück im einen oder anderen Braunton gehalten ist, macht das einen direkten, unkomplizierten Eindruck. Kombiniert mit analogen Rostrot- und Orangetönen wirken die braunen zwar ebenso erdig, aber das Gesamtbild ist jetzt wärmer, vertraulicher und gefühlvoller. Sollten Sie zum Kontrast einen blassen Schuß Blau-Grün in die letzte Kombination setzen, so sieht das nicht weniger erdig aus, aber weniger warm, denn nun ist das Spektrum vielschichtiger, hat mehr Warm/Kalt-Spannung. Der Effekt ist jetzt verstandesmäßiger, seine Emotionalität herabgesetzt.

BODENSTRUKTUR

Vergessen wir nicht, daß der erdige Stil, obwohl er Erdfarben als Mittler hat, etwas „Derbes" besitzt — genau gesagt: derbe Textilien. Die Stoffe sind „natürlicher", weniger „verfeinert" als glatte Gewebe, weil sie anders gewoben werden.

Technisch gesprochen, sind Woll- (oder mit Wolle vermischte) Gewebe entweder aus Kammgarn oder reiner Wolle. Wie der Name andeutet, hat Kammgarn eine feste, starke, glatte Oberfläche — im Gegensatz zu Wollgarn, das flauschiger bleibt, weil die Wolle vor dem Spinnen nicht gekämmt wurde. Wollene Gewebe sind „natürlicher", weniger „verfeinert" — buchstäblich derber. Diese Derbheit trägt zum erdigen Eindruck bei. Es gibt sogar besonders „erdige", Cheviot, Fischgrät oder „Hopsacking" im Gegensatz etwa zum glatten Köper. Aber schlagen Sie sich nicht mit den Spezialnamen herum; prüfen Sie einfach die Oberfläche und entscheiden Sie, ob ein Gewebe erdig ist oder nicht. So kann man sich doch schwer ein Tweedgewebe vorstellen, das nicht erdig wirkt.

Der Schnitt eines Kleidungsstücks hat wenig mit seiner Erdigkeit zu tun (später mehr darüber). Es könnte z.B. eine avantgardistische Form besitzen, aber wenn sich die erforderlichen Farben und Gewebe vorfinden, wird der Gesamteindruck erdig *und* bilderstürmerisch sein — das Aussehen eines leidenschaftlichen Abenteurers. Ist ein Kleidungsstück jedoch sehr traditionell geschnitten, richtig gefärbt und entsprechend gewoben, so dürften Sie ein erdiges *und* zivilisiertes Bild abgeben — das Aussehen eines typischen Gentleman vom Lande.

LINKS. Diese Jacke ist besonders erdig, weil der Pelz an einen Trapper erinnert, der seine Felle aufgeladen hat. Jacke: Egon von Fürstenberg. Sonst: Charivari Workshop. Modell: Chris Zambelli.

RECHTS. Diese derbe, weite Strickjacke mit Reißverschluß (über einem Pulli) ist schwer genug, um als Überbekleidung zu dienen, und so gefärbt, daß sie die ganze Erdschwere vermittelt. Pulli & Strickjacke: Basco. Hose: Samuelson & Abrams. Schal: Susan Horton. Modell: Neil Kramer.

SEITE 106, RECHTS OBEN. Das tastfreundliche Tweedsacco wirkt als Puffer, um Geschäftsmäßiges unterschwellig auszuschalten, und katapultiert das Ensemble auf die erdige Bahn. Wer genau hinsieht, dem wird ein schwach bronzeschimmerndes „Fensterrahmenkaro" auf dem Gewebe auffallen. Dieser Ton wiederholt sich auf der ebenfalls tastfreundlichen Schweinslederweste. Hauptträger des erdigen Eindrucks allerdings ist das orange-graugrün karierte Hemd. Dieses Ensemble besteht ganz aus Komplementärfarben. Modell: Robert Dahlin.

SEITE 106, UNTEN LINKS. Hier noch ein komplementär gefärbtes erdiges Ensemble, das hauptsächlich auf Orangenrot und Grün beruht. Das relativ große Muster der Strickweste harmoniert mit den Streifen des Hemdes. Auch die Farben passen gut zusammen, da sie sich ähnlich auf Hemd und Strickweste wiederholen. Weil auf beidem Blau erscheint, ein nicht gerade erdiger Ton, besitzt dieses Ensemble mehr innere Spannung zwischen Offenheit und Zurückhaltung als die meisten erdigen Kombinationen. Ensemble: Missoni. Modell: Todd Bentley.

SEITE 106, UNTEN RECHTS. Noch ein Beispiel für Komplementärfarben im erdigen Stil. Die olivgrüne Jacke verwurzelt das Ensemble im Erdigen; würde jedoch nur das blassere Oliv nicht auf dem gestreiften Hemd erscheinen, wäre nicht die Bezeichnung „erdig" möglich, da weder Lavendel (im Hemd) noch Türkis (die Farbe des Pullis unter dem Hemd) Erdfarben sind. Türkis als Mischung aus Grün, Blau und Weiß jedoch ist durch seinen Grünschimmer entfernt mit den Erdfarben verwandt. Jacke & Hemd: Alexander Julian. Modell: Peter Macci.

RECHTS GEGENÜBER. Sehen wir zunächst über das grau-orange Karohemd unter dem Pulli hinweg. Dann nämlich ist das Ensemble einfarbig: es bestünde fast nur aus neutralen Grautönen. Mit dem Orangetupfer des Hemdes — der wärmsten Erdfarbe — wird das Ensemble echt erdig. Rein technisch sollte die Farbkombination wegen des Orangetons als komplementär gelten. Da Orange jedoch nur minimal, wenn auch ungemein entscheidend, vorkommt, könnte man das Ensemble letztlich doch einfarbig nennen. Jacke & Hemd: Robert Stock. Pulli: Peter Barton's Closet. Modell: Gerald Tebo.

SEITE 108, OBEN LINKS. Da Flauschigkeit, solange die Farben nicht dazwischenfunken, Erdigkeit vermittelt, gehört dieser Pullover mit seinen Grünblöcken ganz besonders in diese Kategorie. Hervor sticht auch ein Indigo-Purpur. Deshalb ist die Farbkombination komplementär. Pullover: RGFM. Modell: Chris Zambelli.

SEITE 108, OBEN RECHTS. Dieses erdige Ensemble ist zwar mit weißem Hemd und Krawatte aufgepeppt, erdig aber bleibt es wegen seiner Hauptkomponente: braun. Obwohl elegant, ist es wegen des Rots von Schlips und Gürtel freundlich warm. Kleider: Basile. Modell: Todd Bentley.

UNTEN LINKS. Selbst im Stadtpark riecht dieses Ensemble noch nach Landluft. Tweedsaccos wohnt mehr von freier Natur inne als glatteren, platteren.
Da sich im moosgrünen Rollkragenpullover und der bronzenen Kordhose — beides sehr flauschig — ein Schuß Gelb befindet, ist diese Kombination analog gefärbt, also harmonischer als die drei komplementären auf Seite 106. Ensemble: Cesarani. Modell: Ron LaRussa.

NÄCHSTE SEITE, UNTEN. Düffelmäntel wie dieser erinnern an einen frischen Waldspaziergang. Darum wir-

in erdigen Schattierungen besonders erdig.

Donegal-Tweed-Hosen, in deren Gewebe solch unregelmäßige Farbknötchen auftauchen, besitzen eine Rauhheit, die ebenfalls sehr erdig ist.

Die hinzukombinierte Fliege stört den Eindruck keineswegs; sie erinnert nur desto stärker an einen Landjunker. Kleider: Allan Flusser. Modell: Mateo.

Da sich Erdigkeit auf verschiedene Weise ausdrückt, ist sie an sich selten an- oder unangemessen. Ihre Korrektheit bzw. der Mangel an ebendieser hängt vom Schnitt und davon ab, wie angemessen er der Situation jeweils ist. Sexy geschnittene Kleidung z.B. kann nach Farbe und Gewebe so aussehen, daß sie daneben noch Erdigkeit vermittelt; konventionell Geschnittenes kann nach Farbe und Gewebe neben Erdigkeit noch Konventionalität ausdrücken. Wo sexy Aufmachung akzeptiert wird, dort auch in erdigen Farben und Geweben; wo sexy Aufmachung nicht akzeptabel ist, ändern auch erdige Farben und Gewebe nichts daran. Dasselbe gilt für konventionell geschnittene Kleidung.

Erdige Garderobe kann sehr kultiviert oder schlicht rustikal sein. Im ersten Fall bleibt sie, unabhängig von ihrer Ausdrucksweise, zugänglich und zutiefst persönlich.

NATURBURSCHEN

Nur weil sie draußen auf dem Lande leben, genießen manche Menschen den Ruf, ehrlich und „bodenständig“ zu sein. Farmer, Rancher, Holzfäller, Förster — sie alle gehören zu den zweifellos hart arbeitenden Einzelgängern, denen man das Privileg zuspricht, das „Salz der Erde“ zu sein. Ihre bildliche und wörtliche Erdverbundenheit spiegelt sich in ihrer Aufmachung wider; nichts „Hochgestochenes“ findet sich da. Schnickschnack ist was für Stadtfräcke, die durch die Lockungen eines ausschweifenden Lebens ihre Wurzeln und womöglich auch ihre Seele verloren haben.

Obwohl also der Ackersmann wenig Anspruch auf Kultur besitzt, verleiht das Gerücht seiner Kleidung doch positive Eigenschaften. Man verbindet die erdige Hülle mit Rechtschaffenheit und Anstand.

Da diese Hülle wegen ihrer bescheidenen Ursprünge zweisschneidig wirkt, widerspricht sie der raffinierten Komplementärfärbung. Eine Warm/Kühl-Spannung zwischen komplementären Erdfarben wird jedoch mit den Hinterwäldler-Assoziationen des Ensembles aufräumen, und auch ausgefallene Accessoires, wie ein Navajogürtel oder ein hübsch gefiedertes Band um einen Cowboyhut aus Filz, können es pfiffiger gestalten.

GUTE TATEN

Obwohl es als gut für die Seele gilt, sein Geld mühsam zusammenzuackern, wird doch niemand für seinen Erfolg verachtet. Positive Assoziationen hängen auch an Landedelleuten, die den Kontakt mit Mutter Erde nicht ganz verloren haben.

Die Idealvorstellung vom Landjunker und wohlerzogenen Gutsherren beschwört reine Luft und weite Felder herauf. Laster und Verdorbenheit sind von Körper und Geist gleichweit entrückt. Obwohl die

OBEN LINKS. Dieses locker gewobene Hemd wirkt „primitiv“ genug, um an Eingeborenenkunst zu erinnern, d.h. echte Ursprungs- und Bodenverwurzeltheit. Modell: Lazaro Felekis. Styling: Angelo Droulia. Aufgenommen auf Mykonos.

OBEN RECHTS. Latzhosen wecken Assoziationen mit Ackerbau und ländlicher Rechtschaffenheit. Dadurch wirken sie automatisch erdig; und starke Karos erinnern an herzliche Holzfäller. Ensemble: Basco. Modell: Cameron Hall.

RECHTS. Kultivierte Erdigkeit läßt dieser tweedige „Gutsherren“-Look vermuten, der von Derb-benutzt bis Schnieke-geputzt reichen kann, sofern der Stoff vorwiegend flauschig und die Farben recht erdig sind.

Hier ist der Leib der Strickjacke aus braunem Wildleder, während Ärmel und Rippbündchen in Braun, mit bunten Knötchen, gestrickt sind.

Um den erdigen Reiz des Ensembles zu steigern, wurden die Noppen der karierten Flanellhose besonders betont. Kleider: Robert Stock. Mütze: Michael Stromar. Modell: Joe Dakota.

BEIDE FOTOS. Manchmal wird ein Kleidungsstück so stark mit einer bestimmten Art von Garderobe identifiziert, daß allein genügt, es zu tragen, um eine spezielle Eigenschaft zu vermitteln.

In diesem Fall ist der aus Britannien stammende Tweedmantel mit gutsherrlichen Assoziationen befrachtet, die einen erdigen Eindruck wachrufen.

Beachten Sie bitte den Kragen, der, im Gegensatz zu den Rockaufschlägen an förmlicherer Kleidung, aufgeknöpft einem Hemdkragen ähnelt. Diese relative Zwanglosigkeit, die für den Stil des Balmacaanmantels typisch ist, unterstützt das warme Gefühl der Großbauern-Symbolik.

Zufällig sind auch Schal und Pullover, beide tastfreundlich, in erdigen Tönen gehalten, doch selbst wenn beides verborgen bleibt, kann schon allein der Mantel Erdverbundenheit ausstrahlen. Modell: Bryan Coolahan. Styling (auch für S. 114): I Love Ricky.

Garderobe des Junkers weniger simpel als die schlichte Tracht seiner Pächter ist, wirkt sie doch hübsch heimelig, also nicht lasch und verstädtert.

Diese Dimensionen des Erdigen umgibt ein nostalgischer Spitzenbesatz. Es läßt sich kein anderer Vernunftgrund für das Weiterleben des Krautjunkers auf städtischem Pflaster anführen als die Tatsache, daß er reich an Tradition und Legenden ist. Alles aus Tweed und Wolle beschwört eine Erdigkeit zivilisierter, weniger grober Sorte herauf: Man überwacht die Scholle, bestellt sie aber nicht.

Die Zivilisiertheit des Junker-Looks rührt von der Erinnerung an den Adel. Darum kann sie kaum sehr sichtbar mit konventionellen Formen brechen. Farbe und Gewebe spiegeln stets die bäuerliche *Land*schaft wieder, nie die Gosse der Großstadt. Obwohl auch monochromatische und analoge Farben verwendet werden können, behaupten sich die komplementären, die den Eindruck verstärken, der Junker habe sich bewußt entschlossen, Mutter Erde zu umarmen, und stecke nicht wider Willen im Hinterland: Er besitzt genug Auftreten, um es in der Stadt zu etwas zu bringen, *wählt* aber die Beschaulichkeit des Landlebens.

FELDWEGE

Der Aberglaube, jene, die am Busen der Natur lebten, wären redlicher als die, die sich in der Fabrik abrackern, sitzt so tief, daß selbst das heimatlose Dasein umherwandernder Fahrensleute etwas Romantisch-Erdiges besitzt.

LINKS. Hier wird derselbe Mantel wie auf der vorhergehenden Seite mit drastischem Knalleffekt als Schulterumhang zu einem phantasievoll gewobenen Pullover getragen. Das Schichten der Kleider erinnert an ein Nomadenleben, also Erdigkeit. Pullover: G. Maislinger. Model: Bryan Coolahan.

RECHTS. Manchmal führt Militärausstattung zu einem erdigen Weltenbummler-Look, der wiederum oft als Anregung für Freizeitkleidung dient.

Da Militärsymbolik sowohl sexy als auch erdig sein kann und da Sexyness die beherrschende Eigenschaft ist, wirkt armeestämmige Garderobe oft eher sexy als erdig. Hier helfen eine unsinnliche Schirmmütze, ein Paar Arbeitsstiefel und Hosenträger, die Sexyness zu dämpfen und mehr die Erdigkeit herauszustellen. Ensemble: Charivari Workshop. Hut: Screaming Mimi's. Modell: Neil Kramer.

Ziellos, wie sie die Welt durchstreifen, sind die Landfahrer echte Abenteurer: Was sie haben, tragen sie am Körper. Eine erdige Bearbeitung des Nomadenlebens ist der Kleidungsstil des „Aufeinanderschichtens“ — sich in mehrere Kleidungsstücke zu verpacken, wo schon eines reichen dürfte. So ein Ensemble kann z.B. aus einem Rollkragenpulli unter einem Karohemd unter einem Pulli mit V-Ausschnitt unter einer Jacke plus den obligatorischen Hosen, Schuhen und Strümpfen bestehen. Es bietet hohen Wärmeschutz, aber *den* leisten auch ein paar Kleidungsstücke weniger — ein daunengefüllter, gesteppter Parka über einem Rollkragenpulli über den obligatorischen Hosen, Schuhen und Strümpfen. Zu „schichten“ jedoch wirkt erdig; das Parka-Ensemble nicht unbedingt. Kleider übereinanderzuziehen hat etwas vom urtümlichen Hauch des Wanderlebens und vermittelt demzufolge Erdigkeit.

Übereinandergezogene Kleidung kann monochromatisch, analog oder komplementär gefärbt sein. Komplementärfarben im Überfluß strömen allerdings manchmal etwas Ruhelos-Zigeunerhaftes aus. Analoge Untertreibung wirkt respektabler, sobald man viele Einzelstücke am Leibe hat.

TROMMELSCHLÄGE

Großwildjagd, das ist großes Abenteuer — Mann wider Wildnis. Trotz starker Umweltprobleme ist die Safari noch immer von Romantik umwittert, und Safarikleidung hat wie Überlebensausrüstung eine rüde Erdigkeit, die am besten wirkt, wenn sämtliche Gewebe schlicht „zäh“ sind und die Farbzusammenstellung monochromatisch ist, vor allem in lohfarbenen Tönen.

UNTEN LINKS. Militärisch Inspiriertes erzählt auch von Abenteuer, zumal wenn Tarn-Aufdrucke — ursprünglich ein Schutzdesign, um ihren Träger im Waldeslaub „verschwinden“ zu lassen — zur Aufmachung gehören. Auf städtischem Pflaster schlägt diese Absicht ins Gegenteil um; man hebt sich nur desto mehr aus der Menge heraus. Eindeutig bleibt auch eine Aura von Aggressivität. Mantel & Hose: Ron Chereskin. Hemd: The Trader. Modell: David Hocs.

UNTEN RECHTS Der Safari-Look vermittelt die Macho-Seite der Erdigkeit. Um die unvermeidliche Aggressivität zu verringern, können Sie statt des ty-

pischeren, glanzlosen Köpers eine Jacke aus eher schimmerndem Stoff wählen und nicht-safarimäßige Teile hinzufügen. Ensemble: Ermenegildo Zegna. Modell: Terry Van Derent.

RECHTS. Stilarten, die an sich nicht erdig wirken, können dennoch solche Untertöne gewinnen, wenn sie die richtige Farbe haben; Erdigkeit ist nämlich eine Farbsache.

Da dieses Ensemble, das keinen erkennbaren erdigen Stammbaum aufweist, ganz aus blassen Erdfarben besteht, wirkt es absolut erdig.

Völlig anders in lebendigen Schattierungen. Ensemble: Ferragamo. Modell: Tom Tripodi.

Militäranzüge drücken eine anderes Überleben aus. Auch ihr Styling ist äußerst typisch und weist eine Fülle von Taschen auf. Auge in Auge mit der Gefahr tragen Männer Uniformen, die ihnen den sonst vielleicht fehlenden Mut verleihen. Der Zauber der Montur ist primitiv, abergläubisch und schrecklich. Ganz, ganz unterschwellig können es Safari- und Militärkostüme fast mit der allersexysten Kleidung aufnehmen. Sexy Kleidung fließt über vor Leidenschaft, und Safari- und Militärkleidung sind von Haus aus mit anderer Leidenschaft durchtränkt: dem gnadenlosen Verlangen, durch schiere Courage zu triumphieren.

HÜLLE UND FÜLLE

Das klingt zuerst vielleicht verwirrend. Also aufgepaßt!

Nehmen wir einen konventionell geschnittenen Gabardineanzug in Graublau, ein schwach bräunliches Kammgarn-Baumwollhemd und eine orange Seidenkrawatte. Das schiene doch nur erdig, wäre das Hemd aus genoppter Baumwolle, der Anzug aus grobgewobenem Sackleinen und die Krawatte knotig verstrickt, denn nun würde die Fühl-Freundlichkeit aller Gewebe etwas Erdiges ausstrahlen. Hinzu kommt, daß Blaßbraun, die Farbe ungebleichten Leinens, ein wenig, Orange sogar sehr erdig und die Staubigkeit des Blaus mit den legitimeren Erdfarben sogar entfernt verwandt ist. (Wäre der Anzug natürlich in Moosgrün gewebt, träte auch mehr Erdigkeit zutage; aber die Geographie der Erdigkeit ist eben nicht säuberlich auf Landkarten verzeichnet).

OBEN. Der grobgestrickte, füllige Pullover steht zwar auf erdigem Terrain, der lose Sitz aber kennzeichnet eher den lässigen Stil.

Wäre dieses Teil senfgelb, rostrot oder farngrün, erschiene es extrem erdig. Weil es jedoch leuchtend rot, schwarz, grau und weiß daherkommt, könnte es trotz seiner Webart nie als erdig gelten.

Vergessen Sie nicht, daß Erdigkeit sich letztlich an den Farben erweist. Pullover: RGFM. Schal: Screaming Mimi's. Modell: Todd Bentley.

UNTEN LINKS. Keine Tricks. Diesmal sind die Farben ehrlich — Herbsttöne nämlich. Darum haben wir hier ein verläßliches Beispiel für bemerkenswert kultivierte Erdigkeit.

Der Gürtel des Saccos ist unbekümmert verknotet, nicht eingehakt. Beachten Sie das „Fensterrahmenkaro" auf dem Tweedjackett und den Ledersaum der Brusttasche. Beide verleihen zusätzlichen Schliff.

Die Hose ist aus Donegal-Tweed; in den Gewebeknoten wurden Farben verarbeitet, die subtiler auch im Sacco auftauchen.

Den letzten Pfiff gibt eine verwegene Wildledermütze.

Obwohl sehr ländlich, wirkt dieses Ensemble doch keineswegs betulich. Ensemble: Dimitri. Modell: Lou LaRusso.

UNTEN RECHTS. Hier noch ein reich detailliertes Ensemble mit jeder Menge Reißverschlüssen, Taschen und starken Gewebekontrasten.

Obwohl einem Entenjägerwams nachempfunden, ist es seiner Anlage nach eher modisch als zweckmäßig; aber das Erbteil der Erdigkeit schimmert noch durch.

Mangels starker Farbgegensätze wirkt dieses neuartig aufgemachte Ensemble ruhiger aufs Auge, als hätte man es in lebhaft-selbstsicheren Tönen konzipiert. (Allzu drastische Farbgebung wäre zuviel des Guten; in dieser Kombination tut sich schon genug, das Aufmerksamkeit erregt.) Die warmen, neutralen Schattierungen sind hier sehr schön angebracht. Kleider: Nino Cerruti. Modell: Richard Banks.

Nehmen wir, um diesen Gedanken fortzuspinnen, nun ein Ensemble aus glatten Stoffen in sehr traditionellem Schnitt: ein kornblumenblaues Hemd, einen kohlschwarzen Pulli und königsblaue Hosen. Farbwechsel: Das Hemd ist jetzt mandarinefarben, der Pulli falb wie Schafsleder, die Hose sepia. Die Umschaltung auf Erdigkeit ist komplett.

Ohne ein solches Farbbad würde die Umstrukturierung des ursprünglichen Ensembles in fühlbare Gewebe es noch nicht erdig machen; dem widerspräche einfach die Farbkombination. Anders ausgedrückt: Erdige Stoffe ergeben nicht unbedingt ein erdiges Ensemble, erdige Farben dagegen schon. In der besten aller Welten schützen nur Farbe und Stoff vor weichlicher Weltlichkeit.

LÄSSIGER WECHSEL

Ein Freizeitkleidungsstil heißt Lässig! (Mehr darüber im fünften Kapitel.) Da lässige Sachen etwas großzügiger geschnitten sind als traditionelle Herrenbekleidung, trifft diese Mode auch klarere Aussagen als andere Stilrichtungen. Da lockere Stücke buchstäblich mehr Raum einnehmen, gewinnen sie auch mehr Aufmerksamkeit. Demzufolge erscheinen sie, erdig gefärbt, noch erdiger als ähnlich gefärbte, aber konventionell geschnittene Kleidung. Aber geräumige Kleidungsstücke vermitteln jeden Wesenszug mit mehr Gewicht als traditionell Geschnittenes — ein Gewicht, das sie ihrer Fülle verdanken.

Subtile monochromatische Farben wirken auf losen Gewändern weniger grell als intensive Komplementärtöne. Dasselbe gilt für analoge Erdfarben.

BLICKFANG

Ein Ensemble kann auf buchstäblich tausenderlei Weise revolutionär sein; dabei finden erdige Farben und Gewebe große Verwendung. Fällt jedoch irgendeine Neuerung extrem auf oder bekundet sich in der Kombination ein stärkerer Wesenszug als Erdverbundenheit, dann wird sich jeder Eindruck dem Blickfang unterordnen müssen. Sexyness z.B. wirkt stärker als alles Erdige. Ein erdig gefärbtes bzw. gewebtes Ensemble mit sexy Schnitt bleibt deshalb immer vorwiegend sexy und erst in zweiter Linie erdig.

Genauso ist auch ungewöhnlich Geschnittenes von selbst eine Neuerung, und je revolutionärer, desto augenfälliger. Wird darum ein hoch revolutionäres Ensemble erdig gefärbt oder ist es erdig im Stoff, so dürfte der Betrachter zunächst auf die Neuerung anspringen, dann erst auf die Erdigkeit. Daran ist gar nichts Schlimmes. Ein Blickfang wirkt ja keineswegs willensschwach, wenn der Betrachter auch schwächer auf das erdige als auf das neuartige Element reagiert. Wenn Sie einem solchen Ensemble einen Namen geben wollen, nennen Sie's raffiniert! (Kap. 7) Als Berufskleidung wäre es phantasievoll (Kap. 10).

LENDENWICKEL

Natürlich bestehen zwischen den diversen Stilarten, selbst Berufs- und Freizeitkleidung, Überschneidungen. Erdige Farben und Gewebe findet man in jeder Garderobe. Denken Sie daran, wenn Sie zu Teil II übergehen, der Berufskleidung; besonders beim phantasievollen Bereich! Warten Sie aber erst mal ab, erholen Sie sich von der gelegentlichen Düsterkeit des Erdigen und lesen Sie das nächste Kapitel, wo Sie lässig herumhängen können.

KAPITEL 5

LÄSSIG!

ZEITKAPSEL

Obwohl in puncto Herrenmode dauerhafte Prinzipien bestehen, ist sie doch nicht statisch. Die meisten Vermutungen, warum Mode sich verwandelt, sind, grob gesagt, Quatsch. Mit am verbreitetsten die Verschwörungstheorie: daß Designer und Fabrikanten unter einer Decke stecken und die aktuelle Mode heimtückisch verjähren lassen, damit wir unsere sauer verdiente Kohle immer hübsch an neue Fummel hängen.

Da so viele Menschen an diese Verschwörungstheorie glauben, wollen wir sie hier in aller Kürze widerlegen.

Erstens sind Designer keine Kumpane, sondern rasend eifersüchtig aufeinander. Sie versuchen ihre Arbeit möglichst geheim zu halten, damit keiner ihre Ideen klaut. Jeder namhafte Designer — und jeder Designer, der sich erst noch einen Namen machen möchte — will unbedingt ganz neue Artikel hervorbringen, die die Phantasie der Käufer faszinieren. Das gilt erst recht für die Schöpfer teurer Moden, sie wissen nämlich, daß die Masse keine hoch ausgezeichneten Waren kauft. Designer verschwören sich nicht, um der Menschheit unerwünschte Moden aufzudrängen, — sie werden wie jeder Geschäftsmann von Motiven des Profits getrieben und konkurrieren erbarmungslos miteinander.

Zweitens: Träfe die Verschwörungstheorie zu, so erschiene zu jeder Saison immer nur *eine* Art Mode, und was heute erhältlich ist, unterschiede sich krass vom Angebot des folgenden Jahres. Doch das ist dummes Gewäsch. Auf dem Markt findet sich immer eine ungeheure Bandbreite, vom Traditionellen bis zum Futuristischen. Viele Designer entwerfen sogar mehrere verschieden teure Kollektionen, um mehr Auswahl zu bieten. Genauso auch viele Hersteller. Ein riesiger Bekleidungskonzern z.B. fabriziert unter einem Dutzend Markennamen alle Arten Anzüge, vom traditionell amerikanischen bis zum experimentell europäischen.

Wäre, drittens, eine Verschwörung im Gange, so könnte sie kaum sehr viel schaden, da sich die meisten Männer von sogenannten Modetrends nicht stark beeinflussen lassen. Außer einer sehr kleinen Schar von Modenarren, tendieren die meisten Männer nur zu *einem* Stil, dem sie jahraus-jahrein mit höchstens geringfügigen Änderungen treu bleiben.

LINKS. Lässig und locker, das heißt bei Kleidung auch: lose, obwohl bestimmte Artikel fülliger sind als andere. Innere Gelassenheit gehört jedoch immer mit zur Ausstrahlung — das Abweichen von konventionellen Einstellungen.

Das Knittergewebe dieses weiten Hemdes ist eine optische Absage an das „Gestärkte-Hemd"-Syndrom, welches die typische Geschäftskluft symbolisiert. Daß das Hemd völlig offen getragen wird, ist ebenfalls eine totale Abweichung von der Norm.

Da die Bundfaltenhose am Schenkel weit sitzt, sendet auch sie lässige Signale aus. Hose: Alan Flusser. Modell: Robert Henry.

Viertens: Die Verschwörungstheorie unterschätzt den gesunden Menschenverstand des Durchschnittsindividuums. Da müßte die Öffentlichkeit schon von Grund auf hirnlos sein und jede Manipulierung brav erwarten. Aber nur wenige lassen sich derart gängeln.

Außerdem ist die Verschwörungstheorie unlogisch. Die Autoindustrie kritisiert man ja auch nicht für neue Modelle, obwohl sich nicht jeder jedes Jahr einen neuen Wagen kauft. Es ist ein ganz üblicher Geschäftsvorgang, stilistische Wandlungen einzuführen — sei es bei der Zahnkremverpackung oder bei Fernsehantennen. Ohne modische Veränderungen fühlten sich die Leute frustriert, weil selbst die, die selten Kleider kaufen, nicht immer das Alte wieder wollen. Einheitslook ist nichts Wünschenswertes.

Die Leute möchten ja, daß die Mode sich ändert. Wenn mehrere Designer manchmal zufällig zur gleichen Zeit einen ähnlichen Stil offerieren, beweist das keine Kabalen, sondern bloß, warum erfolgreiche Modeschöpfer Erfolg haben: Sie besitzen mitunter die Intuition vorherzusehen, welche neuen Stilrichtungen man zu tragen wünscht, ehe die Leute selbst es merken: Gute Designer haben einen sechsten Sinn, der den gewöhnlichen Sterblichen fehlt.

Modeschöpfer sind Interpreten, keine Tyrannen oder Verschwörer. Sie übersetzen gesellschaftliche Strömungen in Garderobe, und selbst die traditionellen Designer gehorchen eben dem aktuellen Trend der Traditionalisten. Avantgarde-Designer richten sich mehr nach dem Abenteuerlustigen, aber sogar diese Lust ändert sich mit der Gesellschaft.

OBEN. Neuerdings wird der amerikanische Markt mit japanischen Entwürfen überschwemmt, die sich oft durch übergroße Proportionen und raffinierte Technik auszeichnen. In hochmodischen Kreisen sind diese Kreationen sehr einflußreich ... obwohl in Japan selbst weiterhin eine Faszination von traditioneller amerikanischer Mode herrscht.

So schwer erfaßbar dies häufig auch ist, spiegeln modische Wandlungen gesellschaftliche Veränderungen wider. Diese zwei stark gestylten Ensembles z. B. wirken, obwohl sie manchem übertrieben vorkommen mögen, heute weniger bizarr, als sie es vor ein, zwei Jahrzehnten getan hätten.

Weil der Name des japanischen Designers, der sie entwarf, den amerikanischen Konsumenten anfangs fremd blieb, ließ sich die einschlagende Wirkung nicht als „Designerverschwörung“ deuten. Ensembles: Matsuda. Sonnenbrillen: Ray-Ban. Modelle: Richard Villella, Jhamil.

Wir sind der Grund, weshalb Moden sich ändern, denn wir sind Menschen. Wenn uns eine Regierung nicht paßt, wählen wir eine neue. Wenn uns das Stammessen zum Hals heraushängt, suchen wir neue Lokale. Wenn uns unser Aussehen langweilt, empfangen wir neue Bekleidungskonzepte mit offenen Armen. Wie unser ganzes Leben ist Kleidung etwas Vergängliches. Manches ändert sich schneller als anderes, und genauso sind manche Leute für neue Moden empfänglicher als andere. Bei aller Phantasie sind jedoch modische Wandlungen selten unvernünftig. Während wir selbst uns ändern, definieren wir unser Dasein neu. Die Kleidung gehört zu diesem Vorgang.

WECHSELSTROM

Da junge Menschen noch nicht das Gefühl haben, ihr Leben verlaufe auf festgefahrenen Bahnen, sind sie für neue Moden oft empfänglicher als die älteren. *Und* empfänglicher für pure Gags; wenn sie sich einkleiden, ist es, als probierten sie in rascher Folge eine jeweils neue Persönlichkeit an. Ihr Experimentieren mit Kleidung entspricht ihren Experimenten mit dem Leben selbst.

RECHTS. Viele der jüngsten weit geschnittenen Kleider sind so geräumig, daß man zunächst meinen könnte, die Körperform solle absichtlich verwischt werden. Bei näherer Untersuchung jedoch kann man die Absicht erkennen, alle Proportionen zu überdimensionaler Größe aufzublähen.

Dieses dralle Westchen, das die Brust zwar zwergenhaft verkleinert, spiegelt doch den Brustkasten eines Halbgottes vor. Auch Hemd und Hose sind füllig genug, eine übermenschliche Muskulatur zu beherbergen.

Die drastischen Proportionen werden jedoch nicht von drastischen Musterkombinationen begleitet. Stellen Sie sich den Schnitt einmal konventionell verkleinert vor. Dann wären auch diese Muster — einfarbige Weste, mittelgroß gestreiftes Hemd und kleinkarierte Hose (so klein sogar, daß sie fast einfarbig wirkt) — recht konventionell.

Die Weite der einzelnen Kleidungsstücke also erklärt die nachhaltige Wirkung des Ensembles, — keine sehr neuartigen Muster und bestimmt keine gefühlsbetonten Stoffe, denn diese hier sind alle glatt und hart. Kleider: Armand Diradourian. Modell: Blake Dawson.

Darum herrschen in der Jugendmode auch viel schnellere Veränderungen. Junge Menschen sind die Avantgarde — Testpersonen für das, was auch bei den älteren beliebt werden könnte. Manche Stile sind fast ganz für die Jugend entworfen. Um es in der Sprache der Modebranche auszudrücken: Jugendliche sind Trendsetter, und der Markt zielt auf Männer in den späten Zwanzigern bis Dreißigern oder auf Teens. Dort gibt es schließlich attraktive Körper, denen Bahnbrechendes gut steht.

Bis vor kurzem war die eher neuartige Herrenbekleidung sehr körperbewußt. Designer-Jeans — über Jahre *der* Renner — saßen so knapp wie nur möglich. Hautenge Hemden begleiteten knallenge Hosen. Danach geschah, was sich zu einer modischen Revolution auswuchs. Obwohl Designer-Jeans nicht von der Bildfläche verschwan-

LINKS. Da großzügige Schnitte großen Eindruck hinterlassen, suggerieren sie oft ein großes Ego. Hier wurden weite Formen mit sehr dunklen Farben kombiniert, um die Wirkung noch imposanter zu machen.

Der gedeckte graphische Pullover verwischt die Stärke des Ensembles einigermaßen und verhütet ein bedrohliches Aussehen, indem er das farbliche Konzept abmildert und für Tastfreundlichkeit sorgt.

Das Ensemble ist als Ganzes angelegt; Ärmeleinsätze und äußere Hosennähte sind mit Streifen abgesäumt. Die senkrechten Streifen des Gürtels ergeben einen Nachklang der senkrechten Rippen am Pulloverkragen. Kleider: Charivari Workshop. Modell: Todd Neuhaus.

RECHTS. Obwohl sich beide Ensembles im Schnitt sehr ähneln, wirkt dieses hier, da nur die Jacke dunkel gehalten ist, weniger „aggressiv" als das eben besprochene. Allerdings verleiht diese dunkle Jacke mehr Autorität, als wenn sie blaß und freundlich gefärbt wäre.

Reizvoll, fast mysteriös, wirkt der Farbgebrauch, weil sich der Betrachter nicht über die Absicht klar wird: Die Jacke deutet ja eher auf Reserviertheit, während die warmen Erdfarben des Pullovers kontaktfreudige Wärme ausstrahlen. Die altrosa Hose scheint nicht einfach gefühlsbetont; sie wurde mit Grau abgedunkelt, an der Außennaht gesäumt und trägt sogar ein wirklich graues Detail am Reißverschluß. (Grau wirkt in der Regel eher zugeknöpft, nicht mitteilsam.)

Trotz der zunächst unklaren Ausstrahlung verlangt die Größe der zweideutigen Botschaft, daß der Betrachter sich sein eigenes Bild darüber macht.

Weil die Hose die reizvollste Façette des Ensembles darstellt und wegen des gestylten Eingriffs, dürfte der erste Eindruck wohl vermuten lassen, daß hinter dem Aussehen dieses Mannes etwas stark Sexuelles lauert. Jacke & Hose: Bech Thomassen. Pullover: G. Maislinger. Modell: Benjamin Hobbs.

POGO

VORHERGEHENDE DOPPELSEITE. Dieses Ensemble wirkt nur leicht zweideutig. Das beherrschende Blau-Purpur des Hemdes ist schillernd mysteriös, aber genau dieser Ton verläuft auch im Schritt der Hose nach unten, wo gewöhnlich dunklere, neutralere Streifen gewählt werden. Die Botschaft? Jede Menge lustvoll-herzhaftes Raffinement. Kleider: Andrew Fezza. Modell: Joe Kloenne.

LINKS. Obwohl Weiß meist als Farbe der Reinheit gilt, wirkt es hier mitnichten unschuldsvoll. Beachten Sie, wie die beiden Netzhemden unter dem weißen Overall einladen, mal hinter ihnen nachzusehen. Dieser Bursche ist kein Mauerblümchen. Wem dieser Beweis nicht genügt, der sehe sich den zweifach umgeschlungenen Gürtel an, der den Körper schmücken, nicht die Kleider halten soll. Gürtel: Robin Kahn. Modell: Jhamil.

RECHTS (BEIDE FOTOS). Je größer das Muster und je weiter das Kleidungsstück bei lässiger Garderobe, desto nachhaltiger der Eindruck. Hier ist der Pullover nicht drastisch größer als viele konventionelle, aber sein Zickzackmuster läßt ihn weiter erscheinen.

Genauso ist auch die Hose nicht so weit wie viele andere, aber die Köper-Einsätze an der Seite kontrastieren mit dem breitgewellten Kord, um so zusätzliche Dimensionen zu schaffen.

Großzügig proportionierte Freizeithosen sind der Inbegriff des lässigen Stils, weil sie symbolisch wie wörtlich einen Abschied von der aufdringlichen Erotik der Designer-Jeans darstellen. Modell: Pat Hardie.

den, wurde die wegweisende Mode geräumiger, großzügiger proportioniert. Ein neuer Stil war geboren: der lässige! Und er steckt auch jetzt noch in den Kinderschuhen.

Historisch betrachtet, war die lässige Mode unaufhaltsam im Kommen. Enges, Körperbewußtes gelangte ans Ruder, als die Sexualmoral einen Wandel durchmachte. „Disco" hieß die allesverzehrende Sucht, und sexuelle Freiheit war eine relativ neue Idee. Männer und Frauen schufen sich neue Rollenbilder, und die Freizügigkeit regierte. Auf den Gelben Seiten inserierten Sex-Clubs. Kleidung war das plakative, individuelle Ergebnis.

Und schon setzte die Gegenbewegung ein. Als sich gerade jeder in die engsten erreichbaren Hosen zwängte, schien plötzlich ein neuer Stil, eine lässigere Aufmachung verlockender.

Was man bei dieser Erörterung stets bedenken muß, ist, daß ein solcher neuer Look keine Abwendung vom Sex-Appeal, sondern von klischeehaft hervorgebrachtem Sex-Appeal bedeutete. Der neue Stil wurde eingeläutet, um auf neue Art die Münder wäßrig zu machen, und

der sah keineswegs sackartig aus. Er lenkte das Augenmerk auf den Körper, indem er Übertreibung mit Raffinement vereinte. Obwohl die lässigen Hosen an den Schenkeln übertrieben weit waren — und sind —, zeigte — und zeigt — ihr Schnitt doch den Männerpo, ohne daß er ihn so krampfhaft hervorkehrt wie die Designer-Jeans.

Beim ersten Vorstellen zielte der enge Stil der Designer-Jeans ganz auf die vorherrschende gesellschaftliche Stimmung ab. Hätte man damals die lässigen Hosen von heute eingeführt, wären sie wohl in jeder Hinsicht eine Schlappe gewesen. Im jetzigen Klima allerdings passen sie zur nationalen Stimmung, die sich dem Single-Bar-Syndrom entgegenstellt. Wenn wir auch immer noch unsere Befriedigung suchen, betrachtet man Sex heute selten als Selbstzweck. Nach unseren Experimenten mit der „freien Liebe" merkten wir, daß Sex zwar keine geringere Bedeutung hat, daß er aber nur Teil von Liebe und Zärtlichkeit ist. Aus „ich" ist, wie es abgedroschen heißt, „wir" geworden: Die Ich-Generation strebt nun nach dauerhaften Beziehungen, will mehr als ein Abenteuer. Designer-Jeans standen für schnellen Sex. Bei den weiten Hosen von heute muß man genauer hinsehen, um den Sex zu entdecken, wie man sich ja auch Fremde näher anschauen muß, wenn man statt einer Paarung eine Bindung erwägt.

Noch sind Designer-Jeans nicht völlig passé, und da sie für viele zum Lebensstil gehören, halten sie sich vielleicht auch ewig. Aber Jeans versinnbildlichen unsere Sexualkultur nicht so bezeichnend wie die Hosen der lässigen Gattung.

LINKS. Leinen und knittrige, leinenähnliche Stoffe sind heute im lässigen Stil weit verbreitet. Zwei Hemden, quasi als Jacke, übereinander zu tragen, ist noch so ein Standardtrick.

Oft bilden blasse, neutrale Farben die Grundlage des Ensembles, weil sich die meisten neutralen Töne leicht kombinieren lassen. Ja, je blasser die Farben, desto wahrscheinlicher harmonieren sie, zumal wenn Beimischungen von Weiß eine Verbindung herstellen.

Obwohl hier also das oberste Hemd gestreift ist, sind die Streifen hell, nicht sehr auffallend; der Gesamteffekt bleibt ruhig-harmonisch. Beachten Sie, daß das oberste Hemd keinen Kragen hat und sich darum ohne Mühe mit einem Hemd mit kleinem Kragen kombinieren läßt. Ensemble: Ermenegildo Zegna. Dekorstoff (auch rechts): Lee-Jaffa. Modell: Charlie Melite.

RECHTS. Hier sind die Farben dunkler als im eben betrachteten Ensemble, da sie jedoch ebenso wertneutral wirken, lassen sie sich harmonisch kombinieren.

Weil das gehäkelte, von Achselhemden inspirierte Oberteil übergroß ist und nichts darunter getragen wird, enthüllt es mehr als es verbirgt.

Stellen Sie sich dieses Ensemble in zwei Farbvariationen vor. Zuerst in schiefergrauen Schattierungen. Danach das Oberteil, rot gesäumt, in Orange und die Hose in Smaragdgrün.

Die zweite Variante ist eindeutig dynamischer — zu dynamisch und heftig vielleicht für ein Ensemble, das bereits kraftvolle Dimensionen besitzt.

Starke Farben wirken auf lässiger Kleidung besonders stark; daher sollte man sie diskret zusammenstellen. Bei einem intimen Stelldichein können leuchtend bunte, lässige Ensembles die Atmosphäre aufheizen. Kleider: Parachute. Modell: Brian Terrell.

WEIT UND BREIT

Solche Lässigkeit beschränkt sich aber nicht nur auf Hosen. Auch bei Pullis, Hemden, Überbekleidung und den Unaussprechlichen findet man entsprechend einer lässigen Einstellung lässige Proportionen. Lässige Menschen bestehen nicht auf Formalien oder allgemeiner Anerkennung; sie sind selbstgenügsam, und wer dabei einem anderen mißfällt, ist deshalb nicht zerknirscht. Unter der lockeren Fassade gärt, gar nicht mal so heimlich, etwas Rebellisches: Mit seinem überlebensgroßen Ehrgeiz beweist der lässig Gekleidete, daß er einen Löwenanteil von dem erwartet, was das Leben zu bieten hat, und daß Konventionelles ihn nicht so leicht zufriedenstellt. Weil zur lässigen Mode Übertreibung und Aufgeblasenheit gehört (was die Dimensionen angeht), enthält sie auch Elemente der Aggression.

Um diese vermeintliche Bedrohung etwas zu mildern, ist Lässigkeit oft neutral gefärbt und aus tastfreundlichem Gewebe. Und dennoch sind beide genannten Qualitäten nicht unerläßlich. Große Proportionen wirken lediglich wie ein Untergrund. Die diversen Façetten der Lässigkeit vermitteln erst unterschiedliche Farben, Stoffe und Muster.

FARBE

Wie eben bemerkt, dämpfen neutrale Farben die Aggressivität der lässigen Mode ein wenig, weil sie deren Träger in ein neutrales, friedliebendes Licht rücken. Schwarz wirkt an losen Gewändern noch düsterer als sonst, wenn nicht sehr viel von einer anderen Farbe hinzukombiniert wird. Weiß gewinnt an lässigen Sachen noch mehr Reinheit und sieht darum zutiefst friedlich aus.

Ur- und andere reine Farben stechen nur desto schärfer hervor, wenn sie sich auf weiten Formen befinden. Sie teilen ihre Botschaft also jeweils mit großem Nachdruck mit.

Lässige Kleidung in Komplementärfarben kann überwältigend sein, weil die automatische innere Spannung der Kombinationen, in großen Farblöcken zusammengestellt, oft explosiv erscheint. Je heller natürlich die Komplementärfarben, desto augenfälliger die rastlose Energie. Stark auf- oder abgetönte Komplementärfarben kontrastieren weniger, sehen also auch weniger aggressiv aus.

Erdfarben wirken nur um so erdiger, wenn man ihnen viel Raum läßt, sich zu zeigen.

In der Regel leistet jede Farbe, die etwas Bestimmtes ausdrückt, ihre Aufgabe doppelt stark auf doppelt so großen Flächen.

GEWEBE

Wie die Farbe, so das Gewebe: Jede individuelle Gewebestruktur wird verstärkt, wenn man ihr Raum gibt, sich zu bekunden. Harte Gewebe wirken beim lässigen Look strenger denn je, und weiche, gefühlsbetonte noch weicher und gefühlsbetonter. Um die Lässigkeit darum etwas aufzuwiegen, sind Textilkontraste oft ratsam. Glatte Lederhosen z.B. werden häufig auf typisch lässige Art zu weiten Hemden getragen, die man in den Taillenbund stopft. Angesichts der üppigen Proportionen finden aber weiche Stoffe allein selten Verwendung, weil sie zu „weibisch" wirken könnten.

LINKS (BEIDE). Dieses Ensemble ist für den lässigen Stil nicht wirklich bezeichnend, obwohl alle Teile weit geschnitten sind und darum ungewöhnliche Gedanken nahelegen.

Nehmen wir uns zuerst mal das Oberhemd vor. Es ist stark gemustert, aber in Karos — in der Herrengarderobe ein recht alltägliches Motiv. Daher wirkt selbst dieses große Muster ziemlich freundlich. Allerdings ist das Karo schwarz-weiß, und keine zwei Farben sind gegensätzlicher als diese. (Rein technisch kann man sie nicht als Farben bezeichnen, aber schlagen wir uns nicht mit der Theorie herum.) Folglich heißt es aufpassen; und doch lenkt dieses Hemd das Augenmerk nicht sehr lange auf sich, weil Karos, wie groß auch immer, allzu vertraut erscheinen.

Betrachten wir nun das Achselhemd. Es ist gestreift, und das recht stark. Nur ergeben sich die Streifen nicht aus Farb-, sondern aus Gewebekontrast, denn der Stoff ist weiß mit abwechselnd eng und locker gewobenen senkrechten Bahnen.

Die in neutralem Beige gehaltenen „Muschelsammlerhosen", drittens, sitzen weit im Schritt und knapp an den Schenkeln.

Theoretisch ginge dieses Ensemble nicht an, weil die zwei Hemden, obwohl weit, zu stark gemustert sind, um zu harmonieren. (Bei gemäßigterem Schnitt wäre das kein Problem.)

Ebenfalls theoretisch dürfte die Hose, weil sie abrupt von Geräumigkeit zu Enge überwechselt, sich stilistisch nicht mit den Oberteilen vertragen. Aber sie tut's.

Fast unerklärlich geht das Ensemble auf, aber auf seine Weise: Da es zu der ausschließlich spaßeshalber getragenen Sorte ohne jeden Anspruch auf Ernsthaftigkeit gehört, besteht ein breiter Spielraum.

Daß die Farben ein neutrales Schwarz, Weiß und Beige sind, hilft ebenfalls. Grelle Töne wären wohl clownesk. Aber im Spaß geht eben auch das Clowneske.

Was theoretisch nicht klappt, kann praktisch aufgehen, wenn man den Versuch wagt. Oberhemd: Enrico Coveri. Achselhemd & Shorts: Float. Modell: Doug Spitz.

MUSTER

Solide Farben stehen beim lässigen Look mehr im Mittelpunkt als eine Mischung von Mustern, weil auf diesen Flächen ein Musterwirrwarr nur schockierend wäre. Meistens ist daher nur ein Kleidungsstück gemustert, und das großzügig. Andererseits fallen an losen Sachen häufig Farbstreifen auf — z.B. ein kontrastierender um den Hals oder über der Schulter eines Jacketthemdes — und nehmen den Stellenwert von Wiederholungsmotiven ein.

ENDZONEN

Da die lässige Mode in der Herrenbekleidung noch recht neu ist, läßt sich nicht vorhersagen, ob sie längerfristige Wirkungen hervorbringt. Die Grundlagen dieses Stils sind ja relativ streng. Machen Sie sich aber auf Abwandlungen gefaßt, wenn er sich über Jahre hält. Einige lässige Stücke kombiniert man ja bereits mit anderen Teilen aus anderen Moderichtungen, um die Aussage präziser zu machen. Und schon werden stilistische Trompetenstöße aus anderen Moden dem lässigen Symbolismus angepaßt. Sehen Sie darin keine Verballhornung; erkennen Sie an, daß unwandelbare Kleidung museumsreif ist. Und bedenken Sie, daß Sie immer ein Wörtchen mitreden können, weil neue Stilarten sich aus den vorhandenen ergeben. Träge Mode heißt: tote Mode.

KAPITEL 6

SPORTLICH!

STRASSENGESPRÄCH

LINKS. *Authentische Sportkleidung soll vielleicht den Körper schützen, noch öfter aber soll sie ihn gewalttätig-aggressiv wirken lassen.*

Ein Sportdress zu tragen (ob nun echt oder nur von sportlicher Ertüchtigung abgeleitet) kann die persönliche Individualität zugunsten einer Symbolik triumphaler Mannschaftsidentifikation vermindern. Modell: John Burke.

Daß man für sportliche Aktivitäten entworfene Kleidung auch in der Freizeit anzieht, ist nicht neu. Ein Großteil der nun als elegant geltenden Dinge begann zunächst als Sportdress und dann, vor seinen höheren Weihen, als Freizeitkluft. Zylinder und Fräcke z.B. stiegen zu den Höhen der Förmlichkeit empor, nachdem sie Mitte des achtzehnten Jahrhunderts ihre bescheidenen Anfänge als Reitermontur abgeschüttelt hatten. Der Ahnherr des heutigen Geschäftsanzugs — der sogenannte *lounging-suit* oder Straßenanzug — war ursprünglich zum Zuschauen beim Sport bestimmt und galt daher als allzu unförmlich, um im Geschäftsleben ernstgenommen zu werden. Sportsaccos heißen Sportsacco, weil ein Gentleman zu Anfang unseres Jahrhunderts, als Geschäftskleidung noch sehr steif war, darin Tennis, Softball oder anderes spielte.

Nach dem Ersten, besonders aber nach dem Zweiten Weltkrieg verschwammen die Grenzen zwischen Sport- und Freizeitkleidung mehr und mehr. Garderobe wurde immer „sportlicher", und was vormals nur als Freizeitkluft galt, erschien auch langsam in geschäftlichem Milieu. Der Trend bei der Herrenbekleidung geht in Richtung Freiheit und Entspannung. Früher einmal trugen selbst die Laufjungen im Postbüro einer Zeitung Anzüge; heute haben namhafte Reporter oft Joggingschuhe und Pullis an. Im allgemeinen kommen jedoch handwerklich tätige Männer, Fabrikarbeiter oder einzelne Freiberufler mit

SPIELPLAN

Obwohl manche Leute auch hoffen, durch äußerliche Imitation heroische Eigenschaften zu gewinnen, soll doch ein Mannschaftsdress zunächst einschüchtern. Alle Sportuniformen — selbst die für Tennis, Schwimmen und andere Einzelsportarten — sind oft mit Streifen bemalt, und helle Primärfarben künden von kämpferischem Ruhm. Obwohl Mannschaftsuniformen eine Zugehörigkeit verraten, sollen all die strahlenden Streifen und Farben auf Fußballdresses (um ein leuchtendes Beispiel zu wählen) zunächst den Spieler stärker erscheinen lassen, ihn durch eine optische Täuschung aufblasen. Die Bemalung stellt eine Provokation dar, einen Versuch, den Gegner bis zur Unterwürfigkeit zu erschrecken, noch ehe das Spiel begonnen hat. Aus demselben Grund betreten Boxer den Ring mit so grellen Bademänteln.

Aber Sportuniformen sind mehr als nur Bluff. Indem sie die brutale Kraft des Trägers übertreiben, spielen sie ja auch dessen Männlichkeit

OBEN. Der Ausdruck „Ski-Sweater" erinnert an eine Vielfalt robuster Pullis, die nie die Piste erreichen. Und sogenannte „Skijacken" sind überall beliebt, wo das Thermometer fällt.

Obwohl echte Skimonturen wie diese hier außerhalb der Piste merkwürdig aussehen würden, stellen Sie sich statt der Brille und Skistöcke unten lieber eine Kordhose vor. Dann wird das Ganze sehr akzeptabel und springt ins Auge, eingetaucht in die Romantik des Sports. Ensemble: Descente. Modell: Tom Tripodi.

NÄCHSTE SEITE, RECHTS OBEN. Dresses für rauhbeinigen Mannschaftssport sind oft stärker graphisch angelegt, als solche für „weichere" Sportarten. Hockeymonturen z.B. setzen meist kühnere Farben ein als Baseballpullis, um dadurch eine größere Gefahr zu symbolisieren.

Vielleicht weil es weniger volkstümlich ist, hat Hockey selten die lässige Freizeitkleidung inspiriert, wogegen Varianten von Baseballjacken und -mützen auch bei vielen Nichtspielern beliebt sind.

Dieser Pullover mit dem Bild zweier gekreuzter Hockeyschläger auf der Brust ließe sich leicht aus dem athletischen Lager nehmen und mit lässigen Hosen kombinieren — fast die einzige Methode, Hockeytumult in vorzeigbare Kleidung zu verwandeln. Ensemble: Robert Stock. Modell: Pat Hardie.

Sport- als Arbeitskleidung durch, weil Sportsachen einen Beigeschmack von Freizeit, nicht von Knochenmühle besitzen. Im Großen und Ganzen bleiben jedoch diejenigen Dinge, die sportlichen Strapazen und der Teilnahme an körperlicher Betätigung wirklich widerstehen, außer für einige professionelle Athleten absolute Freizeitkleidung.

Der Reiz draufgängerischer Sportarten ist einer der Hauptgründe, weshalb deren Aufmachung solchen Anklang findet. Kinder ziehen sich oft das Dress ihrer Lieblingsmannschaft an, ohne zu erkennen, daß man noch lange keine magischen Eigenschaften gewinnt, nur weil man die Kluft des verehrten Helden übernimmt. Genausowenig machen sich viele erwachsene Männer bewußt, daß sie sich sportlich einpacken, um die körperliche und emotionale Spannung physischer Betätigung einzuheimsen, ohne das herbe Training durchzumachen, das ein erfolgreicher Athlet braucht. Die meisten sind auch blind dafür, wie stark sportliche Kleidung mit Aggression und Sexualität befrachtet ist.

VORHERGEHENDE SEITE, UNTEN. In sehr lockerem Milieu, wo sich die Jugend trifft, soll sportliche Bekleidung oft die eigene Kernigkeit verkünden. Frisbee-werfende Jungs in abgeschnittenen Football-Jerseys und Turnhosen mögen sich ja an Sportart und Dress erfreuen, aber die wahre Bedeutung liegt tiefer: Wie Tiere der Wildnis ihre Gefährten oft durch Balztänze anlocken, so häufig auch die zweibeinigen Tiere am Strand.

Farbe und Muster könnten nicht unwichtiger sein, und die einzelnen Teile sollten recht abgetragen aussehen, niemals neu. Modell: Cameron Hall.

UNTEN LINKS. Aus ganz ähnlichen Gründen werden die Jerseyhemden des Basketballs als lässige Oberteile getragen, — um den Körper zu zeigen und, per Übertragung, die gemeinsame Kraft der Mannschaft heraufzubeschwören.

Kombiniert man echte Teile eines Dress mit unspezifischen sportlichen Sachen, dann ist es verkehrt, das Ensemble gegen den ruppigen, athletischen Strich zu bürsten, indem man versucht, extrem pfiffige modische Aussagen zu treffen. Fummeln Sie nicht an strotzender Sportsymbolik herum; Sie verwässern sie. Modell: Robert Henry.

hoch. Sportbekleidung ist demnach sowohl sexy als auch aggressiv — *nicht*, weil Sexyness gleichbedeutend mit Aggression wäre, sondern weil man starke Körper mit starker Potenz verbindet.

Bedenken wir auch andere Wege, auf denen Sportkleidung die mannhafte Physis betont. Neben Bruststreifen, die den Rumpfumfang vergrößern sollen, lassen auch Streifen über Schultern, Armen und Beinen den Körper größer und stärker erscheinen — kurz: männlicher.

Sportkleidung liegt meist in elastischen Stoffen vor, die Bewegungsfreiheit gewähren. Schweißdurchnäßt kleben solche Stoffe auch verräterischer am Körper, und sogar trocken passen sie sich ihm hautnah an. Da die meiste Sportbekleidung nicht weit ausfällt — es würde die gute Form, auch die der Ausführung, hemmen — und sich auf weniges beschränkt, wird das Körperbewußtsein erhöht.

MANNSCHAFTSGEIST

Sportarten, die eine teure Ausrüstung verlangen, sind ihrem Dress nach nicht so mit physischen Reizen durchtränkt wie die weniger kostspielige Ware. Poloanzüge etwa riechen nach Rang und Privilegien, da nur Begüterte sich Pferde halten und alles esoterische Zubehör erstehen können. Sie vermitteln demnach auch wenig Sportlichkeit und liegen, wie alle Pferdesportarten, bei manchen nicht so gut im Rennen.

Tennis ist inzwischen ein Kleinbürgersport, aber schon die Schläger kommen nicht billig. Obwohl Tennisdresses als Freizeitkleidung weitverbreitet sind, enthalten sie daher doch noch snobistische Elemente.

UNTEN LINKS. In den letzten Jahren sind Rugby- und Fußballhemden so beliebt geworden, daß selbst solche mit den authentischen breiten Bruststreifen heute etwas Spielerisches haben und atypisch gefärbt sein können, ohne viel von ihrem athletischen Flair zu verlieren.

Im echten Sportkampf trägt man meist Shorts zu den Hemden. Schmückt man sich zu Freizeitzwecken mit Abarten davon, dann können andere Kleidungsstücke stilvoller wirken.

Besonders Bundfaltenhosen in ausgefallenen Farben sehen zu neuartig gefärbten Rugby-, Fußball- oder auch Tennishemden sehr gut aus. Modell: Bob Martens.

UNTEN RECHTS. Die meisten Strickhemden lassen sich zu Radfahr- oder sogar unsportlichen Freizeitzwecken heranziehen, aber nicht elastische Radfahrershorts.

Ein kontrastreich gestreiftes Hemd ist eine sichere Vorsichtsmaßnahme, weil es die Auffälligkeit vergrößert. Auch dann, wenn nicht Radfahren auf dem Terminkalender steht. Modell: Patrick Taylor.

UNTEN LINKS. Segelbekleidung ist oft sehr graphisch und bunt, und nautisch gestylte Jacken gehen heute durchaus auch an Land. Segelmonturen mit dazupassenden Jacken und Shorts können allerdings zu speziell wirken, um den Weg über die Planke zu schaffen.

Sportliche Oberteile lassen sich besser mit nichtsportlichen Hosen kombinieren als umgekehrt. Ensemble: Catalina. Modell: Terrence Dineen.

UNTEN RECHTS. Aufmachungen, die an Wassersport erinnern, lassen sich wegen ihrer extremen Körperbetontheit fast nie in Ausgehkleidung umsetzen. Modell: Jose Martinez.

Und da man Tennisspielern nicht gerade umwerfende Körper nachsagt, ist deren Aufmachung nicht so mit Sexyness befrachtet wie anderer athletischer Mummenschanz.

Fußball als ein Spiel, das sich mit einem recht billigen Ball im Freien durchführen läßt, bewegt die Massen, nicht die Elite. Und obwohl die „niederen Klassen" kaum Privilegien besitzen, erfreuen sie sich doch des Rufes derber Sexualität, wie sie die „obere Kruste" nicht hat. Daß Proleten, die sich nach Feine-Leute-Urteil wie die Karnickel vermehren, Fußball spielen können, gehört zu den Gründen, warum Fußballkleidung besonders sexy wirkt.

Rugby fällt in dieselbe Kategorie. Die oft sehr verwegen und knallig gefärbten Rugbystreifen sind jetzt in der Sportbekleidung jeder Richtung extrem populär geworden.

Jogging-Anzüge rangieren in puncto Sex-Appeal ganz oben, weil jeder ohne große Unkosten joggen kann.

Baseball zeichnet sich deshalb nicht durch Sexyness aus, weil er eine der weniger lebhaften Sportarten ist. Golf, der ebensowenig für die Muskeln tut, erinnert sogar an Unsinnlichkeit, weil ältere Leute ihn spielen, denen es laut Vorurteil an Sexualität fehlt, und weil er teure Geräte verlangt. Bowling leistet etwa soviel für den Körper wie Golf, und darum auch stehen Bowlinganzüge von ihrer Erotik her nicht hoch im Kurs.

Aktivitäten mit aeroben Ansprüchen — Schwimmen, Radfahren und Laufen — besitzen, wahrscheinlich, weil diese Bemühungen wirklich guttun, einen größeren erotischen Symbolwert.

Die gefährlichen Sportarten — Boxen, Autorennen, Skifahren, Surfen, Drachenfliegen — wirken aufgrund ihrer unbewußten Verbindung von Sex und Abenteuer auch reizvoller.

RECHTS. Echtes Sportzubehör findet selten den Weg zum nichtspezifischen Gebrauch. Hier im Schwimmbecken wirken Kappe und Brille angebracht, weil sie zweckdienlich sind. Außerhalb wären sie deplaziert, denn keines von beiden kann anders erscheinen, als es ist.

Baseballmützen dagegen werden oft zum Spaß getragen. Mütze & Brille: Speedo. Modell: Nelson Gonzalez.

KASTEN OBEN. Boxershorts als Badehosen wogen in ihrer Beliebtheit auf und verebben, bis eine neue Welle sie dann wieder in die Käufergunst schwemmt. Solche mit grellem Blümchenmuster sind bewußt flippig. Shorts (auch unten rechts im Kasten): Ermenegildo Zegna. Modell: Cameron Hall.

KASTEN UNTEN LINKS. Badehosen verändern sich dem Stil nach von Saison zu Saison wenig, denn immer findet man in vielen Modellen starke Graphik und Grundfarben. Badehose: Catalina. Modell: Robert Henry.

KASTEN UNTEN RECHTS. Je kühner die Streifen, desto auffallender, denn unterschwellig gebieten sie dem Betrachter Habacht. Starke Muster suggerieren nämlich Willensstärke, manchmal sogar den Wunsch, andere zu unterwerfen. Modell: Nelson Gonzalez.

OBEN. Als Joggen eine Manie wurde, kauften die zum Gesundheitstraining Bekehrten scharenweise Jogging-Anzüge.

Was als Verlangen nach Fitness begann, verwandelte sich, zunächst langsam, in einen Wunschlook (kein Wunschbefinden), und die Modeschöpfer machten den Jogging-Stil zur aktuellen Garderobe.

Na, und ob dieser Bursche läuft ... im gleichen hell türkisfarbenen Kapuzen-Sweatshirt und den gleichen blaßgelben Flanellhosen, die er auch in der Schlange vorm örtlichen Kino zu einem Rendezvous tragen könnte. Ensemble: Ron Chereskin. Modell (beide Bilder): Nelson Gonzalez.

UNTEN. Beachten Sie mal das Datum der Meisterschaft, die diese Baseballjacke feiert. Das Kerlchen hätte noch nicht einmal daran teilnehmen können.

Nun, diese Jacke wurde in einem Trödelladen gekauft. Der Junge trägt sie als Tribut an den Zeitvertreib der Nation und an den Ringkampf (betrachten Sie nur die Figuren auf dem Abzeichen) ... aber auch um anzudeuten, daß er zu einer ganz speziellen Liga gehört.

Zu dem links gezeigten Ensemble würde die authentisch gestaltete Jacke deplaziert wirken, weil sich die ausgefallenen Farben dort kaum mit etwas „Echtem" vertrügen. Gut ließe sich die Jacke mit „echter" Alternativbekleidung kombinieren, z.B. einem Karohemd oder einer Chinohose, aber nicht mit „Abend"-Garderobe.

TRAININGSSTUNDE

Richtige Sportkleidung strahlt mehr Körperlichkeit aus als „scheinbare“, weil wirkliche Teilnahme am Sport größere Verwegenheit suggeriert als bloßes Zuschauen. Allerdings betonen auch Sachen, die nicht für eine besondere Sportart geschaffen wurden, die Körperteile ganz auf die gleiche Weise.

Wer eigens für den Sport hergestellte Kleidung trägt, den lassen kühne Farben nur desto athletischer erscheinen. Weniger echt wirken ausgefallene Töne, vor allem pastellene. Andererseits jedoch können gerade diese eine unterschwellige Aggressivität verringern, ohne deshalb den Eindruck von Sinnlichkeit zu stören.

Obwohl man Sportkleidung überall antrifft, — Jogginganzüge sind im Supermarkt genauso zu sehen wie in der Bibliothek —, vermindert diese Allgegenwart doch nicht ihre Ausdrucksstärke. Da eine wachsende Zahl von Menschen darin ihren Ersatz für Freizeitkleidung sieht, könnte der sportliche Look bald zum Klischee verkommen. Mit Joggingschuhen ist das bereits so. Klar, sie sitzen bequem und stützen den Fuß bestens, aber sie passen eben nicht zu jeder Art Aufzug. Am schönsten vertragen sich Joggingschuhe mit Jeans und Sportartikeln, weniger schön mit Konventionellem, und einfach schlecht mit förmlichen Anzügen.

Außer ihrer Bequemlichkeit haben Joggingschuhe noch einen Vorzug, der auch ein Nachteil sein kann. Da sie sich fast immer aus verschiedenen Materialien zusammensetzen — oft Weiß oder eine andere Farbe im dunklen oder hellen Kontrast —, garantiert dieses Wechselspiel von Farbe und Muster, daß man Sie anschauen wird — und zwar von den Schuhen bis zum Scheitel! Das ist prima, wenn alle Einzelteile eines Ensembles gut harmonieren ...

ENDANZEIGE

Da Sportkleidung von Haus aus körperbewußt ist, harmonisiert sie untereinander ganz von selbst. Die Gewebe sind glatt und strapazierfähig, d.h. sie lassen sich fast alle mühelos miteinander vermischen. Primär- und andere reine Farben, die dabei vorherrschen, wirken zwar kaum sehr ruhig, beißen sich aber auch nicht, denn nur bei atypischen Farben wird das Kombinieren problematisch. Insgesamt läßt sich der sportliche Stil von sämtlichen Stilrichtungen am einfachsten herbeiführen.

Da Sportkleidung ursprünglich meist zweckgebunden, nämlich für bestimmte Sportarten war, wirkte sie im Detail selten dekorativ; Zweckmäßigkeit hieß das oberste Gebot. Trägt man Sportkleidung nur als Freizeitkluft, sind manche Details so überflüssig wie ein Kropf. Aber trotzdem tragen sie dazu bei, daß Ihre Montur authentisch erscheint. Um aber sowohl sportlich als auch modisch auszusehen, müssen Sie zur „nachgemachten“ Sportbekleidung greifen; dort tobt sich die Phantasie aus, ohne von Zweckmäßigkeit beengt zu werden. Wildledershorts sind beim Training zwar völlig unsinnig, aber sie haben ihren modischen Sinn, wenn man die athletische Aura um eine ansprechende Neuerung bereichern will. Für manchen bedeutet Modebewußtsein mehr als strenges Festhalten an den Spielregeln.

Mind Over Media

KAPITEL 7

RAFFINIERT!

GEISTESBLITZE

Wir alle kennen den Typen, der sich jedes Detail zu jedem Thema unter der Sonne einprägen, der aber nicht alleine die Straße überqueren kann. Da ein solches Individuum bis zum Hals mit Daten vollgestopft ist, hat es vielleicht einen hohen I.Q., aber nicht die geringste Pfiffigkeit. Unter Pfiffigkeit muß man wohl die geistige Regsamkeit verstehen, von den Höhen des Bücherwissens in die gepflasterten Niederungen des Alltags zu steigen, ohne dort unter die Räder zu kommen. Wer raffiniert ist, vereint in sich diverse Erfahrungsbereiche und findet praktische, lebensnahe Lösungen.

„Raffiniert" kennzeichnet genauso geistige Wendigkeit und schnittige Eleganz wie eine gewisse Schnelligkeit und originelle Weltsicht. Darum trifft dieses Wort einen bestimmten Kleidungsstil sehr, sehr gut! „Raffiniert" deckt einen weiten Bereich ab.

Da sich Raffiniertheit verschieden äußert, wollen wir sie von anderen Stilarten genau abgrenzen. Wenn wir nun alle Richtungen von „Sexy" bis „Sportlich" durchgehen, werden wir uns daran erinnern, worin ihr gewisser Kniff liegt, und gleichzeitig sehen, wie „Raffiniertes" sämtliche Stilarten so verwandeln kann, daß sich das Ergebnis insgesamt als raffiniert bezeichnen läßt! Raffiniertheit, in ihrer tausendfachen Fülle, hat verschiedene Gesichter.

HEISS UND SCHARF

LINKS. Obwohl man seine Kleidung immer sorgfältig auswählen sollte, steht „Köpfchen" beim raffinierten Stil mehr im Vordergrund als bei anderen Freizeitmoden.

Details, die dem Betrachter vielleicht entgehen, übersieht der Raffinierte nicht. Als Unterwäsche etwa könnten die Boxershorts raffiniert Chartreuse und Pastellgelb gestreift sein. Modell: Todd Neuhaus.

Beim Ausstrahlen von Sexyness liegt der Hauptakzent auf körperbewußter Kleidung. Der Schnitt hebt den Körper hervor, die Farben rufen Gefühle wach. Tastfreundliche Gewebe erregen den Betrachter; er möchte sie anfassen. Die Botschaft von sexy Kleidung ist rein emotional, unterhalb des Bewußtseins und unter der Gürtellinie.

Obwohl der raffinierte Stil sexy Elemente enthalten kann, besitzt er mehr Hirn als Muskeln. Hebt er den Körper hervor, dann fehlen die aufregenden Farben ganz oder teilweise; die Stoffe sind wahrscheinlich ein Gemisch aus Rauherem und Glattem.

Hier ein Beispiel für ein sexy Ensemble. Um oben anzufangen: ein grell oranges, breitschultriges Hemd in grobem Leinen, die drei oberen Knöpfe offen, um den Hals und ein bißchen Brust zu entblößen; eine flauschige dicke Mohair-Strickjacke in klarem Gelb, zugeknöpft bis obenhin; po-enge Wildlederhosen mit kurzem Eingriff in strahlendem Rostrot; und zuletzt lohfarbene, knöchelhohe Schlüpfstiefel aus Narbenleder mit leicht erhöhtem Absatz.

Färben wir nun das Ensemble um, ohne Schnitt und Stoffe zu verändern. Statt Orange baden wir das Leinenhemd in einem kühleren, blassen Türkis. Das warme Gelb schütteln wir ab, indem wir die Strickjacke pfauenblau färben. Die Wildlederhose wird in Aschgrau abgekühlt, die Stiefel in Zinkgrau. Nach dieser Verwandlung läßt sich

LINKS. Obwohl sich Raffiniertheit vielfältig äußert, ist es doch ein ausgeklügelt origineller Ansatz, die diversen Formen unter einen Hut zu bringen.

Dieses Ensemble, einem sogenannten „Cabana-Set" verwandt, ist neuartig kühl mit Saphirblau und Zitronengelb bedruckt — ein solcher Blickfang, daß die Kleidung zunächst vom Körper darunter ablenkt. Man merkt, daß dieses Ensemble bewußt zusammengemixt wurde und in einer bestimmten Absicht getragen wird. Obwohl körperbewußt, zeigt es also auch Gedankenarbeit: es ist zunächst raffiniert, dann erst sexy. Ensemble: Hector Herrera. Modell (alle drei Fotos): Bryan Coolahan. Styling: George Byron.

MITTE. Wie das eben besprochene Ensemble, ist auch dieses ein extremer Blickfang, nur auf andere Art. Das Oberteil gleicht wenigen Hemden, und die Hose ist kaum typisch zu nennen.

Wieder einmal ist das, zwar enthüllte, Fleisch zweitrangig und wird vom Glanz der Kleider überstrahlt.

Gleich auf den ersten Blick ist man eher gezwungen zu entscheiden, ob man das Ensemble nun akzeptabel findet oder nicht, als auf die Courage zu reagieren. Das macht die Ausstrahlung mehr „objektiv" als „emotional", obwohl die Reaktion emotional getönt sein kann, denn man wird diese Kombination kaum übersehen und auf ein Urteil verzichten. Kleider: Artie & Cheech.

RECHTS. Das komplexe Linienmuster dieses Pullovers verbreitert Brust und Schultern, während der Hals quasi umrahmt wird. Wäre es in warmen Tönen gehalten, vielleicht in Ziegelrot oder Mandarine, so erschiene es nachgerade sexy. Da aber die Farben, Vogelei-Blau und Creme, zurücktreten, zerstreuen sie etwas, wenn auch keineswegs vollständig, den Sex-Appeal.

Als Ersatz für die verminderte Sinnlichkeit, wirkt hier die Farbgebung bemerkenswert ungewöhnlich. Pullover: G. Maislinger.

das Ensemble kaum noch als sexy bezeichnen, obwohl nur die Farben jetzt anders sind. Auch um als nett zu gelten, ist deren Zusammenstellung zu ausgefallen, vereint bei aller Neuerung nicht genug Zurückhaltung, um frisch zu wirken, weist zu wenig erdige Töne auf, um erdig zu werden, und der Schnitt ist keineswegs lässig oder sportlich. Nein, dieses Ensemble bewährt sich nur auf *einem* Terrain: dem raffinierten!

Natürlich ließe sich die anfängliche Aufmachung auch anders abwandeln. So könnte man sämtliche Farben abdunkeln. Aus dem grell orangen Hemd wird dann ein gedeckt oranges, aus dem strahlenden Rostrot der Hose ein Umbra, und die lohfarbenen Stiefel werden walnußbraun. Dieser Abdunkelungsvorgang macht aus dem sexy Ensemble ein erdiges, kein raffiniertes, denn dazu ist es nicht schneidig genug: Der farbliche Ausdruck bleibt rein gefühlsbetont.

Um sexy Ensembles weitergehend in flotte zu verwandeln, bedarf es einer völlig anderen Palette. Kühles muß dazukommen. Beruht die Palette monochromatisch auf *einem* kühlen Ton oder analog auf zweien oder mehreren aus verwandten Familien, so wirkt das Ganze weniger emotional als in Komplementärfarben, denn komplementäre Kombinationen beziehen aus dem Warm/Kalt-Kontrast automatisch eine gewisse Gefühlsbetontheit.

STÖRENFRIED

UNTEN. Weit geschnittene Bermuda-Shorts sind eine raffinierte Kreuzung aus Sexyness und Frische mit erdigem und lässigem Anflug, wenn ihre Farbe ein Gletschergrün ist. Man braucht noch andere Kleidungsstücke, um ein aussagekräftiges Ensemble zu bilden. Modell: Les Lyden.

RECHTS. Diese kakaobraun und rohweiß gemusterte Weste, die sich vorn überlappt, veranschaulicht jene lässige Eleganz mit frischen Untertönen, die oft zum raffinierten Stil gehört. Frappant, daß jeder größere Beistand von seiten anderer Teile überflüssig ist.

Um wirklich raffiniert zu sein, bräuchte das Ensemble noch farbliche Unterstützung: Die Hose aus gestreifter Baumwolle ist blaß kornblumenblau und cremefarben, das Polo-Strickhemd zinngrau.

Diese farbliche Warm-Kalt-Spannung kennzeichnet viele raffinierte Kombinationen, ob „frisch" oder nicht. Ensemble: Alan Flusser. Modell: Patrick Taylor.

Wer Frische ausstrahlen will, der jongliert in ausgefallener Weise mit Tradition, Neuerung und Zurückhaltung. Der Schnitt ist grundsätzlich traditionell männlich, der Stoff meist glatt und die Farbgebung zutiefst maskulin, an sich zwar etwas ungewöhnlich gewählt, aber noch von kleinen Dosen eigenwilliger, gefühlsbetonter Schattierungen durchsetzt.

Flott sein bedeutet unter anderem, die frische Mischung so zu variieren, bis sie ausgefallen erscheint. Sehen wir uns als Beispiel doch das typische frische Ensemble an: Wir beginnen mit einem blaßblauen gestrickten Polohemd, darüber ein Pulli aus Shetlandwolle, mit V-Ausschnitt und Rautenmuster in Pastellgelb und Hyazinth auf cremefarbenem Untergrund. Die nicht plissierten, geradbeinigen Popelinhosen haben grau-weiße Streifen. Die Top-Sider-Schuhe sind marineblau mit Gummisohlen.

Frisch kann auf verschiedene Weise zu „raffiniert" werden.

Zuerst färben wir etwas um. Das Polohemd ist jetzt nelkenrosa. Aus dem cremefarbenen Pulli wird ein maisgelber, und die Rauten strahlen in Orchidee und Ultramarin. Die Popelinhosen sind lila und weiß gestreift. Die Top-Siders färben wir pflaumenblau mit weißen Sohlen.

Die „maskuline" Farbbasis des ursprünglichen Ensembles hat sich gelockert; sexuell zweideutige Töne — wenn auch nicht unbedingt feminine — herrschen vor. Da aber der Schnitt traditionell männlich blieb, erscheinen die Formen ganz solide. Die Konvention ist flöten gegangen, und immer noch fußt das neue Ensemble im Männlichen ... nur weniger klumpfüßig als vorher. Andererseits fällt der Träger durch die neue Farbgebung viel mehr auf — eine Tatsache, die sich als männlicher Schneid werten ließe: Nur ein sehr selbstsicherer Mann wagt, sich zu einer wandelnden Zielscheibe zu stilisieren, indem er absichtlich mit altehrwürdigen Gesetzen bricht.

Um „frisch" in „flott" zu verwandeln, kann man also zunächst eine farbliche Neuerung in die Garderobe zwingen. Man nimmt einfach viel Farbe, die nicht von sich aus an Männlichkeit erinnert.

Der zweite Schritt: Ändern wir doch am ursprünglichen Ensemble sowohl Farbe als auch Stoffe. Den Schnitt wollen wir vorerst außer acht lassen.

Das blaßblaue Polohemd bleibt unangetastet. Der Pulli mit dem V-Ausschnitt aber bleibt nicht flauschig, sondern wird ein handgehäkelter mit pastellgelben und hyazinthenen Rauten auf königsblauem (statt cremefarbenem) Untergrund. Die perlgrau-weißen Popelinhosen sind jetzt aus rotbraunem Samt mit blaßgrauen Nadelstreifen. Die Schuhe sind wieder marineblau. Nun herrschen in einem Ensemble, das sich zuerst durch eher glatte Gewebe auszeichnete, die weichen,

rauhen vor. Mit unserer zweiten Farbgebung verglichen, bleibt diese Kombination mehr dem traditionell Männlichen verhaftet. Die Gefühlsbetontheit stammt nur vom Gewebe her, wird aber auch noch gedämpft; reserviertes Marineblau und gleichmäßig reguläre Nadelstreifen wirken der Emotionalität der Textilien entgegen: ein Tauziehen zwischen Gefühl und Sachlichkeit.

Um „frisch" also auf eine zweite Art zu „raffiniert" werden zu lassen, verändern wir glattere Stoffe zu eher flauschigen, ohne die frische Farbmischung allzu abrupt zu zerstören oder den konventionellen Schnitt der Kleider umzugestalten.

Wer will, der kann natürlich höchst innovative Farben und sehr flauschige Gewebe in ein Ensemble aus konventionell geschnittenen Teilen einführen. Das ist der dritte Weg, „frisch" durch „raffiniert" zu ersetzen, und das Ergebnis wirkt gefühlsbetonter als im vorhergehenden Beispiel.

Übersehen wir jedoch nicht den Einfluß des Kleiderschnitts.

Wir kehren noch einmal zum ursprünglichen Ensemble zurück — blaßblaues Polohemd, Pulli aus Shetlandwolle mit pastellgelben und hyazinthenen Rauten auf cremefarbenem Grund und geradbeinige Popelinhosen mit perlgrauen und weißen Streifen. Diesmal aber nehmen wir dem Polohemd seinen Kragen weg; bleibt ein Henley-Ausschnitt, ein runder Halsausschnitt mit kurzer, kräftigender Knopfleiste. Dazu schneiden wir das V des Pullis so tief aus, daß es knapp über dem Brustbein endet. Übrigens können wir den Pulli auch gleich verlängern und verbreitern. Die einst so aufnahmefähige Hose sitzt nun fast hauteng.

In dieser Gestalt hat das Ensemble jeglichen Anspruch auf Zurückhaltung oder Tradition verwirkt, obwohl die Farben nur mäßig verwegen und die Stoffe weiterhin eher glatt bleiben.

Das heißt: Der vierte Weg, „frisch" in „raffiniert" zu verwandeln, ist ein unkonventioneller Schnitt. Auch bei den traditionellsten Farben oder Stoffen kann niemand Frische vermitteln, sofern die Mehrzahl der Einzelstücke eigenwillig geschnitten ist. Wenn wir also den Wirkungsgrad des Schnitts mit dem von Stoff und Farbe vergleichen, tragen außergewöhnliche Formen am meisten dazu bei, schnell und drastisch von „frisch" nach „raffiniert" umzuschalten.

SCHLAFTHERAPIE

Von sämtlichen Freizeitstilen bringt die nette Mode die wenigsten Neuerungen. Man braucht Phantasie, um in dieses ruhige Genre einen Schuß Raffinesse einzuführen.

Das typische Ensemble ist konventionell geschnitten: bequemes braun-grünes Karohemd aus Flanell unter kamelfarbenem Wollpullover; geradbeinige lohfarbene Kordhose mit schlichtem braunen Ledergürtel und lederne Penny-Loafers.

Nun, färben Sie um. Behalten Sie den Flanell bei, waschen Sie die braun-grünen einfachen Karos raus und malen Sie kupferrote, zinnoberrote und chartreusegrüne drauf. Der Pullover bekommt ein drastisches Zitronengelb. Den Stil der Kordhose behalten wir bei, baden sie aber in Smaragdgrün. Brauner Ledergürtel und Schuhe dürfen bleiben, wie sie sind.

Aus „nett" kann „raffiniert" werden, wenn knallige Farben es wachküssen.

GEGENÜBER, OBEN. Hier noch eine Spielart des Themas „Frisch-und-Raffiniert".

Zunächst ist die Bundfaltenhose mit ihrem elastischen Bund dezent unkonventionell in Laubgrün gehalten.

In einer atypischen Kombination von Mustern wird das grau-rosenholz gestreifte T-Shirt unter einem gewobenen Hemd getragen, das Rot-, Grün- und Gelbtöne phantasievoll vermischt.

Gehören auch sämtliche Formen ins konventionelle Lager, so reihen Farb- und Musterkombinationen dieses Ensemble doch unter der Raffinierten ein. Kleider: Alan Flusser. Modell: Tony Leonhardt.

GEGENÜBER, UNTEN. Dieses Ensemble ist in seiner Schlichtheit äußerst raffiniert und doch entwaffnend unkompliziert.

Das Hemd erinnert an die alltägliche Sorte, wie man sie beim netten Stil findet, die Kombination mit einer gestreiften Bundfaltenhose jedoch erhebt es auf ein neues Niveau.

Der schwarze Pulli hat nichts Besonderes ... besonders ist nur die Art, wie er, um Hals und Schultern geschlungen, beidem eine neue Dimension verleiht.

Die griechische Fischermütze als Punkt auf dem i macht das Ensemble, das im einzelnen nicht sehr drastisch erscheint, dennoch raffiniert. Hemd: Richard Gaines. Hose: Giorgio Armani. Gürtel: Cole-Haan. Modell: Eigil Dag Vesti.

RECHTS. Obwohl in Army-Shops zusammengelesen, kann militärisch gestylte Kleidung sehr mondän wirken und sich weniger kriegerischen Komponenten raffiniert unterordnen lassen.

Hier ist der Tarn-Aufdruck nicht armeestämmig, sondern verfeinert. Unter dem Oberhemd zeigt sich ein leichtes Flanell-T-Shirt.

Die Hose schließt sich asymmetrisch und wirkt eher zeitgenössisch als strikt kasernenhaft.

Indem es neuen Boden ebnet und erdige Wesenszüge um einen sicheren Geschmack bereichert, betritt dieses Ensemble raffiniertes Terrain. Kleider: Parachute. Modell: Brian Terell.

AUSGRABUNGSARBEIT

Wenn man so sieht, wie das „nette" Ensemble auf Touren kam, könnte man fast argumentieren, es gehörte jetzt dem erdigen Stil an und nicht dem „raffinierten". Nun, trotz eines erdigen Beigeschmacks sind aber die Farben heller, intensiver als jene, die man in Feld und Au antrifft. Außerdem besteht zwischen Raffiniert und Erdig eine stärkere Verbindung als zu anderen Freizeitstilen. Beide stellen ja eine Legierung aus diversen Stilrichtungen dar.

Wie kann also Erdig zu Raffiniert werden? Vielleicht fragen wir besser: Warum die erdigen Ausdrucksmöglichkeiten alle ummodeln, um ihnen raffinierte Beine zu machen?

Nur um zu zeigen, daß es geht, fallen wir einmal über ein erdschweres Ensemble her und verstädtern es. Beginnen wir mit einem herbstfarbenen bunten Sacco aus Tweed, darunter ein gestrickter Rollkragen in Moosgrün. Die torfige Flanellhose hat eine Terracotta-Schattierung. Die Rautenstrümpfe sind Gelb- und Kastanienbraun und Moosgrün, die Schuhe (mit Aufnäher) fast wildlederfarben, aber gedeckt.

Obwohl das Ganze prima aussieht, werfen wir den Rollkragenpulli jetzt hinaus und ersetzen ihn durch ein blaß zimtfarbenes Frackhemd mit abstechend weißem Kragen und einer Seidenkrawatte in geometrischen Mustern aus Vogelei-Blau, Zobelbraun, Topas und Amethyst. Diese neuen, glatten Gewebe sind nicht mit Erdigkeit durchtränkt, und die Brillanz der letzten beiden Edelsteintöne in der Krawatte erhebt das Ensemble vom puren Wiesenanzug in die schwindelnden Höhen weltmännischer Raffinesse.

Wie bereits mehrmals gezeigt, kann ein Farbumschwung jede Kleidung von Grund auf verändern. Beim Umpflanzen von Schnitten und Stoffen in einen anderen Stil verwandelt sich natürlich auch deren Aussage.

LINKS. Besonders karierte Tweedsaccos wecken, kombiniert mit Flanellhosen und Pullundern, fast immer romantisch-ländliche Gefühle.

In neuartigen Farben behalten „Gutsherren"-Ensembles ihre erdige Krawatte, beziehen aber als Bereicherung einen Aspekt ein, den man „stadtjunkerhaft" nennen könnte.

Hier irren einige Farbtöne vom erdigen Boden ab. Neben warmem Braun und Beige finden sich im Sacco blaßblaue und gelbe Schattierungen. Und die Pastelltöne im Karohemd sind kaum noch aufzuzählen.

Beachten Sie den ungewöhnlichen Kragen des Pullunders; daß er eckig und nicht wie üblich v-förmig ist, fördert den raffinierten Eindruck.

Wer's leicht verrückt mag, trägt diese Krawatte mit ihren winzigen Skiern. Ensemble: Alan Flusser. Modell: Henry Mellen.

RECHTS. Dieses Ensemble ist ein Amalgam verschiedener Stile.

Buchstäblich Dutzende von verschiedenfarbigen Garnen, vorwiegend aus der Grün- und Braunfamilie, sind zu einem äußerst tastfreundlichen Jacken- und Hosenstoff verwoben. Dadurch entsteht ein satter, erdiger Farbeindruck.

Die Proportionen sind generell weit und erinnern an den lässigen Stil.

An das Körperbewußtsein der Sexy-Richtung erinnert die Art, wie man die Schulterbreite übertrieben hat.

Und doch bleibt das Ensemble zuguterletzt kein Mischmasch. Es wirkt originell — ein eigenständiges Exemplar, das die Bezeichnung raffiniert verdient. Ensemble: Jhane Barnes. Modell: Benjamin Hobbins. Aufgenommen in Venedig.

EXPRESSLINIE

Die lässige Mode beruht hauptsächlich auf lose sitzender Kleidung. Neutrale Farben entsprechen, obwohl nicht zwingend, dem Standardgeschmack dieser Richtung. Und Sie nehmen wahrscheinlich an, man müßte jetzt bloß die neutralen Farben ändern? Richtig ... doch das ist nur eine von mehreren Methoden.

Nehmen wir zunächst stellvertretend eine weite Hose, die den Po konturiert, aber vorn einen langen Schlitz und Bundfalten hat; der Bund ruht auf den Hüftknochen, die Schenkel sind voll, und die Beine

laufen in schmale Aufschläge aus. Stoff: Leinen; Farbe: Eierschale. Ein geknüpfter Gürtel umgibt die Taille. Gekrönt werde die Hosen von einem gerillten karierten Leinenhemdjackett in Champagner, stumpfem Gelbbraun und Eisengrau. Darunter ist ein ebenfalls weites Hemd aus elfenbeinfarbenem Crêpe-de-Chine. Die Strümpfe in den glattledrigen, aschblonden Jazzschuhen sind rauchgrau. Nicht übel, und wirklich sehr neutral. Hinzu kommt die für Lässiges so typische Mischung von Glatt und Weich.

Schalten wir nun aber auf andere Farben! Die Hose wird lederbraun, der Gürtel ringelblumenfarben, das karierte Jacketthemd einfarbig jadegrün, das andere Hemd kardinalrot, die Strümpfe rosinen- und die Schuhe bordeauxfarben. Schon weicht die Neutralität der Attacke leuchtender Schattierungen. Sämtliche Farben sind selbstbewußt und geschickt zwischen Warm und Kühl ausgewogen — zwischen Sachlichkeit und Subjektivität. Obwohl sich dieser neue Look vor un-

LINKS (ALLE DREI FOTOS). Der durchschnittliche Motorradfahrer zeichnet sich nicht durch garderobiellen Glanz aus. Doch kein Gesetz befiehlt, daß so ein Typ sich wie ein Müllkippenbewohner oder Anführer eines Schlägertrupps anzuziehen hätte.

Wäre nicht die Farbe, könnte dieses weitsitzende Ensemble als lässig gelten: Die dick wie Teppich wattierte Weste (eigentlich eine Jacke mit abnehmbaren Ärmeln – hier sind sie abgenommen) ist pflaumenblau, das über der Brust gesteppte Hemd königsblau und die Hose kobaltgrün.

Solch verwegene Farben sind ein bewußtes Wagnis. Sie verlangen Parteinahme für die provozierende Abteilung raffinierter Garderobe.

P. S.: Das Motorrad ist chrom-orange. Ensemble: Parachute. Modell: Joe Dakota.

erhörter Pracht hütet, ist er nichts für die Scheuen. Seine Stärke überwältigt aber auch nicht.

Es ist auch möglich, das ursprüngliche Ensemble — völlig wertneutral und in stofflichem Glatt/Weich-Kontrast — zu verwandeln, indem man, ohne die Farben anzutasten, ganz auf Weich oder Glatt umschaltet. Jeder dieser unerwarteten Schritte führt zu einem raffinierten Gesamtbild, indem er das Ganze wohldurchdacht und bewußt kombiniert erscheinen läßt. Ist der Schnitt großzügig, die Farbgebung aber neutral, würde man ja eigentlich gegensätzliche Gewebe erwarten. So jedoch verrät er etwas Gewagt-Raffiniertes.

Noch eine Verwandlung: Obwohl das umgefärbte, selbstbewußte Ensemble Weich gegen Glatt kontrastiert, wirken die Farben von Haus aus so kräftig, daß sie letztlich mehr ins Gewicht fallen als die Gewebe. Eliminiert man den Gewebekontrast, so schadet das nicht dem raffinierten Eindruck. Mit denselben Farben und losen Schnitten,

aber ganz in Glatt gehalten, besitzt das neue Ensemble viel Schliff und wird scharfsinnig-zerebral erscheinen. Wären die Gewebe alle aufgerauht, ohne Farben und Schnitt zu ändern, so würde es herzlicher, gefühlsbetonter wirken — raffiniert auf eine scheinbar weniger ausgeklügelte Weise.

Ein letzter Weg, um Lässig in Raffiniert zu verwandeln: indem man das Weite spärlich einsetzt, es hier hinauswirft und dort durch atypisch Nicht-Weites, eher Enges ersetzt. Solche Sparsamkeit wirkt, wenn es funktioniert, immer raffiniert. Man muß es eben probieren. Und da Sie Ihre Kleidung auf tausenderlei Weise zusammenstellen können, gibt es kein Patentrezept. Wer wagt, gewinnt.

SPORTLICH RAFFINIERT

Da die sportliche Richtung fast ganz auf Symbolwert und Farbe baut, gehört sie zu den am wenigsten gekünstelten Freizeitstilen. Manchmal zeigt sich aber ein Hauch von Raffinesse; und um diese zu gewährleisten, dürfen die Sportsachen nicht allzu ernsthaft sein.

Wieder mal Farbe, stimmt's? Jawohl.

Und da ist es, das entschieden sportliche Outfit: Sweater mit Kapuze, beides tiefblau; gelbes Achselhemd mit Purpurstreifen um die Brust; knallrote Turnhose. Dazu weiße Socken mit zwei roten Streifen um den elastischen Bund und ein Paar blaß blauweiße Joggingschuhe.

Wählen Sie alle beliebigen ausgefallenen Farben, die sich raffiniert kombinieren lassen, steigen Sie in die Kleider, und Sie haben den sportlichen Look zu einem raffinierten gemacht.

OBEN LINKS. Würden Sie dieses Ensemble lieber lässig nennen? Dann bittesehr, denn die Einstufung als raffiniert ist recht willkürlich. Die Farben sind nicht bestürzend: Grau, Schwarz und Weiß (ausgenommen den braven gelben Studebaker.)

Wäre nicht das „Wehrgehenk", müßte man das Ganze in der Tat als lässig bezeichnen.

Doch der Gürtel verlangt nun mal Beachtung, und das so nachhaltig, daß man sich den Kopf zerbricht, was er wohl aussagen soll. Die Anwort: Er erregt großes Interesse; und darum fällt das ganze Ensemble in die raffinierte Kategorie.

Übrigens ist das, was an dem Hemd hängt, kein sinnloser Lappen, sondern eine überdimensionale Tasche, die besonders viele Gegenstände aufnehmen könnte. Ensemble: Parachute. Modell (Rauch ausatmend): Joe Dakota.

OBEN RECHTS. Loser Trenchcoat, loser Pulli, lose Hose — warum heißt dieses Ensemble nicht lässig? Natürlich, weil die Farben ungemein abenteuerlich sind. Aber da das Foto nur schwarz/weiß ist, wozu Ihnen mit einer Beschreibung den Mund wäßrig machen. Glauben Sie's, es ist raffi-

niert. Pulli: G. Maislinger. Modell: Bryan Coolahan. Styling: I Love Ricky.

OBEN RECHTS. Wenn Sie einen Lieblingssport haben und das ausposaunen wollen, könnten Sie einen Pulli mit entsprechendem Muster finden, und wenn Sie dem sportlichen Ensemble einen raffinierten Pfiff verleihen möchten, wäre das nicht mal ein Handicap. Ensemble: Alan Flusser. Modell: Cameron Hall.

UNTEN RECHTS. Selbst wenn Sie nie der Schulmannschaft angehörten, verleiht Ihnen ein Ableger der entsprechenden Pullis diesen Anschein. Gegenüber einem Relikt aus alten Hochschulzeiten hat der sogar einen Vorteil: Männer in numerierten Pullis aus vergangenen Tagen wirken oft wie zurückgebliebene Jugendliche, denen es an Reife mangelt.

Reifer wäre der Ansatz, etwas Launiges, nicht Nostalgisches, in das Dress einzubauen. Es so ins Raffinierte zu verkehren, ist auch eine gute Methode, um Sportlerkluft einen schneidigen Reiz zu geben.

Ein numerierter Pullover könnte die beste Wahl sein, wenn er mit einer Turnhose zusammenspielt. Pulli: Robert Stock. Modell: Robert Henry.

Natürlich könnten Sie auch hier wählerisch-sparsam sein — die Turnhose feuern und eine lässige Hose mit untypischer Färbung hinzunehmen. Oder Sie schlagen zwei Fliegen mit einer Klappe: Holen Sie die Turnhose zurück ... aber in rot-orangem Leder.

Jetzt haben Sie den Bogen doch schon raus (und den Rückblick auf sämtliche Freizeitstile hinter sich; wenn Sie möchten, dürften Sie also jedem eine raffinierte Note verpassen können.)

BADEFREUDEN

Weil zum raffinierten Typen ein helles Köpfchen gehört, das verschiedene Wissensgebiete vereint und ungeahnte Wahrheiten entdeckt, entzieht sich eine der Ausdrucksmöglichkeiten des raffinierten Stils jeder Beschreibung. Finden Sie heraus welche. Schwelgen Sie darin.

POP ART

Immer, wenn die Masse einen Modetrend akzeptiert, geschieht etwas Ironisches: Man sieht ihn auf Schritt und Tritt, er wird alltäglich, und allzu Vertrautes übersieht man leicht. Ein Outfit, das man übersieht,

LINKS. Manche Ensembles sind so rassig, daß sie die Bezeichnung raffiniert verdienen. Dies ist so eines.

Der Anzug besteht hauptsächlich aus Schwarz- und Grautönen, der Stoff jedoch steckt voller Elan. Auch die Krawatte, deren Muster Grau, Rot und Grün enthält, sitzt vor einem hellgrauen Hintergrund. Das Hemd? Rosa mit dünnen Streifen in stumpfem Rot.

In Worten geschildert klingt das alles nicht sehr aufregend. Aber sehen Sie sich's mal an! Jazzig! Kleider: Giorgio Armani. Modell: Charlie Melite.

RECHTS. Förmliche Anlässe sind keineswegs lustig, sobald man die richtige Kleidung auswählen muß.

Hinter dem Zwang zur Dinnerjacke steht die Philosophie, daß die männlichen Gäste den Hintergrund für den weiblichen Chic abgeben sollten. Jeder Mann, der zuviel vom Rampenlicht für sich beansprucht, gilt als ungeschliffener Tölpel.

Wann wird aus Viel zuviel? Tja, da liegt der Hase im Pfeffer, und über die Ansichten läßt sich streiten. Wenige aber werden bestreiten, daß dieses Dinnerjackett mit Schalkragen eindeutig raffiniert wirkt.

Das vorn plissierte förmliche Hemd ist waagrecht in Rot und Weiß gestreift. Fliege und Einstecktuch sind, dazu passend, aus roter Seide mit weißen Punkten. Ensemble: Alan Flusser. Modell: John Sommi. Frisur: Kent Rulon.

hat sofort kein Eigengewicht mehr. Sieht man umgekehrt einen Kleidungsstil nur selten, so garantiert das dessen Auffälligkeit und ein allgemeines Interesse.

Popularität hat aber noch einen anderen Haken. Manche Leute leben so unter dem Diktat der Mode, daß sie das Individuum nicht mehr erkennen. Für sie gibt es nur eine Art, sich zu kleiden: modisch. Durch ihre falsch ausgerichteten Antennen werden sie taub gegen alle Wellenlängen außerhalb der Mode. Und da die meisten Versuche, sich mit solchen Typen zu verständigen, zum Scheitern verurteilt sind, müssen Sie damit leben, daß diese Leute auf einer anderen Frequenz liegen.

Obwohl Trends und Torheiten das Wesentliche verschleiern, müssen Sie oft so tun, als sei das nicht der Fall.

SELBSTBEWUSSTER STIL

Ein wiederkehrendes Motiv in diesem Buch ist der Gegensatz zwischen dem eigenen Geschmack und den Erwartungen anderer. Da man es nicht allen recht machen kann, am besten gleich nur sich selbst. In der Realität geht jedoch auch das nur, wenn man keine feste Beziehung hat. Unsere engsten Gefährten versuchen nun mal — wenn nicht immer, so doch häufig — auf unseren Stil einzuwirken.

Streit entsteht meist dann, wenn der „Beratene" argwöhnt, sein Ratgeber sei zu eigenwillig oder, schlimmer, vom Massengeschmack beeinflußt. Wenn wir uns etwa für einen gesellschaftlichen Anlaß kleiden, und der andere scheint zu pingelig, dann fühlen wir uns attackiert ... und scheuen zurück.

Sobald die Kleidung möglichen Konfliktstoff liefert, sollten Sie die Umstände bedenken. Wem bedeutet der Anlaß mehr, Ihnen oder Ihrem Partner (bzw. Ihrem Rendezvous)? Für wen steht mehr auf dem Spiel? Wenn Sie z.B. das Klassentreffen Ihrer besseren Hälfte besuchen, dann dürften Sie nun mal unter den einstigen Klassenkameraden ein Objekt der Neugier abgeben. Ihnen bedeutet es vielleicht nichts, wenn man Sie für einen tollen Fang hält, aber was ist mit dem Selbstwertgefühl des unscheinbaren Partners? (Im Idealfall bleibt es ihm erhalten, doch wer kann Klassentreffen schon philosophisch nehmen?) Sie haben weniger zu verlieren. Also geben Sie nach. Zwar könnten Sie vorbringen, daß Sie immer der Alte bleiben, egal nach wessen Wünschen Sie sich anziehen, aber dies Argument läßt sich auch umkehren: Es wird Sie nicht verändern, wenn Sie das tragen, was Ihr Partner an Ihnen sehen will. Verstehen Sie Selbstverwirklichung nicht irrtümlich als Sturheit. Doch beenden wir dieses Kapitel auf einer positiven Note.

Viele Männer haben Angst, sich gewagt anzuziehen, weil sie die Kritik anderer fürchten, obwohl sie selbst auf neue Experimente brennen. Das ist feige. Sobald Sie sich nach *Belieben* kleiden, geschieht etwas. Wenn Sie sich freundlich anziehen, teilen Sie der Umwelt mit, Sie seien ein freundlicher Typ. Sobald Sie jedoch mehr wagen, erwartet auch die Umwelt allmählich, daß Sie sich mit Phantasie kleiden. Im Grunde gewährt man Ihnen die Freiheit, sich auszudrücken, wenn Sie sich diese Freiheit nur erst genommen haben. Das trifft gleichermaßen auf Freizeit- und Berufskleidung zu.

Der einzige Klotz am Bein sind Sie selbst. Lassen Sie sich endlich gehen und atmen Sie zufrieden auf.

Mit befreitem Lächeln nun also weiter zur Berufskleidung!

RECHTS. Gegen einen ehrbaren Geschäftsmann, der während der Dienststunden einen zartrosa Anzug trägt, sind die Vorbehalte äußerst hoch. Aber wie steht's im Urlaub?

Indem dieses Ensemble den eingewurzelten Ernst traditionell geschnittener Anzüge mit einem gefühlsbeladenen Rosa kombiniert, verstößt es gegen eine Vorschrift des raffinierten Stils — daß nämlich stets emotionslose Farben dominieren sollten.

Lassen wir die Farbe einen Moment außer acht, so geht dieser Anzug auch als hinreichend ernste Geschäftskleidung durch; er ist solide bis ins Mark, wirklich „sachlich".

Doch zurück zur Farbe. In solchem Ausmaß vertritt sie so schamlos das Gegenteil von Solidität, daß es sich nur als bewußte Provokation deuten läßt, eine ironische Absage an „seriöse" Bekleidung, ein Insiderwitz.

Da Witz bei Klamotten, falls er nicht klamottig ist, mehr dem Hirn als dem Herzen entspringt, wirkt der rosa Anzug raffiniert.

Nur wird man diesen Humor lediglich in nicht-geschäftlichem Milieu anerkennen. Es wäre unklug, sich so anzuziehen, wenn man um eine Gehaltserhöhung bittet. Die anderen würden zuletzt lachen. Ensemble: Jhane Barnes. Modell: Lazaro Feleki. Aufgenommen auf Mykonos.

OBEN LINKS. Auf der Jagd möchte man selten unbedingt hinreißend wirken; Abarten von Jagdkleidung können aber auf Heide und Asphalt gleichermaßen hinreißend aussehen.
Hier sind sämtliche Stücke konventionell, die Farbkombination jedoch nicht. Das Hemd trägt einen Vogel-Aufdruck. Zu den unauffälligsten Farben gehören darin das purpurn getönte Blau der Jacke und das blaugetönte Smaragdgrün der Hose.
Diese zwei Farben zu kombinieren ist nicht alltäglich, und auch darum sehen sie zusammen erfrischend aus. Außerdem wirken sie harmonisch.
Eine gute Methode, ausgefallene Farben zu mischen, ist, die leisen Töne eine Musters zu studieren und dann einfarbige Kleider in diesen Tönen zu suchen, um sie damit zu kombinieren.
Genau auf Einzelheiten zu achten, ist ein flotter Stil. Ensemble: Henry Grethel. Modell: Michael Hart.

LINKS UNTEN. Werden mehrere ausgefallene Kleidungsstücke zusammen getragen, wirkt das Resultat unweigerlich originell.
Beachten Sie all die atypischen Details. Die Abnäher an den Hosennähten besitzen keine feststellbare Funktion, außer Interesse zu wecken. Wozu die Nieten um die Armlöcher der geschundenen Wildlederweste? Einfach zur Verzierung. Und die Flicken auf den Ärmeln des Pullovers dienen rein ästhetischen Zwecken. Ein Schal um den Hals würde sicher reichen, doch hier hat man, der Wirkung zuliebe, zweie ineinandergeschlungen. Modell: Blake Dawson. Aufgenommen bei Mailand.

RECHTS. Gefallen Ihnen die dicken Nähte auf dem Pullover? Finden Sie auch, daß sie das Gewebe interessanter machen? Wenn nicht: dagegen läßt sich was tun. Da der Pullover absichtlich verkehrtherum übergestreift wurde, muß man ihn bloß umstülpen, und alles ist ganz normal. Nur nicht der Pullover selbst, denn der drastische Türkisstreifen setzt einen unerwarteten farblichen Akzent. Auch der metallbeschlagene Ledergürtel ist keineswegs normal. Was normal ist, wirkt nie raffiniert — was nicht hingegen oft. Etwa diese Baskenmütze. Pullover: G. Maislinger. Hose: Screaming Mimi's. Modell: Neil Kramer.

GEGENÜBER, OBEN LINKS. Sexy oder raffiniert? Betrachten Sie die Streifen: Blau und Weiß — unerotische Farben. Bei Versagen Etikett „raffiniert" aufkleben. Modell: Patrick Taylor.

GEGENÜBER, OBEN MITTE. Frisch oder raffiniert? Bei frischen Ensembles besteht die Farbgebung oft aus prinzipiell männlichen Tönen. Gefühlsbeladene Farben finden nur beschränkt Verwendung. Der Pullover paßt zwar in dieses Schema, die brillant-rosa Shorts allerdings nicht. Darum ist diese Kombination raffiniert. Kleider: Alexander Julian. Modell: Joe Dakota.

GEGENÜBER, OBEN RECHTS. Nett oder raffiniert? Nettes wirkt manchmal so einfach, daß man es glatt übersieht. Trotz der routinemäßigen Schnitte werden diese Farben nicht der Beachtung entgehen. Um Nettigkeit zu vermitteln, müßten sie freundlicher sein. Durch ihre Spannung machen sie dieses Ensemble raffiniert. Kleider: Cesarani. Modell: Carter Collins.

DIESE SEITE, LINKS. Erdig oder raffiniert? Diese Schnürbundhose ist myrtengrün, eine Erdfarbe, und der Pullover trägt mehrere Farbblöcke, darunter die Erdfarbe Senfgelb, aber auch Blau und Gelb. Das Hemd ist „farblos" weiß. Meist fördert auch das Gewebe den erdigen Eindruck, wenn es tastfreundlich ist. In Grenzfällen wie hier, wo die Farben nicht zur erdigen Ausstrahlung genügen, gibt der Stoff den Ausschlag. Da Hemd wie Hose glatt und schimmernd sind, stehen sie nicht auf erdigem Boden. Durch die Auswahl gerät dieses Ensemble ins raffinierte Terrain. Kleider (auch ganz rechts): Ermenegildo Zegna. Modell: Rich Olsen.

DIESE SEITE, MITTE. Lässig oder raffiniert? Die Fülligkeit der Schnürbundhose entspricht fraglos den lässigen Erfordernissen. Aber wie aus dem Nichts (bzw. aus der furchtbaren Phantasie des Designers) ist auf einem Hosenbein ein dunkelbrauner Extrastreifen eingewoben, der zu denken gibt. Und das wildlederne Achselhemd sitzt zu eng, um der lässigen Lebensart zu genügen. Dieses Ensemble ist ultrachic und verdient die Bezeichnung raffiniert. Kleider: Andrew Fezza. Modell: Tom Tripodi

DIESE SEITE, RECHTS. Sportlich oder raffiniert? Echte Sportbekleidung verwischt ihre Herkunft nicht. Ist das eine Schwimm-, Jogging- oder Wochenendkluft? Das Ensemble besitzt Extras, die beim Vorbild fehlen. Jacke und Shorts z.B. sind mit hellgelbem Frottee gesäumt. Zweckmäßig? Vielleicht. Aber saugt weißer Frottee nicht ebensoviel Schweiß auf? Die eigentliche Absicht ist doch, hinter einer coolen Fassade ein gutes Aussehen vorzuweisen, — nicht, sich in der Hitze des Spiels wacker zu schlagen. Etikettieren wir dieses Ensemble als raffiniert. Modell: Chris Brown.

GEGENÜBER, UNTEN. Genug des Wortgedrechsels, manchmal ist ein Ensemble optisch so reizvoll, daß es keiner Analyse bedarf: Ein Blick genügt, um ihm die begehrte Auszeichnung „raffiniert" einzutragen. Das Strickhemd/Pullunder-Duo dort bildet ein solches Ensemble. Kleider: Alexander Julian. Modell: Patrick Taylor.

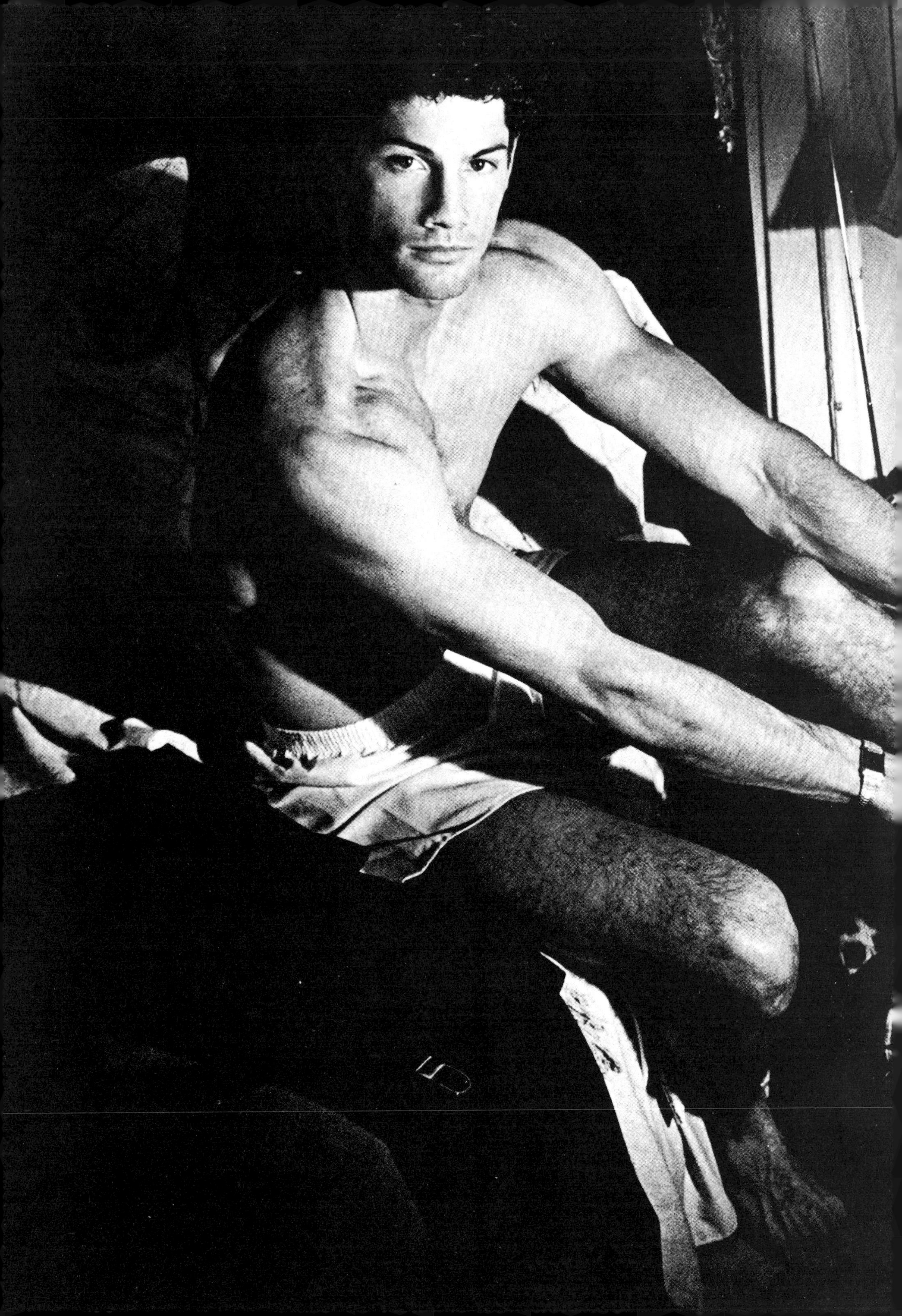

TEIL II
IM BERUF

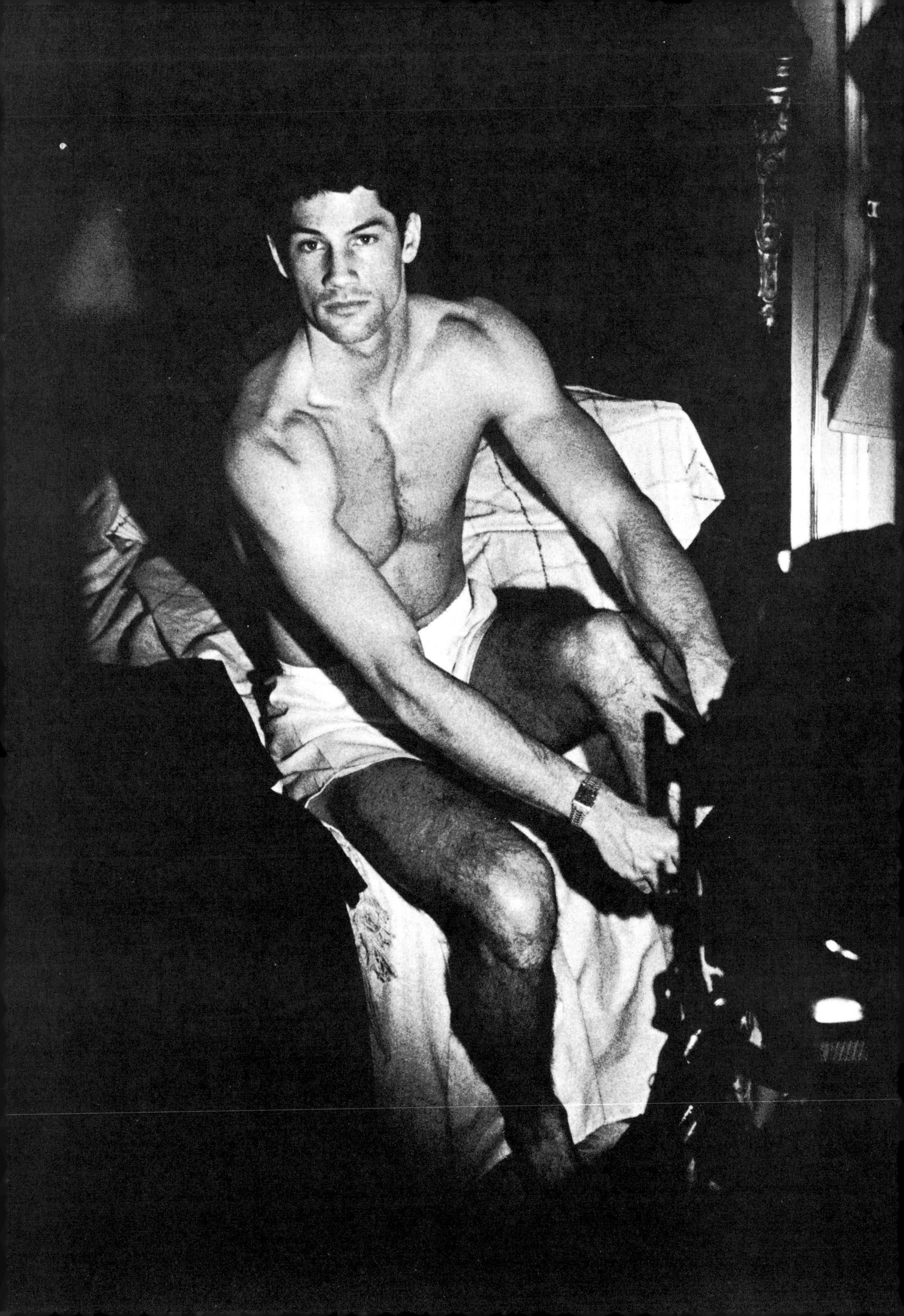

KAPITEL 8

ZUVERLÄSSIG!

VORHERGEHENDE DOPPELSEITE. Wenn man den Begriff „Berufskleidung" wörtlich nimmt, ließe sich auch der Umhang eines Zauberers so bezeichnen. Ebenso eine Kanalarbeiterkluft oder die eines Fabrikarbeiters, die sich mit dem decken könnte, was normalerweise als Freizeitkleidung gilt. Unter „Berufskleidung" stellen wir uns jedoch Schlips und Kragen vor, und es gibt sogar eine typische Strumpflänge, die so weit über die Wade hinausgeht, daß das anstößige Angestelltenbein stets verborgen bleibt. Modell (auch links): Pat Hardie.

LINKS. Im kalten Licht der Morgendämmerung sollte ein Mann, der seine Garderobe zusammenstellt, an den Terminkalender denken, denn jede Kleiderkombination strahlt eine andere Botschaft aus. Zuverlässige Ensembles wirken weit düsterer als solche, die Kreativität vermitteln.

SICHERHEITSSYSTEM

Nicht zu jedem Beruf gehören Schlips und Kragen; wer keine pflichtgemäße Erscheinung aufweist, der begibt sich jedoch in vielen Branchen ins Hintertreffen: Es herrscht ja der alte Aberglaube, sich nicht „korrekt" anzuziehen, signalisiere einen Mangel an beruflichem Wissen oder Interesse. Jemand, der sich nicht erwartungsgemäß kleidet, gilt demnach auch als weniger zuverlässig. Und Zuverlässigkeit ist in der Geschäftswelt ein Schlüsselbegriff. Manchmal möchten Sie vielleicht auch etwas anderes ausstrahlen als Zuverlässigkeit, aber blanke Unzuverlässigkeit zu vermitteln, wäre absurd. Unsere Umschau in der Welt der Berufskleidung beginnt also mit dem zuverlässigen Stil.

Was heißt das: ein verläßlicher Mitarbeiter zu sein? Daß man bei Ihnen damit rechnen darf, eine Sache mit minimalem Aufwand erledigt zu bekommen. Das setzt nicht einmal blendende Kreativität oder ein Höllentempo voraus, aber: Sie werden's schaffen, komme, was da wolle! Zuverlässigkeit heißt: Beständigkeit. Mitunter kann ein zuverlässiger Mensch auch zum Packesel werden ... oder als solcher gelten. Aber manchmal ist es sogar besser, den ernsthaften, zähen Arbeiter zu spielen, der stets verfügbar ist, als ein temperamentvolles, aber unberechenbares Genie.

Wenn irgendwelche Details an Geschäftsanzügen je einen Sinn hatten, so ist er heute vergessen. Aufschläge erfüllen nicht den geringsten Zweck. Viele Knöpfe sind nur noch leere Schau. Manche Taschen wurden zugenäht, um nie etwas zu beinhalten. Und was ist unlogischer als eine Halsbinde — ein Fetzen, der morbide einer Schlinge ähnelt? (Manche behaupten steif und fest, Krawatten seien zu Folterzwecken erfunden worden.) Bügelfalten sind ebenso sinnwidrig, weil sie höchstens als Beispiel irdischer Nichtigkeit taugen; da sich das Bein ständig bewegt, liegt die menschliche Aktivität im Dauerkrieg mit gebügelter Perfektion.

LINKS. Im Geschäftsleben zeigt sich Zuverlässigkeit oft in konformen Kleidungsstilen, die bei der Arbeit gar nichts helfen. Schlips und Anzug etwa erhöhen nicht die Kompetenz. Da aber viele Kunden einen lässig gekleideten Angestellten für „unseriös" halten, mißtrauen sie seiner Sachkenntnis.

Ähnlich fördern auch gewisse Details an Geschäftsanzügen den zuverlässigen Eindruck, obwohl sie völlig zweckfrei sind.

Fingierte Manschettenknöpfe dienen keinem praktischen Zweck. Da sie jedoch „dazugehören", scheint den Konservativen an einer Jacke ohne Knöpfe etwas „Wesentliches" zu fehlen; das Kleidungsstück ist „unangemessen".

Bei näherem Hinsehen weisen diese Ärmelknöpfe eingeprägte Pferdeköpfe auf. Ein konventionelles Design — beinerne Knöpfe etwa — würde größere Zuverlässigkeit ausstrahlen. Blazer: Country Britches. Modell: Joe Dakota.

Was Anzügen an Nutzwert fehlt, das ersetzen sie durch Symbolwert. Männer bekunden ihren Willen zur Unterwerfung, indem sie sich unsinnige Gewänder anlegen. Ein Anzug versinnbildlicht Opferbereitschaft. Und dieses tägliche Opfer — einer Buße schmerzlich verwandt — soll Zuverlässigkeit beweisen.

Anders als Freizeitmoden sind Anzüge — manche mehr, manche weniger — mit couturiellen Kniffen versehen, die für eine mehrdimensionale Form sorgen, selbst wenn man das gute Stück gar nicht trägt. Oft sind die Schultern der Jacke wattiert, und meist scheint die ganze Jacke scharf konturiert. Man praktiziert besondere Stücke in die Jacke, um diesen Effekt zu erhalten. Da die meisten Anzüge Standardware sind, fabriziert man sie ja nur mit einem *abstrakten* Männerkörper im Hinterkopf. So *ersetzt* denn die Jacke den Männerrumpf durch ihre am Reißbrett ausgeklügelte Form. Da die echte Anatomie von der Abstraktion einer verallgemeinerten Physis bedeckt ist, reduziert sie die Körperlichkeit des Mannes. Die neue Verpackung verringert die Einmaligkeit des männlichen Körpers und suggeriert, daß in diesem Milieu weder Einmaligkeit noch Körperlichkeit erwünscht sind. Als müsse man, um zuverlässig zu sein, 0-8-15 aussehen und den Körper — das Zeugnis Ihrer Männlichkeit — verstecken. Wenn Sie, umgekehrt, zuviel Einmaligkeit und Körper herauskehren, wird man Sie der Unzuverlässigkeit verdächtigen.

ENGE BEZIEHUNGEN

Der zuverlässige Stil ist von Grund auf konservativ und umgänglich, aber das Maß an vorgeschriebener Förmlichkeit differiert je nach Umgebung. In vielen südlichen Gegenden z.B. neigt man zu einer weniger

RECHTS (BEIDE FOTOS). Im Berufsmilieu sollte man körperlichen Mumm fast immer zugunsten von Charakterstärke herunterspielen.

„Formlose" Anzüge mit natürlicher Schulter vertuschen physische Merkmale unvergleichlich gut, erscheinen also auch zuverlässiger als taillierte und entschieden solider als die nackte Brust.

Obwohl dieser Anzug den Gipfel der Zuverlässigkeit darstellt, gibt der abgerundete Hemdkragen andere Signale: Mit seinen Löchern für eine Krawattennadel (und koketten Juwelenschimmer) steht er im dekorativen Lager, und das läßt sich als Zeichen wankelmütiger Selbstgefälligkeit deuten.

Obwohl geschmackvoll, sind die Streifen auf Hemd und Krawatte kühner, als es den Konservativen lieb sein könnte; vielleicht versteht man das Ensemble als allzu neuartig, um ganz zuverlässig zu wirken.

Ironischerweise sieht dieser Mann durch einen Fehler in seiner Garderobe — die Manschette schaut nicht aus dem Ärmel hervor — weniger chic und darum zuverlässiger aus: Hochmodisches und Vertrauenswürdigkeit vertragen sich eben nicht. Anzug: Hart Schaffner & Marx. Hemd: Henry Grethel. Krawatte: Francesco Smalto. Modell: Todd Neuhaus.

förmlichen Garderobe. Überall jedoch wird von Anwälten oder Bankangestellten branchengemäß mehr Förmlichkeit erwartet als von einem Gebrauchtwagenhändler. Lediglich, worin diese Förmlichkeit denn bestehen solle, definiert man unterschiedlich. Im sonnigen Süden genügt ein lohfarbener Gabardineanzug; im hohen Norden gilt ein Nadelstreifenanzug als angemessener.

Wie zwanglos Sie sich dort kleiden können, wo Anzüge an der Tagesordnung sind, hängt von Beruf, Region, gesellschaftlichen Normen und Ihrer Courage ab. Hochmodisches sieht man im Geschäftsviertel selten, dafür tragen Conferenciers keine Nadelstreifen. Wer will messen, inwiefern Ihr Erfolg von Ihrer Kostümierung abhängt? Und doch ist es wahrscheinlich, daß Mißerfolg oft auf mangelhaftem Äußeren beruht. Auf gesellschaftlichem oder geschäftlichem Parkett steuert man lieber die goldene Mitte an. Wer gern mit dem Feuer spielt, — bitte sehr. Aber stellen Sie sich darauf ein, schneller und vielleicht schlechter beurteilt zu werden als andere.

Da es in der Welt der Anzüge, Saccos oder Anzughosen relativ wenig Spielraum gibt, müssen Sie beim Anlegen Ihrer Hüllen sehr auf die Details achten. Wo es ums Ausstrahlen von Zuverlässigkeit geht, wirken Details besonders vielsagend.

In puncto Berufskleidung sollten sich sämtliche Teile ergänzen. Gewöhnlich gibt das Revers einen Anhaltspunkt. Sagen wir mal, die Aufschläge wären an ihrer breitesten Stelle bescheidene 8,5 cm breit. Damit die Krawatte dazu in vernünftigen Proportionen ausfällt, müßte sie an der breitesten Stelle ebenso breit sein. (Sie tragen ja kein Lineal mit sich herum: Halten Sie die Krawatte einfach über das Revers, um zu vergleichen). Auch für den Hemdkragen ist die Breite des Rockaufschlags maßgebend. Die Länge des Kragens, ob ein angeknöpfter oder ein normaler, sollte etwas unter der Breite des Aufschlags liegen — in diesem Fall bei circa 7,5 cm.

LINKS. Trotz seiner ernsten Miene mißlingt es diesem Burschen, so zuverlässig zu wirken, wie er gerne möchte.

Beim Anzug: kein Problem (außer, daß die etwas zu langen Ärmel das erwünschte Stückchen Hemdmanschette verdecken). Auch Hemd und Krawattenbreite sind für den zuverlässigen Stil akzeptabel.

Nein, das Karo des Hemdes ist zu graphisch, und die wollene Krawatte trägt ein winziges Tennisschläger-Design eingewoben.

Selbst mit dem geschäftsmäßigen Aktenkoffer wirkt das Ensemble bei detailierter Begutachtung nicht seriös genug, um als besonders zuverlässig zu gelten.

Färben Sie das Hemd weiß oder blaßblau, ersetzen die launige Krawatte durch eine seidene, einfarbige oder eine diskret gestreifte; dann würde das Ensemble echte Zuverlässigkeit vermitteln. Anzug: Hart Schaffner & Marx. Hemd: Henry Grethel. Krawatte: Rooster. Aktenkoffer: U.S. Luggage. Modell: David Spiewak.

OBEN. Während geschäftlicher Besprechungen sehen die Teilnehmer einander meist an, und der direkte Gesichtskreis steht im Brennpunkt. So werden die Kleidungsproportionen um das Gesicht herum besonders bedeutsam.

Ist das Verhältnis zwischen Schlips, Hemdkragen und Rockaufschlägen harmonisch, so erscheint man „rationaler", als wenn diese Elemente sich nicht zusammenfügen.

Hier ein Beispiel für perfekt ausgewogene Proportionen in herkömmlicher Geschäftsgarderobe. Die Kragenlänge paßt zu den mäßig breiten Rockaufschlägen, die Krawatte ist etwas weniger breit als diese. Kurz: Alles ist dezent und „gehörig".

Die ansprechenden Proportionen sind keineswegs drastisch. Aber eben wegen dieses Defizits wirkt das Ensemble zuverlässig.

„Modische" Proportionen dagegen scheinen manchmal weniger harmonisch und übertriebener; weil ihnen Zurückhaltung fehlt, vermitteln sie keine Vertrauenswürdigkeit. Sacco: Austen Reed. Modell: Michael Hart.

Warum dies alles? Weil Aufschlag, Kragen und Krawatte als proportionale Einheit erscheinen. Wäre der Hemdkragen sehr lang, die Krawatte aber sehr schmal, dann würde der Kragen zum bestimmenden Element, denn größeres Volumen heißt auch immer größeres „Gewicht" — es sei denn, ein relativ geringfügiger Artikel wäre so bunt oder intensiv gefärbt, daß er übermäßige Bedeutung erhält. In diesem Fall unterläge die neutrale Krawatte den vorherrschenden Elementen, Hemdkragen und Revers. Ungut, das. Aber es würde auch nicht gut, wäre die Krawatte leuchtend grell; dann stünde sie da als schreiendes Ausrufezeichen, das sich sowohl in Farbe als auch Breite „querlegt". Sämtliche Elemente sollten ohne Disharmonie zueinander in Bezug stehen.

Die Breite der Aufschläge bestimmt auch die Weite der Hosenbeine. Jeder Aufschlag über 10 cm wirkt breit, einer unter 7,5 cm scheint dagegen recht schmal; „mäßige" Revers messen etwa zwischen 8 und 8,5 cm.

Sind aber die Aufschläge maßvoll, dann sollten auch die Hosenbeine nie glockenförmige Dimensionen besitzen. Schmale Revers? Schmale Hosen! Und wenn die Hosenbeine mäßig weit sind, muß dem auch der Bund entsprechen. Hosenaufschläge sollten nie breit oder schmal sein; wieder heißt das Motto „Goldene Mitte". Fällt die Hose etwas weiter aus, müssen auch Bund und Aufschläge entsprechend weit sein. Ist sie schmaler, dann schmal.

Natürlich gilt es innerhalb dieser Richtlinien zu modifizieren, und vergessen Sie nie, daß hier in Sachen „Zuverlässigkeit" verallgemeinert wurde. Der zuverlässige Anzug weist „natürliche", wattierte Schultern auf, um die Schulter unauffällig „abzurunden". Die Jakke fällt, ohne jeden Kniff an der Taille, vom Ärmeleinsatz bis zum Saum gerade herab.

Anders bei Sportsaccos und ähnlichen Jacken: Diese sind ganz bewußt „tailliert". Solche Oberteile werden oft von Hosen begleitet, die am Oberschenkel proportional weiter wirken als an Knie und Aufschlag.

Liegen Jacken eng an Brust und Hüfte an, dann neigen auch Hose (und Revers) zum Schmaleren. Sind die Jacken an Brust und Schulter weit, an der Hüfte aber schmal geschnitten, wird man die Hosen gern, aber nicht immer, am Oberschenkel schmal und am Aufschlag weit lassen (die Revers hängen ganz vom jeweiligen Design ab.) In unseren beiden Beispielen veranschaulichen die wechselnden Größenverhältnisse das Bemühen des Designers, Gleichgewicht und Proportionen zu wahren. Da das oberste Ziel in der Herrengarderobe fast immer Symmetrie heißt, bleibt alle andere Mode stets eine bloße Randerscheinung.

Im Prinzip verändern sich Anzüge von Saison zu Saison nur minimal. Sind die Proportionen des Ensembles also einigermaßen korrekt, dann kann Ihnen kaum etwas passieren. Bloß bei aggressiven, überspannten Kombinationen besteht Anlaß zur Sorge. Manchmal gelten breite Revers als modisch. Dann wieder liegen schmale im Trend. Beides hat beim zuverlässigen Stil nichts verloren. „Mäßigung" heißt die Devise.

SCHNITT

Obwohl die meisten Jacken und Saccos mehr oder weniger zurechtgeschneidert sind, gibt es doch Unterschiede. Die mit der „natürlichen" Schulter wirken vergleichsweise formlos — ihr wesentlichster Pluspunkt für den, der Zuverlässigkeit ausstrahlen will, denn absichtlich wird jedes Körperbewußtsein heruntergespielt. Weil Asexualität der Schlüsselbegriff ist, verstecken sich sogar manche weiblichen Firmenchefs im „männlichen" Kostüm. Bei beiden Geschlechtern suggeriert der Anzug, daß ihnen nie lüsterne Gedanken in den Kopf kommen und die Arbeit verpfuschen könnten.

GEWEBE

Weil Sinnlichkeit im Bereich Zuverlässigkeit keinen Platz hat, wählen Sie weder üppige noch feine Stoffe! Arbeitsgemäßes wird in den Himmel gehoben, Flauschiges in Acht und Bann getan.

FARBE

Weil Farben starke Leidenschaften wecken, sind leidenschaftslose in

RECHTS (BEIDE). Zuverlässige Geschäftskleidung riecht nie nach Erotik. Ganz absichtlich wird der Körper neutralisiert, indem man von ihm ablenkt.

Hier errichtet der enggewobene Popelin-„Panzer" eine psychologische Schranke zwischen Körper und Umwelt.

Das konventionelle, steif gestärkte und makellos saubere Knöpfkragenhemd versinnbildlicht berufliche Aufopferung.

Die strenge Regelmäßigkeit der glatten Krawatte signalisiert genaue Detailbeachtung.

Oft übernehmen weibliche Firmenangestellte diesen oder jenen asexuellen Look und tragen maßgeschneiderte Jacken und Krawatten, um Ernsthaftigkeit zu suggerieren. Anzug: Country Britches. Krawatte: Jeffrey Banks. Modell: Bryan Coolahan.

Sachen Zuverlässigkeit maßgebend. „Temperamentvolle" mit „weibischem" Rosa, Lavendel, Rot oder Purpur bleiben geächtet. Bevorzugt werden reservierte Töne aus der Blau-Familie, aber auch neutrale erfüllen hier ihren Zweck.

Was das Muster betrifft, verströmen Minikaros und andere regelmäßige Drucke Zuverlässigkeit. Überdimensionales, das grandiose Aussagen trifft, wirkt verdächtig, und runde Muster erinnern zu sehr an Sinnesfreuden. Also: Bleiben Sie buchstäblich kleinkariert!

BESCHLIPST

Krawatten sind das perfekte Sinnbild der Zuverlässigkeit und nur in seltensten Ausnahmefällen erläßlich. Und doch muß es eine bestimmte

UNTEN. Dieses dezente Karo ist ein höchst zuverlässiges Muster, zumal in neutralen Farben oder Blautönen.

Das Muster der Krawatte wirkt nicht annähernd so vertrauenswürdig. Trotz seiner wohlgeordneten Geometrie ist das Motiv rund Rundes aber verbindet man mit Weiblichkeit, und das bedeutet in unserer Gesellschaft Unberechenbarkeit.

Darum kann auch der runde Hemdkragen keine hohe Zuverlässigkeit vermitteln.

Obwohl ein Doppelreiher sich ins zuverlässige Bild fügt, besitzt dieser doch zuviel Flair; der Gesamteindruck heißt eher „Stil" als „Solidität".

Beachten Sie, daß die Rockaufschläge bei Zweireihern breiter sind als bei einreihigen Anzügen; daher sollte die Krawatte dort entsprechend schmaler ausfallen. Korrespondierte sie mit der Breite der Aufschläge, gliche sie einem Lätzchen. Anzug: Country Britches. Hemd: Jeffrey Banks. Krawatte: Francesco Smalto. Modell: Todd Neuhaus.

LINKS. Die Krawatte ist das Symbol geschäftlicher Seriosität. Sie wird sich höchst selten als Faux Pas deuten lassen, ihr Nichtvorhandensein hingegen sehr oft.

Natürlich wirken manche Krawatten zuverlässiger als andere. Einfarbig seidene, zumal in kühlen Tönen, sind am zuverlässigsten, obwohl sie ein Ensemble kaum beleben.

Ab und zu ist es besser, zugunsten eines „humaneren", weniger unnahbaren Erscheinungsbildes auf einen Hauch Zuverlässigkeit zu verzichten.

Hier wirkt die einfarbige Krawatte sehr zuverlässig, die gemusterte Jacke jedoch nicht: Sie ist zu stark strukturiert und neuartig, und das gestreifte Hemd erscheint, obwohl an sich vertrauenswürdig, eher abenteuerlich, wenn es mit dem geometrischen Motiv des Saccos kombiniert wird.

Selbst ein Sinnbild der Zuverlässigkeit also macht dieses Ensemble nicht wirklich vertrauenerweckend. Sacco: Alan Flusser. Hemd: Jeffrey Banks. Modell: Giorgio Paulino.

RECHTS. Eigentlich fehlt zuverlässigen Ensembles ja meist der Pfiff. Und das ganz bewußt.

Auch weil Nadelstreifenanzüge nicht sehr pfiffig sind, gelten sie als zuverlässig: Unbedrohlich wie sie dank ihrer Allgegenwart erscheinen, sind sie zum Synonym für beruflichen Einsatz geworden.

Die anderen Elemente dieses Ensembles sind jedenfalls überaus traditionell. Diesem Mann wird man nie Dandytum vorwerfen. Auch das ist beabsichtigt: Die meisten Menschen fühlen sich inmitten hoher Mode unwohl und mißtrauen deren Anhängern.

Um dagegen Zuverlässigkeit zu vermitteln, muß man sich fein säuberlich kleiden. Nadelstreifenanzüge füllen diese Lücke sehr hübsch. Anzug: John Weitz für Palm Beach. Modell: Patrick Taylor.

Sorte sein: ein glatter, eng gewobener, zurückhaltend oder neutral gefärbter Schlips mit solidem Muster. Die Lässigkeit einer Strickkrawatte ließe sich als Nach-Lässigkeit deuten; eine rote Krawatte würde Gefühlswallungen signalisieren; ja selbst eine marineblaue mit Nadelpunkten ginge bei der Inspektion auf Zuverlässigkeit trotz ihres Klassikerstatus nicht durch. Nadelpunktiertes soll z.B. ein andernfalls offizielles Geschäftstreffen „vermenschlichen". Polkapunkte — der zu groß geratene Zwilling des Nadelpunkts — würden sogar noch unzuverlässiger wirken, weil Rundes immer Weiblichkeit vermuten läßt. Größere Punkte erinnern bloß an einen Clown. Und wenn sie nicht minimal geschrumpft sind, scheinen Punkte überhaupt unzuverlässig. Nein, die „zuverlässigste" Krawatte ist eine mittelblaue aus Seide.

ANZÜGE

Wie gesagt, treffen Anzüge mit „natürlicher" Schulter die Ansprüche für zuverlässige Mode am ehesten. Ein lohfarbener Gabardine-Anzug sieht zwar gepflegt aus, aber nicht so solide wie ein verhalten blauer. Da Nadelstreifen ein kleines, regelmäßiges Muster sind, eignen sie sich besonders, um Zuverlässigkeit auszustrahlen. Ein neutraler, grauer

LINKS. Dieses Ensemble treibt die Zuverlässigkeit an ihre Grenzen, weil es mehr stilvolle Nuancen enthält, als man dieser Richtung je zugesteht.

Obwohl unaufdringlich traditionell, wirkt das Minikaro des Anzugs nicht so zuverlässig wie Nadelstreifen; der kleine Maßstab dieses Musters aber verträgt sich mit dem zuverlässigen Stil.

Auch die Krawatte — nicht deplaziert, doch auch nicht ganz korrekt — ist phantasievoll mit echten Streifen und geometrischen Motiven gemustert, die Hose hat Bundfalten, das Einstecktuch sorgt mit seinem verspielten Aufdruck für einen neuartigen Clou, und eine goldene Nadel hält den Kragen an Ort und Stelle.

Nichts von alledem entspricht den Regeln des zuverlässigen Stils, und doch fällt auch nichts ganz aus dem Rahmen.

Die Farbe bildet das zentrale Problem. Ist sie neutral oder gedeckt, gelingt dem Ensemble, obwohl knapp, ein zuverlässiger Eindruck.

In warmen Tönen würde es zu freundlich, um noch als wirklich zuverlässig zu gelten. Ensemble: D. Cenci. Modell: David Spiewak.

RECHTS. Da dieses Hemd schneeweiß ist, könnte man es für zuverlässig halten. In jeder anderen Farbe jedoch nicht.

Sehen Sie genau hin. Der Kragen ist — modebewußt — etwas kürzer.

Und wie steht's mit der Brusttasche? Sie ist atypisch „versteckt“, nicht konventionell aufgenäht und dem Blick preisgegeben. Außerdem ist die Klappe über der verheimlichten Tasche beidseitig gefältelt — ein weiteres modisches Detail.

Und werfen Sie jetzt ein Auge auf die Hose. Auch diese weiten, tiefen Bundfalten sind eher modisch, nicht zuverlässig.

Das grobgewobene Sacco wirkt viel zu tastfreundlich, um strikte Vertrauenswürdigkeit zu vermitteln. Ensemble: Jhane Barnes. Modell: Benjamin Hobbins. Aufgenommen in Mailand.

Nadelstreifenanzug wäre eine sehr gute Wahl. Auch eine Weste verbreitet Zuverlässigkeit, da sie Auge und Körper noch mehr gegeneinander abschirmt. Weil sie zudem die freie Bewegung hemmt und es in einem Büro oft zu heiß ist, steht eine Weste auch für Opferbereitschaft zugunsten beruflicher Pflichten.

Obwohl ein nadelgestreifter Zweiteiler so zuverlässig wirkt wie nur was, fügen sich doch auch andere Muster in diese Symbolsprache. Ganz klein Kariertes in gedeckten Farben, die nie Hell und Dunkel kühn kontrastieren, taugen ebenfalls, — sofern Hemd und Krawatte keine übermäßige Neuerung darstellen. Mittelgroß gestreifte Krawatten in feinen Schattierungen vertragen sich oft mit kleinkarierten Anzügen, um Zuverlässigkeit gut zu vermitteln. Nicht aber schottisch karierte: Diese Mischung wäre zu verwegen für den erzkonservativen zuverlässigen Stil.

SACCOS

Saccos können zuverlässig wirken, wenn sie sich an die Regeln halten. Ein marineblauer Blazer ist okay, aber kein „flauschiges“, allzu emotionales Tweedjackett. Sportsaccos sind meist weniger förmlich als Anzüge. Es kommt auf den Status ihres Trägers an: Je höher man auf der Firmenleiter steigt, desto weniger dürfte ein Sacco den Ansprüchen an Ihre Garderobe genügen.

HOSEN

Helle Hosen sind eigentlich nicht „seriös“, weil ihre Tönung auf Oberflächlichkeit zu deuten scheint. Ernsthafter wirken mittlere und dunkle Schattierungen, die den Schmutz harten Tagewerks verdecken. Braune Hosen sind in untergeordneten Positionen sehr „zuverlässig“, wo zur Arbeit eher ein körperliches *und* ein geistiges Element gehören.

HEMDEN

Ein blütenweißes, gestärktes Hemd ist der Gipfel der Zuverlässigkeit; wenn Sie darin herumgammeln, wird es schmutzen und knittern, d.h. Sie verraten! Auch dünn gestreifte weiße Hemden wirken aufgrund ihres Musters und der Reinheit ihrer Hauptfarbe zuverlässig; ebenso gediegene Pastelltöne, vor allem Blaßblau und ein neutrales Beige. Pastellrosa ist allerdings zu gefühlsbetont, um zuverlässig zu erscheinen: Gefühle könnten schließlich Ihre Objektivität beeinträchtigen. Als Begleiterscheinung sind sie schön und gut.

LINKS. Obwohl sich dekorative Schuhe beim zuverlässigen Stil meist nicht empfehlen, bestehen gewisse Ausnahmen. Nehmen wir nur mal die Frage der „Kappen".

Oft ist die Kappe winzig gelöchert — stilvolle Verzierungen, die der Zuverlässigkeit zuwiderlaufen. Hier jedoch gibt es keine Perforierung, nur ganz subtile Nadelstiche.

Weil die Schuhe ansonsten „vernünftig" wirken, gehen sie in Sachen Zuverlässigkeit durch, und sie wagen keine stilistische Nuance, die an extrem „vernünftigen" Ensembles oft bitter fehlen kann.

Auch das kleinmaschige Muster der Strümpfe ist interessanter als schlichte Einfarbigkeit.

RECHTS. Dieser Trenchcoat vermittelt nicht gerade den Gipfel an Zuverlässigkeit, weil die, ihrer Herkunft nach authentische, Schulterklappe heute eine unnötige Verzierung darstellt.

Beachten Sie, wie der Gürtel geschlungen ist — seine wahre Funktion wurde zugunsten eines Effekts verkannt.

Würde dieser Mann wirklich zuerst an seine Zuverlässigkeit denken, trüge er einen weniger detaillierten, geschlechtsloseren Regenmantel.

Aber dieses spezielle Kleidungsstück ist dennoch dank seiner Traditionsbeladenheit weit zuverlässiger als etwa dasselbe mit Pelzbesatz, und meist dürfte es unnötig sein, extreme Zuverlässigkeit auszustrahlen, wo schon ein gewisses Maß daran genügt.

Zu dem Mantel werden ein sehr vertrauenerweckender Nadelstreifenanzug, ein weißes Hemd und eine zurückhaltende gestreifte Seidenkrawatte getragen. Daß er etwas stilbewußter ist als üblich, macht den Gesamteffekt noch lange nicht unzuverlässig. Dies eine Zugeständnis der Zweckdienlichkeit an die Mode erhöht sogar den Reiz des Ganzen. Mantel: Gleneagles. Modell: Patrick Taylor.

FUSSBEKLEIDUNG

Zuverlässigkeit heißt u.a.: Zielstrebigkeit. Dekorative Details könnten dem widersprechen, weil sie bestenfalls verspielt, schlimmstenfalls leichtfertig-sinnenfroh erscheinen. Schuhe sind sehr verräterisch — sie zeigen einem buchstäblich, wo jemand steht; nur einfaches, unverschnörkeltes Schuhwerk verströmt deshalb Zuverlässigkeit, und auch das bloß, wenn es aus glattem Leder in Braun, Schwarz und Cordoba ist.

Auch die Socken sollten unterkühlt wirken, d.h. entweder: solide Farben, oder: nur ganz minimale Muster. Daß die Strümpfe farblich mit den Schuhen harmonisieren bzw. etwa den gleichen Farbwert besitzen sollten, ist eine zuverlässige Faustregel.

ÜBERBEKLEIDUNG

Ein nüchterner Mantel ist beim zuverlässigen Stil ebenfalls die Regel. Besonders gut ist ein Trenchcoat mit ganz geringfügigen Besonderheiten, weil er vorwiegend zweckdienlich sein soll.

ACCESSOIRES

Zwei Accessoires stehen ganz hoch im zuverlässigen Kurs. Das eine ist eine in jeder Hinsicht zuverlässige Uhr mit Leder- (nicht Metall-)Armband, denn: Zeit ist Geld. Ein robuster Aktenkoffer beweist, wo er angebracht ist, daß Sie ohne Murren auch Arbeit mit nach Hause nehmen. Schmuck, ob protzig oder zurückhaltend, wirkt eitel und unzuverlässig. Gürtel sind da, um die Hose zu halten. Phantasievolle Schnallen wären deshalb ebenso kindisch wie Hosenträger.

FROHE BOTSCHAFT

Wie oben skizziert, könnte bei einem absolut zuverlässigen Ensemble schließlich Freudlosigkeit herauskommen. Ohne eine gewisse „Auf-

hellung“ bliebe die Botschaft einseitig; es fehlte an Persönlichkeit. Manchmal wollen Sie vielleicht genau das. Ansonsten aber müßten Sie sich überlegen, ob Sie den strengen Eindruck nicht durch kleine Abweichungen hier und da auflockern. Schon eine diskrete Blume im Knopfloch könnte genug Spontaneität verleihen, um den Bierernst zu verscheuchen. Auch ausgefallene Rautenstrümpfe wären vielleicht eine Überraschungstaktik, die wiederum nicht so überrascht, daß sie schockieren würde.

Ein zweiter Weg, Ihre Zuverlässigkeit etwas aufzupeppen, ist, etwas mehr Zeit auf die Zusammenstellung der Einzelteile zu verwenden. Einfach einen grauen Nadelstreifenanzug mit weißem Hemd und gedeckt blauer Krawatte anzulegen, hieße zwar: auf Nummer Sicher gehen, aber die Nummer wäre auch sehr leicht zu erraten.

Stellen Sie sich stattdessen folgendes Ensemble vor: marineblauer Anzug mit silbrigen Nadelstreifen; blaßblaues Hemd mit kontrastierend weißem Kragen; blau-silber-braunrot gestreifte Seidenkrawatte; braunrot-silber kariertes Seidentuch in der Brusttasche; schwarzer Ledergürtel mit kleiner Gold/Silber-Schnalle; schwarz-marineblau-mittelgraue Rautenstrümpfe und glänzende lederne Halbschuhe. Die einzelnen Teile sind meist, der Effekt sogar absolut zuverlässig, aber auch ein Hauch von Eleganz und zurückhaltender Persönlichkeit ist vorhanden. Zuverlässigkeit *plus* Sicherheit und beherrschter Originalität, so heißt das Ergebnis. Das erste Ensemble schien in seiner Verhaltenheit freundlich; dieses zweite gefällt, indem es sachte einen Schritt weitergeht.

LINKS. Für manche werden harmonisch gestreifte Krawatte und Einstecktuch den Inbegriff rassiger „Klasse" darstellen. Anderen wird der Effekt allzu berechnet erscheinen. Was also ist sonst noch neu?

Obwohl es größerer Phantasie bedarf, um eine Krawatte und ein Einstecktuch mit verschiedenem Muster zu vereinen, zumal wenn auch Hemd und Anzug gemustert sind, kann eine solche Neuerung in der zuverlässigen Aura deplaziert wirken.

Wäre das Einstecktuch innerhalb dieses Ensembles kariert oder ganz phantasievoll bedruckt, würde sich der zuverlässige Eindruck verringern.

Aber: Wäre das Hemd einfarbig statt gestreift, d.h. entfiele jedes Muster aus dem Ensemble und ersetzte man dann das gestreifte Einstecktuch durch ein eher verspieltes, bliebe die zuverlässige Ausstrahlung unverändert.

Das Einstecktuch überhaupt wegzulassen, würde solche Zuverlässigkeit nur noch steigern ... allerdings auf Kosten von Eleganz und persönlichem Ausdruck.

Das Ensemble ist also zuverlässig und elegant, ohne deshalb zu weit zu gehen.

Wie alles im Leben ist es nicht immer einfach, sich anzuziehen, wenn man die Qual der Wahl hat. Aber dafür winkt auch ein Lohn: Man sitzt selbst am Steuer und ist sein eigener Herr. Anzug: John Weitz für Palm Beach. Modell: Pat Hardie.

KAPITEL 9

EHRLICH!

AUS TIEFSTEM HERZEN

Mann kann sich nicht so zur Ehrlichkeit zwingen, wie man sich zu zuverlässigem Verhalten verpflichtet. Zur Zuverlässigkeit gehöhrt entschiedene Willenskraft; sie entspringt einem Pflichtgefühl. Ehrlichkeit aber ist Privatsache, ein eher subjektiver Zug. Zuverlässigkeit wird mit rigoroser Disziplin gleichgesetzt; Ehrlichkeit mit warmem Verständnis. Zuverlässigkeit entstammt dem Hirn. Ehrlichkeit kommt aus dem Herzen.

Für viele ist das Berufsleben ein Schlachtfeld gnadenlosen Konkurrenzkampfs. Vorn liegen ist alles. Wenn man beim Spurt an die Spitze jemanden niedertrampelt oder jemandem in den Rücken fällt, dann gehört das eben dazu, nicht wahr? Wer nicht nach dem großen Sieg strebt, der kennt die erste Regel der Berufskarriere nicht: Kein schneidiger Bursche gibt sich geschlagen.

Manche seltenen Vögel möchten auf der Karriereleiter lieber unten bleiben und ihren Status als schneidige Kerls verwirken. Rücksichtsvoll, wie sie vor allem gegen Untergebene sind, die sie nie durch Machtspielchen erniedrigen wollen, glauben diese Burschen, jedes Unternehmen sei eines von Menschen, und Menschen wären nicht nur Rädchen innerhalb der Maschine. Vielleicht sind es hoffnungslos naive Idealisten, aber niemand wird sie je überzeugen, daß Profit immer der Hauptantrieb ist. Für sie heißt das einzig erstrebenswerte Ziel: Takt und Zurückhaltung.

Gilt die Eigenschaft Ehrlichkeit im Geschäftsleben mehr? Wohl kaum. Sie besitzt jedoch einzigartigen Stellenwert für alle, deren Selbstachtung davon abhängt, offen zu spielen, nach ihrer Einschätzung das sittlich Richtige zu tun und, kitschig wie es vielleicht klingt, „Mensch zu bleiben"; für diese Leute ist es moralisch falsch, andere zu verletzen. In ihrem überschwänglichen Einfühlungsvermögen glauben sie, alles Herzlose, zu dem sie sich hinreißen lassen, sei nur eine Einladung für andere, sie ebenso rüde zu behandeln. Sie erkennen auch, daß jeder Akt der Rücksichtslosigkeit ein Schlag ins Gesicht der Menschheit ist, denn nur durch Zufall kamen wir nicht als jemand anderer zur Welt. Halsabschneiderisches Geschäftsgebaren kapieren diese Leute einfach nicht. Sie haben zuviel Herz.

LINKS. Ehrlichkeit ist ein gefühlsabhängiger Wesenszug, der sich darum weniger in Fakten und Zahlen äußert. Ehrlich wirkende Kleidung ist auch eher subjektiv als objektiv. Hose & Hosenträger: Alan Flusser. Hund: Yoko. Modell: Kevin Gouchee.

LINKS. Ehrlichkeit teilt sich in Kleidung oft unterschwellig mit. Auch ohne nähere Untersuchung läßt sich leicht erkennen, daß diese beiden Ensembles freundlich wirken.

Warum? Beide Male ist der Schnitt klassisch und traditionell. Man muß also nicht entscheiden, ob man sie mag oder nicht, indem man lange hin und her überlegt. Man „akzeptiert" sie, wie sie sind.

Da das linke Sacco außerdem mit einem klassischen Muster der Herrengarderobe geschmückt ist, bietet es keine Herausforderung. Der blasse Pulli mit V-Ausschnitt wirkt „erwärmend".

Beim rechten Ensemble wirkt die lässige Tastfreundlichkeit einladend, während das Rautenmuster des Pullis ebenfalls traditionelle Vertrautheit besitzt und sich darum ohne langes Suchen nach hintergründigen Aussagen verstehen läßt.

Beide Ensembles mit ihren warmen Farben verströmen eine Ehrlichkeit, wie es aggressiv-modischere nicht schaffen. Ensembles: D. Cenci. Modelle: Ron La Russa, Neil Kramer.

Nächste Seite. Dieser lose gewobene Pullover ist so tastbetont, daß er dank seiner „Weichheit" aggressionslos wirkt. Auch die Krawatte besitzt starke Gewebestruktur und läßt auf leichte Zugänglichkeit schließen.

Gleichzeitig verwurzelt das konventionelle gestreifte Hemd das Ensemble im „Männlichen", und das gedeckte, Ton in Ton karierte Sacco verleiht ein wenig Zuverlässigkeit, damit der Gesamteindruck nicht allzu sanft erscheint.

Die dunklen Farben des Karos passen gut zu denen der Krawatte. Wäre das Sacco heller, so sollte es auch die Krawatte sein. Andernfalls fiele sie als einziges dunkles Element zu sehr auf und würde ungute Aufmerksamkeit wecken. Ensemble: Richard Gaines. Modell: Charlie Melite.

Darin, daß Ehrlichkeit von Herzen kommt, liegt der Schlüssel zum ehrlichen Stil! Paradoxerweise widerspricht dieser Stil in vielem dem zuverlässigen, aber verdankt ihm auch eine Menge. Der Schnitt „ehrlicher" Garderobe neigt zum Banalen (wie bei der Zuverlässigkeit), Stoffe und Farben des ehrlichen Stils jedoch vertragen sich kaum mit denen, die Zuverlässigkeit ausstrahlen.

SCHNITT

Berufskleidung ist nicht gerade für sensationelle Vielfalt berühmt, und jedem, der unkonventionell Geschnittenes trägt, wird man nachsagen, er ziehe sich absichtlich so ausgefallen an. Obwohl Ehrlichkeit und Originalität einander nicht ausschließen, kann bei zu großer Originalität der Eindruck von Selbstsicherheit überwältigend sein. Eine Kombination aus unorthodoxen Stoffen, Farben und Formen wirkt dann allzu eigensinnig, um die subjektiv getönte Eigenschaft Ehrlichkeit zu vermitteln. Auf der anderen Seite müssen traditionelle Anzüge ebenfalls von harter Männlichkeit befreit werden.

GEWEBE

Wie wir wissen, haben „gefühlsbetonte" Stoffe tastfreundliche Oberflächen. Und da Ehrlichkeit ein gefühlsbetonter Wesenszug ist, helfen tastfreundliche Gewebe, sie auszustrahlen.

FARBE

Auch gefühlvolle Farben dienen diesem Zweck, aber Vorsicht! Geschäftskleidung muß nämlich immer ein gerüttelt Maß an Zuverlässigkeit bekunden. Ohne solche Seriosität könnte man den Anzug als Freizeitkleidung mißverstehen. Da extreme Gefühlsbetontheit im Geschäftsmilieu unliebsame Labilität andeuten kann, sind große Dosen emotionaler Farben nicht ratsam. Neutrale Farben, vermischt mit freundlicheren, warmen Tönen, sollten vorherrschen, um Ihre ehrliche Berufskleidung zu stabilisieren. Folglich tauchen die warmen Töne meist in Hemd und Krawatte auf, während Anzüge, Saccos und Hosen eher neutral bleiben und nur geringfügige Tupfer von gefühlsbetonten Schattierungen enthalten.

Was das Muster angeht, wirken Karos weniger aufdringlich als Streifen, sind also nützlich, um Ehrlichkeit auszustrahlen.

ERSATZTEILE

Da auf Saccos beruhende Ensembles meist weniger streng sind als ein Anzug, gehört zur ehrlichen Geschäftskleidung oft ein Sacco. Besonders Kord- oder Tweedanzüge fallen leicht in die Kategorie „Ehrlichkeit". Pullis und Pullunder haben ebenfalls einen festen Platz im ehrlichen Stil, weil sie geschickt weiche Farben und Gewebe hinzufügen, ohne die seriöse Unbescholtenheit anderer Kleidungsstücke anzutasten.

ANZÜGE

Ein lohfarbener Anzug wirkt ehrlicher als ein grauer, denn der Ton Lohfarben enthält ein warmes Gelb, während Grau distanzierter ist. Genauso wirkt auch ein brauner Anzug ehrlicher als ein blauer, weil

Oben. Obwohl stilvoll, wirkt der Effekt dieses ehrlichen Ensembles unterkühlt.

Das Sacco besteht aus champagnerfarbenem Kaschmir von üppiger Tastfreundlichkeit. Beachten Sie, wie die Kerbe der Rockaufschläge unten etwas breiter als üblich und auch der Verschlußknopf vergleichsweise tief ist, so daß Hemd und Krawatte stärker ins Blickfeld rücken.

Der Hemdkragen steht weiter auseinander, als man es von Standardhemden gewohnt ist. Um dies auszugleichen, sind die Spitzen des Kragens selbst kürzer als bei herkömmlichen Hemden. Folglich tritt auch der Knoten der „rauhen" Strickkrawatte deutlicher hervor. (Schauen Sie mal, wo die Krawatte endet: knapp über dem Hosenbund; das ist die richtige Länge!)

Auch die noppige Tweedhose vermittelt Ehrlichkeit und weckt größeres optisches Interesse, als wenn der Stoff glatt und einfarbig wäre. Ensemble: D. Cenci. Modell: David Spiewak.

die Erdfarbe mehr Gefühl ausstrahlt. Grundsätzlich vermitteln erdige, neutrale Töne — Beige, Olive, Khaki — ja mehr menschliche Wärme als kühle Graus. Aber oft werden verschiedenfarbige Garne zusammengesponnen, um scheinbar *einen* gediegenen Ton zu erzielen, so daß Grau nicht gleich Grau ist. Wer die Gewebe im vollen Licht studiert, kann oft Fäden entdecken, die nicht sofort auffallen. Das wird Ihnen helfen, die diversen Persönlichkeitsstrukturen scheinbar gleicher Töne zu unterscheiden, denn wir alle lassen uns unterschwellig beeinflussen. Vielleicht nehmen wir diese feinen Unterschiede nicht bewußt wahr, unterbewußt aber sehen wir sie. Wir reagieren auf versteckte Farbcodes, weil sie so schwer zu erspähen sind. Manche Stoffe sind auch so schillernd verwoben, daß man sich ihre genaue Farbgebung gar nicht vorstellen kann. Solche Gewebe wirken an sich weich; die verschwommene Farbmischung verringert den autoritären Eindruck und verleiht dadurch eine gewisse Subjektivität.

Ein bräunlich-gelblicher Flanellanzug, ein brauner Fischgrät-Tweedanzug, ein creme- und schokoladenfarben karierter Anzug — sie alle besitzen dieselbe Ehrlichkeit und doch genug Neutralität, um geschäftlichen Anforderungen zu entsprechen, solange keine strikte Autorität gefragt ist. Wer ehrlich erscheinen will, muß Machtsymbolik opfern. Andererseits kann ein Anzug aber nicht ohne weitere Zutaten jede Eigenschaft vermitteln.

SACCOS

Manchmal können Muster die Tastfreundlichkeit des Stoffes ersetzen. Karos wirken selbst auf glatten Oberflächen dimensional. Darum muß ein „ehrliches" Sacco nicht genoppt oder tweedartig sein. Um den ehrlichen Eindruck zu vertiefen, sollten Sie einen warmen bzw. einen Pastellton hinzunehmen. Obwohl Streifen autoritärer erscheinen als Karos, verströmen auch gestreifte Tweedjacketts Ehrlichkeit, wenn sie entsprechend erdig bzw. warm gefärbt sind. Ein Tuch in der Brusttasche mildert die strenge Männlichkeit des traditionellen Saccos und fördert den ehrlichen Eindruck.

HOSEN

Da die Hosen zum Sacco (und anderen Kleidungsstücken) passen müssen, funktioniert es nur bei bestimmten Arten. Obwohl Mischungen aus mehreren auffallenden Stoffen und Mustern neuerdings weitverbreitet sind, überschreitet diese Technik doch die Maßstäbe des ehrlichen Stils, weil sie zu verwegen und zu wenig vertrauenserweckend wirkt. Für viele Menschen bedeutet starkes Modebewußtsein auch Egozentrik, d.h. so mit sich selbst beschäftigt zu sein, daß für andere kein Platz bleibt. Großes Modebewußtsein verträgt sich also schlecht mit einem ehrlichen Gesamtbild. Darum sind konventionelle, geradegeschnittene Hosen noch das Sicherste. Vielfädiger Flanell ist im Gegensatz zu Serge und Gabardine mit ihrer glatten Oberfläche, die zu hart zum Ehrlichsein wirkt, eine gute Wahl. Wo Lässigeres erlaubt ist, erfüllt auch Kord seinen Zweck. Ist das Sacco jedoch nicht genoppt oder tweedhaft — z.B. ein kamelfarbener Kaschmirblazer, — dann sind weitere Hosen aus rauhen Stoffen noch willkommener. Gedeckte oder helle Töne vermitteln mehr Ehrlichkeit als dunkle, strenge.

HEMDEN

Je förmlicher das Hemd, desto mehr kündet es von kaltschnäuzigen Geschäftspraktiken. Lässiger gestylte Hemden mit Krawatte wirken

UNTEN LINKS. Wie der Verschlußknopf sitzt auch die Kerbe dieser Rockaufschläge höher als bei der Kaschmirjacke. Diese traditionellen Details erhöhen die Konventionalität.

Die blasse Sandfarbe, die deutliche Gewebestruktur und das Karohemd jedoch wirken nicht autoritär. Das Hemd ließe sich sogar mühelos in der Freizeit tragen.

Ähnlich unaufdringlich erscheint die Strickkrawatte. Die abmildernden Details erhöhen den ehrlichen Eindruck. Kleider: Cesarani. Modell: Ron LaRussa.

UNTEN RECHTS. Dieses Ensemble ist zu unkonventionell, um als ehrlich zu gelten, obwohl alle Elemente (außer der Fliege) es an sich könnten. Wenn man Ehrlichkeit ausstrahlen will, liegt das Problem in der Fülle von Mustern, die zu neuartig (obgleich gelungen und geschmackvoll) wirken, um einen Ehrlichkeitstest zu bestehen: daß ein Ensemble eher solide als verwegen aussehen sollte. Ensemble: Cesarani. Modell: Chris Grey.

weniger unnachgiebig, sprechen also auch beredter vom menschlichen Faktor. Da Karos in der Freizeitgarderobe weite Verwendung finden, geben karierte Anzughemden ihren „Geschäftsgeist" auf und vermitteln Ehrlichkeit. Nur nicht zu einem karierten Sacco; dort vermitteln sie Konfusion, wenn die Karos nicht extrem geschickt kombiniert sind. Für gewöhnlich vertragen sich nur ganz ähnlichfarbige Karos, von denen das eine sehr klein, das andere dagegen recht groß ist. Selbst bei perfektester Zusammenstellung erinnern zwei kombinierte Karos eher an das Raffinement des phantasievollen Stils (Kapitel 10) als an Ehrlichkeit.

Streifen vertragen sich leichter — und ehrlicher — mit Karos, *wenn* die Streifen nicht zu autoritär wirken (Pastelltöne dämpfen ja diesen Eindruck) und sich vom Größenverhältnis her nicht beißen. Sehr deutliche Karos und sehr gefühlvolle Streifen bekämpfen sich mit Zähnen und Klauen. Die matten Karos von Tweedsaccos wirken zu klaren Streifen nur desto freundlicher.

Das ehrlichste Hemd überhaupt wäre vielleicht ein rosa baumwollenes zum Zuknöpfen. Die Baumwolle darf dabei nicht gar so flach sein wie feingekämmte Baumwollstoffe. Sie sollte eine schwache Struktur aufweisen, um Ehrlichkeit zu vermitteln. Rosa ist ein freundliche, friedliche Farbe. Kombinieren Sie diesen Stoff und diese Farbe, und Sie haben Ihre Ehrlichkeit. Optimistisches Gelb ist eine andere grundehrliche Farbe.

KRAWATTEN

Strickkrawatten sind interessanter zum Anfassen als seidene, verleihen also auch größere Ehrlichkeit, zumal wenn sie warm gefärbt sind.

OBEN. *Pullunder bereichern die Geschäftskleidung um etwas Tastfreundlich-Herzliches. So geometrisch gemusterte wie dieser passen besonders gut zu noppigem Tweed.*

Obwohl Strickkrawatten meist gefühlsbetonter wirken als seidene, verströmt mitunter auch eine glatte seidene Krawatte Ehrlichkeit. Hier verrät das wiederholte Hundemotiv ein welpenhaft ausgelassenes Wesen.

Krawatten mit bildhaften Aussagen wie diese fallen in die Kategorie „Club-Krawatten", wenn auch meines Wissens kein Club sie je übernommen hat. Ensemble: Jeffrey Banks. Modell: Chris Grey.

Ebenso gewobene Wollkrawatten. Mittelgroße Muster wirken ehrlicher als ganz enge, und das auf allen, sogar auf seidenen Krawatten. Große Muster hingegen scheinen nicht ehrlich, weil sie vor allen anderen Interessen Selbstbezogenheit signalisieren.

PULLIS

Weil Pullis meist sehr tastfreundlich sind und dadurch Gefühlsstärke verraten, erscheinen sie ehrlich. In den letzten Jahren haben so viele Designer einen bestimmten Pullistil als Westenersatz gefördert, daß er zu einem Meilenstein ehrlicher Garderobe wurde. Dieser Stil nennt sich „Fair Isle", in bunten, geometrischen Mustern gewoben. Obwohl Fair-Isle-Pullis auch langärmelig mit V- und Rundausschnitten zu haben sind, sieht man sie meist als Pullunder, was ihnen die besondere Eignung zur Geschäftskleidung verleiht: Sie passen besser unter Anzüge und Saccos als langärmelige Pullover. Mit anderen Mustern und Geweben, vor allem Tweed, bei dem es fast natürlich geht, lassen sich Fair-Isle-Pullis leicht kombinieren. Als Weste angelegt, läßt der Fair-Isle-Stil sogar einen deutlichen Blick auf Hemd und Krawatte zu.

Daß Fair-Isle-Pullis so tief in der Ehrlichkeit wurzeln, besagt nicht, daß andere Pullis dies nicht könnten. Natürlich. Fast alle. Nur geht es bei den Fair-Isles leicht und ohne Umstände. Doch selbst sie vertragen sich nicht mit starken Karomustern. Kräftige Farbflächen sind die einzige Alternative. Stellen Sie sich vorn auf einem Pulli ein großes gemaltes Kreuz vor, das den Stoff in vier unterschiedlich gefärbte Felder aufteilt, so daß vier Farbblöcke entstehen. Wenn das Sacco nicht sehr groß kariert ist, läßt sich ein in Farbflächen aufgeteilter Pulli bestens damit kombinieren, vorausgesetzt die Farben sind *simpatico*.

FUSSBEKLEIDUNG

Schuhe verraten mehr über den Charakter, als viele Leute wahrhaben wollen. Wildlederne z.B. sind tastfreundlicher als glatte Leder, also auch die ansprechenderen. Perforierte und bestickt zurechtgetrimmte Schuhe, wie man es vom klassischen Golfschuh mit seinen „geflügel-

LINKS. *Wegen ihrer rauhen Oberfläche und der dekorativen Ausgestaltung ihrer Spitze sind diese Wildlederschuhe eine gute Wahl, um Ehrlichkeit zu vermitteln.*

Statt der gängigeren einfarbigen Strümpfe erscheinen hier solche mit sich überschneidenden Linien, die ein Rautenmuster bilden.

So schlagen die Strümpfe eine Brücke zwischen Schuhen und Tweedhose, weil beide farblich zwischen diesen Tönen liegen.

RECHTS. *Klassisch gestylte Polomäntel gelten immer als angemessene Geschäftskleidung, und sie haben den Extra-Vorteil, daß sie Wärme nicht nur spenden, sondern auch ausstrahlen. Kamelhaar ist eine hervorragend dafür geeignete Farbe.*

Auch ein blaß karierter Schal eignet sich dazu besser als ein strenger, dunkler.

Bei Hüten sind die helleren Töne den autoritär-dunklen vorzuziehen. Allerdings gelten sie, zumal während der Wintermonate, als zu wenig geschäftsmäßig, weshalb ein mitteldunkler Hut einen guten Kompromiß zwischen Zuverlässigkeit und Ehrlichkeit darstellt.

Für Berufszwecke sollte die Krempe immer heruntergezogen sein, weil man aufgeklappte entweder als komisch oder als sportlich, jedenfalls nicht als seriös versteht.

Der Hut sollte auch nicht zu schmal zulaufen, wenn man keinen vor Eigenliebe angeschwollen Kopf suggerieren möchte.

Die eingedrückte Falte oben gilt als gentlemanlike. Mantel: Hart Schaffner & Marx. Hut: Screaming Mimi's. Krawatte: Cacharel. Modell: Michael Principe.

ten“ Zehenkappen kennt, verströmen mehr Gefühl als Spaß-beiseite-Halbschuhe ohne Aufnäher. Rostbraune Wildlederschuhe mit Kappen strahlen viel Ehrlichkeit aus. Das gilt im Grunde auch für glattlederne. Die Kappe kann durchaus nur durch eine Perforierung angedeutet und nicht als Extrastück aufgesetzt sein.

Viel zu sagen haben auch die Strümpfe. Schwarze, dunkelblaue und braune Socken verraten konventionelle Strenge. Socken in ausgefallenen Tönen wispern leise, wenn die Farben gedämpft, und schreien, wenn die Farben grell sind. Knallrote Socken sind wegen des „Knalls“ eben nicht gerade gefühlsbetont. Blaß rostrote hingegen schon, denn sie wirken subtil genug, um liebevoll und aggressionslos zu erscheinen.

Grundsätzlich sollte man Schuhe und Strümpfe als harmonisches Duo betrachten. Sind die Schuhe dunkel, dann sind auch dunkle Socken vorzuziehen. Sind die Schuhe blaß, dann auch blasse Socken. Gedecktes geht mit Gedecktem einher.

Obwohl auch im Geschäftsleben ein gewisser Farbkontrast statthaft und unvermeidlich ist, sollten Schuhe und Strümpfe nicht stark vom Ton des dazugehörigen Anzugs abweichen. Da blasse und gedeckte Schattierungen am gefühlsvollsten wirken, ist es sicher sinnvoll, sich auch an gedeckte Fußbekleidung zu halten, die man mit glücklichem Effekt zu blassen oder gedeckten Hosen, ja selbst zu dunklen tragen kann, falls dunkle Hosen zum Ensemble gehören. Gedecktes Schuh-

werk nimmt dunklen Hosen sogar einiges von ihrer Strenge. Im letztgenannten Beispiel sollten die Strümpfe Hose und Schuhe „überbrükken", — blasser sein als die Hose, aber dunkler als die Schuhe.

ÜBERBEKLEIDUNG

Kamelhaar, ob das echte, luxuriöse oder eine Imitation, verströmt dank seiner Flauschigkeit Wärme: für den Körper und für die Augen. Und weil es auch eine warme Farbe hat, kann es nicht wundern, daß ein Polomantel aus Kamelhaar — ein recht weites Kleidungsstück mit vollem Gürtel oder Halbgürtel über den Rücken, meist mit weiten, überdeckten Taschen — in puncto Ehrlichkeit so hoch rangiert.

ACCESSOIRES

Gold als das wärmere Metall vermittelt mehr Ehrlichkeit als Silber. Falsche Juwelen wären nur protzig. Und da der ehrliche Stil so reich an Gewebestrukturen ist, braucht er wenig Beistand von seiten des Accessoires, um sich bemerkbar zu machen.

FAIR PLAY

Bisher haben wir Geschäftskleidung nur in Gestalt von förmlicher Garderobe besprochen, Natürlich erfordern viele Berufe keine so starre Montur. Manche Gebiete, darunter Werbebranche und Presse, ge-

OBEN (BEIDE). Diese zwei Ensembles entsprechen stark unterschiedlichen Stilen, und doch beweist die gleiche Hose — eine lohfarbene aus besonders stark geripptem Kord — daß ein und dasselbe Kleidungsstück vom Geschäfts- in den Freizeitbereich überwechseln kann.

Natürlich wechseln ehrliche Stücke wegen ihrer relativ geringen Förmlichkeit eher das Lager als Kleider, die kaltschnäuzig ans Berufsleben erinnern.

Würde jemand versuchen, z.B. eine Nadelstreifenhose mit einer Strickweste zu kombinieren, so entginge nur wenigen Betrachtern, daß diese Hose aus einem Anzug ausgeliehen wurde.

Hier dagegen scheint die Hose sowohl in förmlicher wie in nicht so förmlicher Version gleichermaßen angebracht. Hose & Strickjacke: Ermenegildo Zegna. Sacco & Krawatte: D. Cenci. Modell Carter Collins.

statten große Freiräume. Heute darf der Angestellte lässige Kleidung tragen, morgen förmliche. Wenn Sie in einem so flexiblen Milieu arbeiten, dann modifizieren Sie die Richtlinien. Man kann z.B. deutliche Ähnlichkeiten zwischen der ehrlichen Berufs- und der netten Freizeitgarderobe erkennen. Beide benutzen Tastfreundlichkeit, um Aggressivität auszuschalten. Und beide bauen, wenn der ehrliche Stil auch mehr, auf emotionale Farben. Man kann also mühelos die einfache Garderobe abwandeln, um im Beruf ehrlichen Eindruck zu machen, indem man schlicht wärmer „umfärbt". In seiner Freizeit etwa will man mit dem Flanellhemd zur Kordhose Freundlichkeit vermitteln. Dieselbe Kordhose, zu einem Tweedsacco getragen, wird im beruflichen Umfeld durchaus Ehrlichkeit ausstrahlen. Besitzt sie noch einen warmen Bronzeton, dann wird sie sogar noch ehrlicher (subjektiver) erscheinen als ein ähnliches, stahlblau gefärbtes Paar.

Um die Reihenfolge umzukehren: Dasselbe sandbraune Tweedsacco, im Geschäft zur Vermittlung von Ehrlichkeit mit kohlebraunen, weiten Hosen getragen, läßt sich mit Chinohosen und einem mäßig karierten Sporthemd kombinieren, um während der Freizeit einen leicht eleganten Eindruck abzugeben.

Genau bedacht, sind alle Kleidungsstücke außer Anzugjacketts grenzüberschreitend. Sie sollten sich stets überlegen, wie Sie Teile aus beiden Bereichen vermischen können. Solche Doppelnutzung steigert Ihre Wandlungsfähigkeit. Bei ein wenig Phantasie werden Sie mit Vergnügen erkennen, wie oft Spiel- zu Arbeitshosen werden können und umgekehrt. Obwohl einzelne Stücke ihre eigenen Assoziationen wecken, ändern diese sich doch, sobald sich die Teile zu neuen Kombinationen vereinen. Nichts ist so dauerhaft wie der Wandel. Verändern Sie sich ständig und mit Lust.

UNTEN (BEIDE). Wie aufden Bildern gegenüber haben wir hier zwei unterschiedlich gestimmte Ensembles, obwohl beide Male das gleiche Kleidungsstück, ein rostrot-braunes Tweedsacco, auftaucht.

Das Ensemble mit den Kord-und-Köper-Reithosen entspricht dem erdigen Gutsherren-Look.

Auch das Ensemble mit Krawatte ließe sich im Freizeitmilieu erdig nennen. Zu Geschäftszwecken getragen, ist es ehrlich.

In der Regel kann man Tweedsaccos vielfältig einsetzen; Reithosen dagegen nicht. Einleuchtend, daß sie nie zu einer geschäftlichen Erscheinung passen würden. Beide Ensembles: Robert Stock. Modell: Pat Hardie.

KAPITEL 10

PHANTASIEVOLL!

LINKS. Phantasievoller Stil beruht auf neuartiger Kleidung, die sich vielleicht manchmal nicht sofort als Berufsgarderobe erkennen läßt. Da eine Krawatte grundsätzlich für Geschäftsmäßigkeit steht, kann eine ungewöhnliche — oder fehlende — beim Bekunden von Phantasie ein Standardelement sein.

FACETTEN

Ein Mensch kann zuverlässig sein, ehrlich ... und vertrottelt.

Ein Mensch kann klug, einsichtig, kühn und brilliant, aber keineswegs zuverlässig oder ehrlich sein.

Wenn Sie jemanden einstellen müßten, welche Eigenschaften würden Sie dann am höchsten bewerten: Zuverlässigkeit, Ehrlichkeit oder Phantasie? Käme auf den zu vergebenden Job an, nicht?

Die meisten „Sich erfolgreich Anziehen"-Führer vergessen, sich mit der unabänderlichen Tatsache anzufreunden, daß jede berufliche Stellung etwas eigenes und kein Mensch wie der andere ist. Man hört z.B. oft die alte Leier, daß man sich zum Erfolghaben so anziehen sollte wie derjenige, der die Stellung vergibt. Wer also einen Posten im Personalbereich sucht und vom Personalmanager ins Gebet genommen wird, dem könnte diese Taktik Glück bringen. Findet das Gespräch aber im Kunstmilieu statt, wird es vielleicht eine Pleite. Manchmal nimmt man auch nichtvorhandene Posten zum Vorwand, damit sich der Interviewer ein Bild über den Bewerber machen kann. Dann ist es sogar unmöglich, sich nach einer anderen Spruchweisheit zu kleiden — weil einem der Posten, für den man eingestuft wird, ein Rätsel bleibt. Sollten Sie sich extrem konservativ kleiden (noch so ein Standardratschlag für Bewerbungsgespräche), so dürfte man Sie nur für solche Posten schätzen, wo Konservativität wünschenswert erscheint. Und Sie könnten sich eine Position entgehen lassen, in der zügellose Phantasie als oberstes Gebot gilt.

Es mag ja bilderstürmerisch klingen, aber setzen Sie doch bei einem Bewerbungsgespräch Ihre Kleidung ein, um durch sie Ihre stärksten Seiten hervorzukehren. Dann nämlich präsentieren Sie sich ehrlich

LINKS. Ein phantasievoller Eindruck läßt sich mehrfach erreichen, obwohl die Grundtaktik immer darin besteht, das Auge des unvorbereiteten Beobachters auf sich zu ziehen.

Hier sind die Komponenten zwar nicht einzigartig, aber ihre Zusammenstellung ist originell phantasievoll. Sämtliche Muster wirken in sich dynamisch; zusammen verströmen sie kraftvolle Hochspannung.

Betrachten Sie zuerst das Fischgrätmuster des Saccos. Dieselbe Vor-Zurück-Bewegung findet sich verkleinert auf der gestreiften Krawatte, wo die dunklen Bahnen Ruhe nach der Hektik gewähren.

Das äußerst kleinkarierte Hemd erschiene fast einfarbig, herrschte hier nicht größere dimensionale Bewegung als in ungemusterten Stoffen.

Warum wirkt diese Kombination hübsch phantasievoll und nicht überspannt? Wegen der dynamischen Größenordnung der Muster.

Das Hemd setzt mit sehr begrenzter Aktivität ein. Dann kommt die mittlere Größe des Fischgrätmusters — klar erkennbar zwar, doch nicht aufdringlich. Das größte Muster bilden die Streifen der Krawatte, aber selbst da entsteht durch die Webart ein kleineres, welches Hemd und Krawatte entspricht.

Das Ensemble ist durchkonzipiert, und nicht jeder besitzt die Gabe, so sorgfältige Koordination auszustrahlen. Darum wirkt das Ensemble phantasievoll: Es ist individuell und geschickt kombiniert. Kleider: Dimitri. Modell: Dan Cahill.

und unverhohlen. Für einige Posten wird man Sie zwar ablehnen, aber Sie vergrößern damit Ihre Chance, eine Ihnen entsprechende Arbeit zu finden, also auch, zufriedener zu sein, weil Sie nicht dauernd Ihre wahre Natur unterdrücken müssen. Ein falsches Ich vorzutäuschen — etwa, wie gefälschte Zeugnisse vorzuweisen — könnte Sie in heikle Situationen bringen, die nicht zum Lachen sind.

Natürlich trägt man Berufskleidung nicht nur bei der Bewerbung. In vielen Fällen kann man seine Stellung einbüßen, wenn man nicht dauernd geschäftsmäßig gekleidet erscheint. Doch das Prinzip bleibt gleich: Wer in seiner Garderobe seine besten Seiten herausstellen will, der wird froher und demnach von grundauf zufriedener sein als der, der eine falsche Fassade vorspiegelt.

INNERE REGUNGEN

Der phantasievoll genannte Stil ist unter der Geschäftskleidung der komplexeste, denn Phantasie ist eine Kombination mehrerer Wesenszüge in veränderlichen, ungleichen Proportionen. Intelligenz gilt als

Voraussetzung. Ebenso eine gewisse Unorthodoxie und Kreativität. Wer Phantasie hat, ist einfallsreich, sucht neue Lösungen für alte Probleme und denkt vorurteilsfrei, von Traditionen ungehemmt. Auch wenn er nicht unbedingt ein Führertyp sein muß. Er folgt der eigenen Trommel und weigert sich, sein Tempo dem einer Gruppe anzupassen. Er kann Ehrfurcht, Scheu, Gehorsam, Neid, Mißtrauen und Feindseligkeit wecken. Sein Selbstvertrauen läßt sich als Überlegenheit bejubeln oder als Wichtigtuerei verabscheuen; man kann in ihm einen Wirbelwind oder einen Naseweis sehen, selten aber einen stumpfsinnigen Trottel.

Genau genommen ist der phantasievolle Stil mehr als eine Art, sich anzuziehen, mehr schon eine Mischung aus verschiedenen, ungewöhnlichen Ansätzen, die meist dieselben Reaktionen wachruft. Überraschung ist das einzige, womit man dabei rechnen darf. Der Reiz liegt im Schillernden und in der Tatsache, daß nicht jedermann versteht, so raffinierte Kombinationen zusammenzustellen.

RECHTS. Ästhetik ist keine exakte Wissenschaft. Was heute als optisch ansprechend gilt, kann man morgen für völlig reizlos halten. Das trifft bei Herrengarderobe besonders auf die Ästhetik der Farbmischung zu. Meist versucht man eher, verschiedene Muster gefällig zusammenzuführen, als sie ungeordnet in einen Topf zu werfen.

Diese drei deutlichen Muster spielen zusammen, weil sie sich, obwohl nicht gleich erkennbar, entfernt ähneln und daher einpassen.

Wenn das Sacco zunächst auch senkrecht gestreift scheint, hat es doch genug Horizontalbewegung im Gewebe, um ein ganz zartes Karo anzudeuten.

Die unterschiedliche Breite der Streifen wirkt dabei fast zufällig, und doch tauchen die blassesten in regelmäßigen Abständen immer wieder auf.

Obwohl dem Namen nach ein Karo, liegt der Akzent des Hemdes auf senkrechten Linien, deren Anordnung die Stimmung des Saccos wiederholt.

Die gewellten „Streifen" auf der Krawatte greifen das gleiche Motiv auf.

Statt einen buntgescheckten Wirrwarr zu bilden, formen sich diese Muster zu einem einzigen Zweck: einem höchst reizvollen zusammenhängenden Ganzen. Jacke: Tiger of Sweden. Krawatte: Giorgio Armani. Hemd: Henry Grethel. Modell Lou LaRusso.

GEGEN-TEILE

Definieren wir den phantasievollen Stil zunächst durch sein Gegenteil. Er ist, wie gesagt, unerwartet, aber nicht exotisch, denn keine Geschäftskleidung kann sich je erlauben, über die Stränge zu schlagen. Er folgt allein den Regeln des guten Geschmacks — und das ist ein weniger präzises Gebiet.

Vielleicht beschreibt man den phantasievollen Stil am besten dadurch, daß er immer neu, aber nicht völlig radikal erscheint. Wir befinden uns ja stets im Berufsmilieu. Die Kleidung muß neu *und* geschmackvoll wirken. Ziehen Sie sich phantasievoll an, dann auch immer „gepflegt". Womöglich werden einige Leute Ihnen vorwerfen, Sie seien ein Dandy, aber auffallen werden Sie. Genau das ist ja auch der springende Punkt — aufzufallen, sich abzuheben, zu beweisen, daß man ein findiger, freier Geist ist.

Noch ein Gegenteil: Der phantasievolle Stil ist keineswegs hölzern. Wer fliegen will, muß seine Flügel testen.

AB IN DIE LÜFTE

Weil phantasievolle Garderobe irgendwie neu und geschmackvoll wirken muß, kauft man sich besser untraditionelle, aber keine modischen Stücke. Nehmen wir zum leichteren Verständnis doch ein Beispiel aus der Damenmode.

In den Sechzigern waren Miniröcke zuerst modisch, dann alltäglich und schließlich unmodern — die typische Entwicklung jedes populären Kleidungsstücks. Wer später im Minirock erschien, wirkte verstaubt und keineswegs rassig oder taktvoll. Folglich schien eine solche Frau nicht mehr geschmackvoll, sondern läppisch angezogen. Sie hinkte eben der Zeit hinterher.

Bleiben wir noch bei diesem Beispiel. Nehmen wir an, auf der Höhe der Minirocktollheit hätte eine Frau einen Rock gekauft, der damals sehr ungewöhnlich war — einen, der knapp überm Knie aufhörte und ganz einzigartig aus handgewobenem Tweed gemacht war. Ein sehr schöner Rock, wenn sie ihn anhatte, und war er auch nicht modern — sie wirkte geschmackvoll und „neu". Als der Mini- dem kurzlebigen Maxirock-Trend unterlag, erschien diese Frau selbst Leuten schön, die weder sie noch ihren Tweedrock je gesehen hatten, — schön, weil geschmackvoll, obwohl nicht unbedingt modisch. Auch heute wirken sie und ihr Rock auf Fremde noch „neu" und geschmackvoll — anders ausgedrückt: phantasievoll!

Wäre dieser Rock dagegen ein Stangenprodukt und hochbeliebt bei allen Frauen weit und breit gewesen, dann hätte das Drehbuch anders ausfallen müssen. Man hätte den Rock und seine Trägerin nämlich anders betrachtet und eingestuft.

Da wir nie auf Anhieb wissen, ob sich ein Trend wirklich durchsetzt, ist modische Garderobe stets eine brenzlige Sache: Sollte sie breitesten Anklang finden, dann wird sie eines Tages nicht mehr als neu gelten können. Ausgefallenes dagegen behält den Reiz des Neuen, solange nicht viele Menschen es tragen.

Natürlich gibt es dabei einen Haken. Wer nicht gerade ein Modejünger ist, wird das Einzigartige schwer vom rein Exotischen unterscheiden können. Andernfalls wirkt das, was heute ungewöhnlich erscheint, morgen vielleicht modisch, nächstes Jahr sehr beliebt und im übernächsten *out*. Wer sich dagegen einer aufkommenden Richtung früh anschließt, der sieht länger phantasievoll aus als jemand, der erst

GEGENÜBER. In den letzten Jahren setzten die Designer immer mehr ungewöhnliche Muster ein. Bei der Zusammenstellung einer Kollektion wird viel Zeit darauf verwandt, die passenden Stoffe zur völligen Abrundung auszusuchen.

Dieses Ensemble platzt vor Mustern. Manche werden das Ergebnis begeisternd, andere es völlig unverständlich finden. Das ist bei stark stilisierter Kleidung immer die Gefahr.

Wer sich auf diesen abenteuerlichen Pfad begeben will, wird sich anfangs leichter tun, wenn er zu einem fertig kombinierten Ensemble greift, statt daß er versucht, mehrere Muster aus verschiedenen Quellen zusammenzubasteln.

Mit etwas Zeit und Konzentration lernt man den Trick der Koordination von Mustern, wenn man den Meistern dabei zuschaut. Ensemble: Nino Cerruti. Modell: Brian Terrell.

OBEN. Obwohl sich dieses Sacco mit wattierten Schultern gut zu anderen Mustern tragen ließe, beanspruchen doch die starken Streifen schon zuviel Aufmerksamkeit, zumal mit einem Pulli statt, wie üblicher, mit Hemd und Krawatte, und dann noch zu dieser unkonventionellen, seitlich mit Leder gesäumten Hose.

Die Kollegen werden einen Mann in solch individualistischer Garderobe vielleicht nicht anerkennen, aber keiner kann dem Ensemble die Phantasie absprechen. Kleider: Andrew Fezza. Modell: Charlie Melite. Frisur: Kent Rulon.

am Zenit der volkstümlichen Beliebtheit anbeißt ... wenn sich Banalität breitmacht. Vielleicht geht die Mehrheit auch nie auf solch atypische Kleidung ein. Je atypischer die von Ihnen gekauften Sachen, desto atypischer dürfen über viele Jahre hin Sie selbst erscheinen. Das heißt natürlich auch, daß Sie sich über längere Zeit das Mißfallen einiger Menschen einhandeln können. Wägen Sie Vor- und Nachteile ab. Manchmal gelangen Sie vielleicht zu dem Befund, daß es sich nicht lohnt, Phantasie zu bekunden. Dann wieder werden Sie es auf die Spitze treiben wollen. Sie sind nicht immer Herr Ihres Geschicks, aber die Kunst, sich durch Kleidung bewußt und vernehmlich auszudrücken, die liegt ganz in Ihren Händen.

EFFEKTENHANDEL

Wer sich weigert, Kleider zu tragen, die stark an ein bestimmtes Geschäftsgebaren erinnern, wird im Beruf sicherlich unkonventionell erscheinen. Oft wirken Krawatten bemerkenswert, wenn sie fehlen. Eine Wolljacke anstelle eines Jacketts oder Saccos ist eine Überraschung, denn je mehr lässige Elemente den Anzug ersetzen, desto unkonventioneller der Eindruck. Phantasie ist aber nicht nur eine Sache des Sich-lässig-Anziehens — sie steht starkem Traditionalismus diametral gegenüber. Das läßt sich auf mehrerlei Weise erreichen.

SCHNITT

Wie schon bemerkt, werden Sie immer bewußt ungewöhnlich gekleidet wirken, sobald Sie unkonventionelle Schnitte tragen. Im amerikanischen Geschäftsmilieu gilt der Anzug mit „natürlicher" Schulter von jeher als angemessener Standard. So erscheint *jeder* andere Stil zwangsläufig unkonventionell. Ein breitschultriges, tailliertes Sacco zum Bei-

OBEN. Wo Anzüge und Saccos zwar kein Muß, aber ganz gängig sind, wird eine Strickjacke mit Krawatte, zumal wenn die Jacke an sich schon eine Neuheit darstellt, als phantasievoll gelten.

Diese hier ist graphisch ein Volltreffer und würde das auch mit traditionellem Hemd plus Krawatte bleiben. Um hier jedoch noch weiter zu gehen, haben wir ein weiches Stoffhemd und eine modisch schmale Krawatte mit Rauten, die etwa ebenso groß sind wie die Karos der Strickjacke gewählt.

Wegen der warmen, strukturierten Gewebe und weil in Schlips und Jacke verschiedene, aber verträgliche Farben eingesetzt wurden, wirkt das Resultat viel geschliffener — und phantasievoller —, als wenn sämtliche Farben harmonierten.

Von Kleidungsstück zu Kleidungsstück genau die gleichen Farben und Gewebe zu kombinieren, kann eher ein schlichtes Malen-nach-Zahlen-Gemüt suggerieren als raffinierte Geschicklichkeit. Strickjacke: Missoni. Krawatte: Vicky Davis. Hemd: Giorgio Armani. Modell: Michael Principe.

spiel wird im Vergleich zur „natürlichen Schulter" immer noch ausgefallen wirken, obwohl es nicht gerade sehr exaltiert ist. Noch ungewöhnlicher im Geschäftsmilieu sind Saccos mit sehr übertriebenen, wattierten Schultern und fülligen Körperproportionen, die eher an Überbekleidung (wie man sie sich konventionell vorstellt) erinnert als an „Geschäftsklamotten". Genauso wird, da die traditionelle Anzughose gerade geschnitten ist, jeder andere Schnitt untraditionell aussehen — Hosen, die an den Schenkeln sehr geräumig sind und zu schmalen Beinen auslaufen, sogar *sehr* unkonventionell.

Während ein Mann im traditionellen Anzug oft wirkt, als hätte er sich seine Kleidung nicht genau überlegt, verrät unkonventionell geschnittene Garderobe immer sorgfältigen Vorbedacht. Je mehr die Geschäftskleidung im Schnitt vom Konventionellen abweicht, desto deutlicher der Eindruck, diese Abweichung sei keineswegs zufällig, und daß der Entschluß, sich so zu kleiden, auf großer Überlegung beruhe. Ein Geschäftsmann in extrem unkonventionell geschnittenen Sachen schwimmt bewußt gegen den Strom. Seine offenkundige Selbstsicherheit ist ein Weg, Phantasie an den Tag zu legen.

Unkonventionelle Schnitte lassen sich jedoch selten so nach den Regeln von Harmonie und Symmetrie kombinieren, wie wir es im Kapitel „Zuverlässig" skizzierten. Falls z.B. ein avangardistisches Sacco an den Aufschlägen eine spezielle Behandlung aufweist, die eher an eine Raute als an den üblichen V-Einschnitt erinnert, kann man nicht davon ausgehen, daß die Krawatte an Breite der weitesten Stelle des Aufschlags entsprechen sollte. Höchstwahrscheinlich sähe sie dann viel zu

RECHTS. Dieses Sacco ist in mehrerlei Hinsicht atypisch. Am auffälligsten dabei wirkt das dynamische Muster, das die optische Täuschung einer fortdauernden Bewegung erzeugt.

Mag das Auge diesen Umstand auch übersehen, so sitzt die Ecke des Rockaufschlags doch tiefer auf der Brust als bei Anzügen mit natürlichen Schulter (für die dieser nicht steht), und der taillennahe Knopf verlängert den Ausschnitt zwischen den beiden Aufschlägen.

Die Schulter wurde bewußter zurechtgeschneidert und wattiert als bei traditionellen Saccos, die Ärmel sitzen höher und der „Rockschoß" ist etwas mehr auf Taille geschnitten.

Obwohl der Betrachter den Grund kaum wird nennen können, nimmt er diese Unterschiede unterbewußt doch wahr und wird einem solchen Sacco mehr Aufmerksamkeit widmen als einem herkömmlichen. Diese erhöhte Aufmerksamkeit rückt auch die Lederhose schärfer ins Blickfeld.

Der Pulliausschnitt legt den kleinen Krawattenknoten frei. Zu diesen markant geschnittenen Aufschlägen paßt der schmale Schlips zwar, aber wohl nicht zu einem zuverlässigen Sacco mit höhersitzender Aufschlagkerbe. Ensemble: Giorgio Armani. Modell: Eigil Dag Vesti.

breit aus, weil sie das Hemd darunter „erdrückte". Genausowenig ließe sich die zuverlässige Regel anwenden, daß der Hemdkragen immer etwas kürzer sein sollte als die breiteste Stelle des Rockaufschlags: Bei einem Avantgarde-Sacco muß der Kragen relativ kurz und die Krawatte relativ schmal sein. Um die Sache noch zu verkomplizieren, dürfen Kragen und Binder sowieso nichts Konventionelles haben, denn zu dem höchst unkonventionellen Geist des Saccos sähen sie absolut deplaziert aus.

Obwohl unkonventionelle Schnitte eine phantasievolle Aura bestens fördern, stellen sie logistische Probleme. Da hier die Faustregeln versagen, müssen Sie auf Ihren Instinkt vertrauen, um die korrekten Proportionen der einzelnen Teile festzusetzen. Ist Ihr Instinkt gut, dann toll! Wenn nicht, dann könnte das Resultat weniger toll ausfallen. Aber zum Trost: Da konventionelle Geschmacksrichtlinien hier aushaken, kann Ihnen niemand eine Verfehlung nachweisen, wenn Sie atypische Schnitte arrangieren. Auf unbetretenen Pfaden gibt es keine Wanderkarten.

Atypische Schnitte haben einen Vorteil: Man braucht kaum nachzuhelfen, um Phantasie für sich zu verbuchen. Ungewöhnlich geschnittene Kleider können in Grundfarben gehalten und aus glatten, ungemusterten Geweben sein, ohne etwas an Phantasiereichtum zu verlieren. Bei traditionellen Schnitten hingegen müssen entweder Stoff, Farbe oder Muster ausgefallen sein, wenn Sie sich auf einen phantasievollen Eindruck verlegen wollen.

GEWEBE

Welche Rolle das Gewebe beim phantasievollen Eindruck spielt, hängt vom Charakter des Ensembles ab. Sind traditionell geschnittene Kleider neuartig gemustert oder gefärbt, so verströmen sie ein gewisses Maß an Phantasie, obwohl ihre Gewebe ganz standardgemäß glatt sind. Traditionell geschnittene Kleidung in traditionellen Farben und Mustern jedoch ist auf den Stoff angewiesen, um Phantasie auszustrahlen. Zumindest *ein* atypisches Gewebe wird dann erforderlich. Meist ist ein Ensemble aus mehreren tastfreundlichen Stoffen phantasievoller als eines aus glatten, *falls* Farben, Schnitt und Muster der Teile übereinstimmen. Untraditionell geschnittene und gefärbte Sachen aus weichen Stoffen aber wirken phantasievoller als traditionell geschnittene und gefärbte aus weichen Stoffen. Kein Gewebe also ist automatisch mehr oder weniger phantasievoll als ein anderes. Letztlich neigen starke Fasern, obwohl sie hier kein Muß darstellen, doch dazu, Ihnen beim Verbreiten von Phantasie einen Vorsprung zu sichern.

FARBE

Vielleicht haben Sie jetzt schon bemerkt, daß der phantasievolle Stil dem erdigen und dem raffinierten hier und da ähnelt. Auch diese sind höchst individualistisch und setzen Farbe oft kühn ein. Rekapitulieren Sie die dortigen Farbprinzipien, um sie auf den phantasievollen Stil zu übertragen. Bedenken Sie aber, da wir über Geschäftskleidung sprechen, daß in der Freizeit farbliche Neuerungen statthafter sind. Stark gefühlsbetonte Töne vertragen sich nicht mit einem Anzug; wenn man sie daher überhaupt einsetzt, ist es ratsam, andere Bestandteile, z.B. Krawatten, Einstecktücher oder Pullunder, ein wenig abzuschwächen.

Obwohl ungewöhnliche Schnitte keine ausgefallenen Farben brauchen, um phantasievoll zu bleiben, besteht Phantasiereichtum aus ausgefallenen Farben zu ungewöhnlichen Schnitten und Stoffen.

RECHTS. Vielen wird dieses Ensemble avantgardistisch vorkommen, so alt es nun auch schon ist, — Beweis, daß der Kauf origineller Kleidung, die außerhalb des Trends liegt, noch über Jahre ein originelles Aussehen gewährleisten kann. Beobachter, die nichts mit der Modeindustrie zu tun haben, erkennen die saisonbedingten Wandlungen innerhalb der zukunftsweisenden Mode selten und halten alles Unkonventionelle, aber ästhetisch Ansprechende, für phantasievoll „neu".

Beachten Sie die ungewöhnlichen Aufschläge. Weil sie ohne jeden Einschnitt spitz nach außen zulaufen, ergäben sie, aneinandergelegt, eine Raute. Nur eine sehr kleine Auswahl solcher Anzüge wird jährlich hergestellt. Viele Geschäfte bieten sie nie an, so daß wenige Leute sie überhaupt kennen.

Ein Mann, der solche Aufschläge trägt, wird unweigerlich auffallen und gemustert, jedoch kaum ausgemustert werden.

Manche Männer, die mit diesem Stil nicht vertraut sind, könnten zu diesem Anzug aber so herkömmliche Accessoires tragen, daß sie von dessen Ästhetik ablenken. Das richtige Hemd und die richtige Krawatte — richtig „im Sinne des Erfinders" — haben besonders proppere Dimensionen. So besitzt etwa der Kragen ziemlich kurze Ecken, und die Strickkrawatte neigt zum Schmalen.

Trotz der neuartigen Rockaufschläge bekundet sich Neuartigkeit aber auch in der körpernahen, relativ kurzen Jacke mit ihren breiteren Schultern.

Der Stoff ist ungewöhnlich — eine extrem tastfreundliche Chenille.

Und die aus diversen Garnen gemischte Farbe ist ein ausgefallener Ton zwischen Stahlblau und Laubgrün.

Bei so deutlicher Neuartigkeit wirkt dieses Ensemble in der Tat phantasievoll. Ensemble: Jhane Barnes. Modell: Stuart Carberry.

MUSTER

Da der phantasievolle Stil eine Reihe überraschender Erscheinungsformen einbegreift, lassen sich Muster mehrfach verwenden ... oder gar nicht. Ein gediegenes entenblaues Sacco, stahlgraue Hosen, ein lavendelfarbenes Hemd und eine Indigokrawatte bilden ohne jede Spur von Muster ein phantasievolles Ensemble. Ziehen Sie nun ein entenblau, zinngrau und malvenfarben gestreiftes Sacco an, ohne sonst etwas zu verändern, bleibt das Ensemble weiterhin phantasievoll — *nicht* wegen der Streifen, sondern wegen der farblichen Ergänzungen insgesamt. Muster können dem phantasievollen Eindruck zwar nachhelfen, doch erst, wenn Schnitt, Stoff und Farbe konventionell sind, werden sie unerläßlich. Dann nämlich können Muster einen Hauch von Phantasie einbringen.

Obwohl sie also nicht nötig sind und sich der phantasievolle Stil auch ohne ihren Beistand erreichen läßt, ist doch die Vermischung einzelner Muster ein sicherer Weg, Phantasie zu bekunden. Muster in Einklang mit Mustern erscheinen hier regulärer als in anderer Berufsgarderobe. Damit die Muster sich nicht beißen, erfordert die Koordi-

nation ihrer Größenverhältnisse und Farben genaue Aufmerksamkeit. Es ist eigentlich unmöglich, drei oder mehr großräumige, bunte Muster zu vermischen. Kleinere Muster in bunten Farben vertragen sich schon eher, besonders wenn neutrale oder gedämpfte Töne sie etwas mildern. Strickwaren, z.B. ein Pullunder, helfen, die Streitsüchtigkeit zu unterbinden, die zwischen mehreren gemusterten Geweben aufkommen kann.

PARALLELSTREIFEN

Da sich ein phantasievoller Eindruck mehrfach erzielen läßt, kann man nicht stellvertretend *ein* Kleidungsstück herausgreifen. Ein Anzug, der an sich wie der Gipfel der Zuverlässigkeit wirken könnte, läßt sich z.B. so kombinieren, daß er insgesamt ein phantasievolles Bild abgibt. Leider läßt sich auch ein Anzug, der an sich wohl äußerst phantasievoll wirken würde, so kombinieren, daß er ein insgesamt geschmackloses Bild abgibt. Mit dieser Erkenntnis im Hinterkopf wollen wir versu-

LINKS (BEIDE). Obwohl die Teile im einzelnen vielleicht nicht besonders neuartig sind, kann doch ihre Kombination manchmal atypisch ausfallen und dadurch Phantasiereichtum suggerieren.

Dieses Sacco mit seinen eingekerbten Aufschlägen wirkt herkömmlicher als das auf der vorhergehenden Seite. Es entspricht dem Standard.

Die Schulter ist in europäischer Manier, ohne zu übertreiben, etwas ausgebaut.

Auch Karomuster sind bei Geschäftskleidung nichts Fremdartiges, obwohl dieses ein tiefes Purpurblau und Rosé enthält.

Am markantesten ist bei diesem Sacco das schillernde Gewebe.

Auch Hemd, Hose und Krawatte sind im Grunde nichts Neues. Obwohl größenmäßig eher überdimensioniert, trägt das Hemd ein dennoch klassisches Tattersallmuster auf pastellrosa Grund. Die Krawatte ist in stumpfem Lavendel grundiert, ansonsten aber nicht wirklich bemerkenswert. Und die grau-blaue Hose hat trotz ihrer eleganten Bundfalten kein Detail, das die Betrachter dazu brächte, den Kopf zu verdrehen.

Der Einfallsreichtum des Ensembles entsteht aus dem Zusammenspiel durchaus einfallsloser Einzelteile. Obwohl der Eindruck von Phantasiereichtum vermittelt wird, bleibt er unterkühlter, als wenn jedes Kleidungsstück von Haus aus ungewöhnlich wäre.

Wie schon dargestellt, rührt Einfallsreichtum hauptsächlich von der Stoffkombination her, unterstützt durch etwas ausgefallene Farben. Sacco & Hose: Ermenegildo Zegna. Hemd: Lee Wright. Modell: Tom Tripodi. Frisur: Kent Rulon.

chen, ein paar Richtlinien zusammenzustellen, wie man sich eine phantasievolle Garderobe aufbaut.

ANZÜGE

Da traditionelle Anzüge mit „natürlicher“Schulter meist mit dem zuverlässigen oder netten Stil gleichgesetzt werden, besitzen sie an sich keine Phantasie, zumindest verglichen mit einem unorthodox geschnittenen Anzug. Doch auch der traditionelle kann von Phantasiereichtum sprechen. Wer nur etwas phantasievoll erscheinen will, der tendiert zu einem konventionellen Anzug aus recht traditionellem Stoff in leicht ungewöhnlicher Farbe — z.B. einem rabenschwarzen, bescheidenen Tweedanzug — der sich mit konventionellen Zutaten kombinieren läßt (weißes Hemd und gestreifte Seidenkrawatte), wenn ein konservativer Eindruck erwünscht ist, oder mit unkonventionellen Elementen, um mehr Phantasie auszustrahlen (blaß grün-rosakariertes Hemd, grüne Fliege und burgunderroter Pullunder zum Beispiel).

Natürlich besteht zwischen streng traditionellen und avantgardistischen Anzügen eine Grauzone. Etwa beim Revers. Der v-förmig eingekerbte ist in der Herrengarderobe die Regel. Aufschläge mit einem Drall nach oben, wo sie in eine „Spitze“ auslaufen, sind vor allem bei Doppelreihern ein gängiges Stilmittel. Sie wirken nicht ungewöhnlich oder gar fremdartig, sind aber auch nicht so oft zu sehen, als daß sie alltäglich erscheinen. Darum setzt der erste Hauch von Phantasie meist bei dieser Kragenform an. In ungewöhnlichen Farben oder Stoffen kündet sie noch lauter von dieser Eigenschaft.

Eher avantgardistisch sind Anzüge, die einfach nicht so aussehen wie die meisten. Manche davon haben als Jackett eine Mischung aus Sacco und Unterwäsche. „Anzüge“ sind sie, weil dennoch Jacke und Hose aus demselben Stoff bestehen. Wegen ihres unorthodoxen Schnitts sind solche Anzüge ein Blickfang und mithin phantasievoll, in konservativen Geschäftssituationen aber mag man sie bemängeln. Wird ein solch avantgardistisches Gebilde statt standardmäßiger Berufskleidung getragen, dann ist es klüger, neutrale oder traditionell maskuline Farben zu wählen. In liberalerem, kreativerem Umfeld fallen alle Grenzen.

SACCOS

Auch konventionelle Saccos können keinen Eindruck von Phantasie auslösen; stellt man jedoch die anderen Komponenten entsprechend zusammen, dann unterstützt selbst ein Sacco die gemeinschaftliche Anstrengung, diese Eigenschaft zu vermitteln.

Nehmen wir einen klassischen Blazer. Zu einer weitgeschnittenen, sehr tastfreundlichen Tweedhose, einem buntgestreiften Hemd mit rundem Pastellkragen und einer exotischen Krawatte *plus* leuchtenden Hosenträgern und zweifarbigen Leinenschuhen ohne Strümpfe — wirkt das phantasievoll! Wie durch Osmose hat der an sich traditionelle Blazer von den ihn umgebenden Artikeln die Eigenschaft „Phantasiereichtum“ übernommen. Die umgebenden Teile stehen also unter größerem Druck, phantasievoll zu sein, damit der Blazer von dort absorbieren kann. Hätte man als erstes ein phantasievolles Sacco gewählt, würden es die anderen Artikel nicht so nötig haben, auf der Höhe der Phantasie zu stehen.

Während ein blauer Blazer an sich nichts Phantasievolles hat, ist ein rostrot, braun und kamelfarben gestreifter automatisch phantasievoll.

GEGENÜBER, OBEN. Hochgeschwungene Aufschläge dürfte man eher an Zweireihern finden, die, in Streifen oder dunklen Tönen, gleichbedeutend mit Stärke sind. Dieser Einreiher tendiert mit seinen Aufschlägen allerdings zum phantasievollen Stil, obwohl er recht konservativ ein dunkelblaues Fischgrätmuster aufweist.

Der runde Kragen an dem neuartig gestreiften Hemd und die auffallend gemusterte Krawatte bestärken den Eindruck von Phantasie. Anzug: Palm Beach. Hemd: Jeffrey Banks. Krawatte: Missoni. Modell (auch unten): Pat Hardie.

GEGENÜBER, UNTEN. Technisch entspricht dies der Definition eines Anzugs, weil Jacke und Hose aus demselben Stoff sind; aber da endet die Ähnlichkeit auch schon.

Man findet diese Art Jacke, Blouson genannt, meist eher in lässiger Freizeitmode als bei Geschäftskleidung. Trägt ein Mann dieses Ensemble jedoch an der Arbeit, muß man es als Geschäftsanzug bezeichnen.

Um Hemd und Krawatte bereichert, wirkt ein so unkonventioneller Anzug am besten, wenn diese nicht traditionell sind. Ensemble: Jhane Barnes.

RECHTS. Die karierte Hemdjacke im Vordergrund wird für einen kreativen Beruf anstelle des traditionellen Saccos getragen. Auch die anderen Stücke sind freie Umdeutungen von Geschäftskleidung.

Das Hemd rühmt sich, um die Konvention völlig umzukrempeln, eines auf den Kopf gestellten Knöpfkragens. Die Kordhose trägt in einem eher lässigen Look lederne Aufnäher am Bund, und die Krawatte ist provozierend gemustert.

Obschon sämtliches Zubehör der Geschäftskleidung vertreten ist, entspricht nichts dem Standard. Darum wirkt das Ensemble trotz seiner neutralen Farben — Schwarz, Weiß und Grau — phantasievoll.

Im Hintergrund noch ein kreatives Ensemble (detaillierter und anders plaziert sieht man es auf S. 199). Ein Art Director käme damit wohl durch, aber erwarten Sie solche Garderobe nicht von einem Bankdirektor. Nur auf künstlerischem Gebiet wird solche Ausdrucksfreiheit sofort akzeptiert. Ensembles: Andrew Fezzy. Modelle: Charlie Melite, Ken Batt. Frisuren: Kent Rulon.

Genauso wirken großflächige Muster an Saccos, die auf den gleichen Schnitt zurückgehen, phantasievoller als kleine, enge.

In manchen Fällen trägt man statt echter Saccos die sogenannten „Hemdjacken". Dieser Ersatz signalisiert noch phantasievolleren Neuerungsdrang. Ist die Hemdjacke obendrein neuartig gemustert, gefärbt, aus neuartigem Stoff oder alles drei, so steigert sich der phantasievolle Eindruck noch erheblich.

In der Regel ist der deutlichste Weg, Phantasie zu bekunden, ein recht gebräuchliches Kleidungsstück (etwa einen traditionellen blauen Blazer) durch ein ganz anderes (z.B. eine seidene Baseballjacke) zu ersetzen. Nicht jeder wird damit einverstanden sein. Hüten Sie sich vor „schiefen" Kombinationen.

HOSEN

Die Geschichte mit den Hosen ähnelt der mit den Saccos: Eine konventionelle Anzughose hindert Sie nicht, ein phantasievolles Bild abzugeben, aber eine unkonventionelle bringt Sie sicherer aufs rechte Gleis. Natürlich hat Unkonventionalität viele Gesichter.

Leuchtende oder großgemusterte Hosen, die man vielleicht für phantasievoll halten könnte, gelten so sehr als Freizeitkleidung, daß die meisten Kritiker in geschäftlichem Zusammenhang dagegen rebellieren. Atypisch geschnittene, aber maßvoll gemusterte oder gefärbte Hosen sind meist die akzeptablere Alternative, um Phantasiereichtum auszustrahlen. So sind auch grobe Gewebe allzu bunten, besonders den gefühlsbetonten Schattierungen vorzuziehen.

Daß der Betrachter bei der Bewertung von Hosen so besonders zimperlich ist, liegt daran, daß sie sexuelles Territorium symbolisieren: Männer *müssen* die Hosen anhaben, und sind's nicht die richtigen, dann gilt Mann zumal im Geschäftsleben nicht als *Mann*. Shorts sind daher bei geschäftlichen Vorgängen tabu ... solange man nicht Post sortiert oder handwerklich arbeitet. Oder ein reinrassiger Bilderstürmer ist. Selbst die berüchtigten Lederhosen sind bei der Arbeit Bermudashorts vorzuziehen, denn dort darf man eher einen erotisch getönten Hautersatz tragen als die nackte Wahrheit zu präsentieren. So, wie im Berufsleben die Dinge liegen, zeigt man je weniger Fleisch, desto besser.

HEMDEN

Weil der Anblick von Männerfleisch im Beruf fast ein Sakrileg darstellt, sind kurzärmelige Hemden verboten. Je mehr Sie ansonsten aber von förmlichen Hemden abweichen, desto phantasievoller der Eindruck. Solange Sie nicht auf Stoffe wechseln, die weiblichem Konsum vorbehalten bleiben. Ein Rüschenhemd? Nein, nein.

Je nach dem Kurs, auf dem Sie phantasievoll wirken wollen, können Sie die förmliche Hemdvermummung unterschiedlich umgehen. *Eine* Methode wäre, einfach sehr unkonventionelle Farben zu suchen. Da Weiß und Pastelltöne an konventionellen Hemden am häufigsten zu sehen sind, vermittelt Gedecktes in Standardformen und -stoffen Phantasiereichtum. Je ausgefallener Form und Stoff des Hemdes, desto höher das Maß an Phantasie, das ein gedecktes oder dunkles Hemd ausstrahlt. Sehr drastische Inhalte sind ja *ein* sicheres Zeichen für Phantasiereichtum.

Markante Muster stellen einen anderen Weg dar, konventionelle Hemden in unkonventionelle zu verwandeln. Wie schon bemerkt, gilt das Mischen unterschiedlicher Muster als Signal für Phantasiereichtum ... solange sich die Muster einhellig vertragen.

Auch der Kragen kann Phantasiereichtum andeuten. Breite Kragen, die an sich kurz sind, an den Spitzen aber weiter auseinanderge-

UNTEN. Als Geschäftskleidung läßt sich dieses Ensemble keinesfalls betrachten; selbst so konservative Shorts wie diese avancieren einfach nicht in berufliche Sphären.

Doch die Kombination beweist, daß sich die Kleidung eines Bereichs mit der eines anderen zu ganz neuen Perspektiven vereinen läßt.

Wie die Shorts zeigen, soll das Ensemble den seriösen Kleiderzwang parodieren.

Stellen Sie sich nun statt der Shorts eine lässige Chinohose vor. Dann erschiene es durch die Fliege und Farbkombination unbeschwert phantasievoll.

Vertauschte man die Shorts jedoch gegen eine dunkle Gabardinehose, wäre der Effekt zwar ernster, aber auch das nicht völlig: Fliegen, zumal helle, gelten als wenig förmlich (außer bei förmlichen Anlässen zu förmlicher Garderobe), vermindern also die Autorität eines Mannes. Ensemble (außer Fliege): Sahara Club. Fliege: Vicky Davis. Modell: Bill Sullivan.

OBEN. Noch eine Fliege, diesmal zu einem kreidegestreiften Sacco, vornehmer Weste und Frackhemd mit französischen Manschetten.

Träten hier Shorts an die Stelle der Flanellhose, so gehörte das Ensemble in dieselbe Gruppe wie das gegenüber. Mit Flanellhose jedoch ist der Effekt raffiniert-phantasivoller, als das Ensemble gegenüber selbst mit langen Hosen wäre.

Warum? Natürlich wegen der mit Flaumfedern gemusterten Weste.

Wenn Stoffwesten mit einem Anzug oder Sacco harmonieren, erhöhen sie meist die Autorität. Wenn nicht, fallen sie mehr als Dekor ins Gewicht.

Je dekorativer die nicht harmonierende Weste, desto phantasievoller der Eindruck. Diese hier wird durch dunkelrote Grundierung besonders auffällig und rassig.

Beachten Sie, wie die Manschette gerade ein bißchen aus dem Ärmel schaut. Obwohl hier unnötig, darf doch bei eleganten Ensembles noch mehr Manschette gezeigt werden als bei weniger eleganten, keinesfalls jedoch mehr als eineinhalb Zentimeter. Ensemble: Alan Flusser. Modell: John Sommi. Frisur: Kent Rulon. Decke: Lee-Joffa.

hen als gewöhnliche, gelten allgemein als eleganter. Und wegen dieser vermeintlichen Eleganz wirken sie auch phantasievoller als sonstige Kragen. Abgerundeten gewährt man ähnliche Anerkennung, und ebenso kontrastierenden, die anders als der Hemdrumpf gefärbt sind. Alle drei Kragenarten werden gewöhnlich mit einer Krawatte getragen, ohne die sie vielleicht seltsam aussähen.

Auch sportlichere Hemden können phantasievoll wirken, sofern die übrigen Komponenten nicht hochelegant sind, denn dann entstehen Gegensätze. Ein kariertes Flanellsporthemd bildet mit geräumigen, breitgerippten Kordhosen, einem Wollpulli und einer schmalen Lederkrawatte ein phantasievolles Ensemble, nicht jedoch unter einem Nadelstreifenanzug, weil, mit oder ohne Leder- oder sonstiger Krawatte, Widersprüche entstünden.

PULLIS

Obwohl Pullis gemeinhin als Freizeitkleidung gelten, scheint ihre Verwendung in der Geschäftskluft doch phantasievoll. Denken Sie an die Folgen, wenn geschäftsmäßige Konformität, bestehend aus blauem Blazer, weißem Hemd, gestreiftem Schlips und grauer Flanellhose, unter Zusatz eines Pullis verändert wird, — ob nun mit V- oder einem anderen auffallenden Ausschnitt, der Kragen und Krawatte freilegt. Je phantasievoller natürlich Schnitt, Farbe, Stoff oder Muster des Pullis, desto phantasievoller der Eindruck; aber schon der Pulli allein ist ein Schritt dorthin. Zusätzliche Raffinements können den Eindruck verstärken — ein farbenfroher Gürtel, ein kariertes Tuch in der Brusttasche des Blazers und als Krönung ein Strohhut mit dekorativem Band —, bis sich der Pulli sogar entfernen läßt, ohne daß der neugewonnene Phantasiereichtum, wie ihn die innovativen Stücke erzielen, etwas einbüßt. Dennoch: Obwohl Pullis kein Muß sind, wenn man einen phan-

tasievollen Eindruck machen will, helfen sie doch angesichts einer beschränkten Auswahl an anderen Komponenten.

KRAWATTEN

Fliegen sind nicht sehr weit verbreitet, fallen also auf und lassen Phantasie vermuten, auch wenn das Ensemble ansonsten nur eine mäßige Neuerung darstellt. Je ungewöhnlicher die übrigen Bestandteile eines Ensembles, desto phantasievoller meist der Eindruck, den eine Fliege vermittelt. Aber nicht nur das ist phantasievoller Halsschmuck. Auch in konventionellen Krawatten findet man ausgefallene Farben, Muster und Textilien. Und auch die Form, d.h. bei Schlipsen: Breite, nicht vergessen!

Traditionelle Krawatten unterscheiden sich von den „modernen“ dadurch, daß sie oft mehr oder weniger schmal sind. Da viele die Begriffe „modisch“ und „phantasievoll“ gleichsetzen, muß auch eine schmale „modische“ Krawatte nicht unbedingt den Regeln der Förmlichkeit entsprechen. In stark gestylten phantasievollen Ensembles sind die Krawatten oft schmaler als üblich — nicht zwangsläufig zwar, aber manchmal eben doch. Genauso sind auch Krawatten, die man zu eleganten Kragen trägt — runden, breiten oder kontrastierten — gern ein wenig — oder sehr viel, je nach Geschmack — schmaler als beim zuverlässigen oder ehrlichen Stil.

Halsschmuck zeugt, kombiniert mit Krawatten, ebenfalls von Phantasie. Metallene Krawattennadeln, die einen guten Sitz garantieren oder nur auffallen sollen, wären so ein Beispiel. Auch Klemmen und Spangen entspringen mehr der Phantasie.

FUSSBEKLEIDUNG

Dekorative Schuhe sind phantasievoller als „praktische“. Dicke Sohlen verraten zuviel praktische Vernunft, um phantasievoll zu wirken, und sind nicht raffiniert genug, obwohl auch im phantasievollen Stil bewußte Lässigkeit erlaubt ist, — aber *keine* Jogging-Schuhe.

ÜBERBEKLEIDUNG

Auch hier vertragen sich praktische Vernunft und Phantasie schlecht miteinander. Sicher, man muß auch ans Warmhalten denken, nur gilt nicht dem die erste Überlegung, sondern dem Stil. Ein konventioneller Trenchcoat wirkt darum nicht phantasievoll. Ein bauschiger mit untypischer Farbe — sagen wir Khaki-Oliv, gefüttert in einem anderen Ton — vielleicht Schwarz oder Schwarzbraun — dagegen schon. Oder stellen Sie sich einen „architektonisch“ nach schlichten Mantel in raffiniert gewobenem Tweed vor. Auch der wirkt phantasievoll, weil *Stil* der beherrschende Faktor ist.

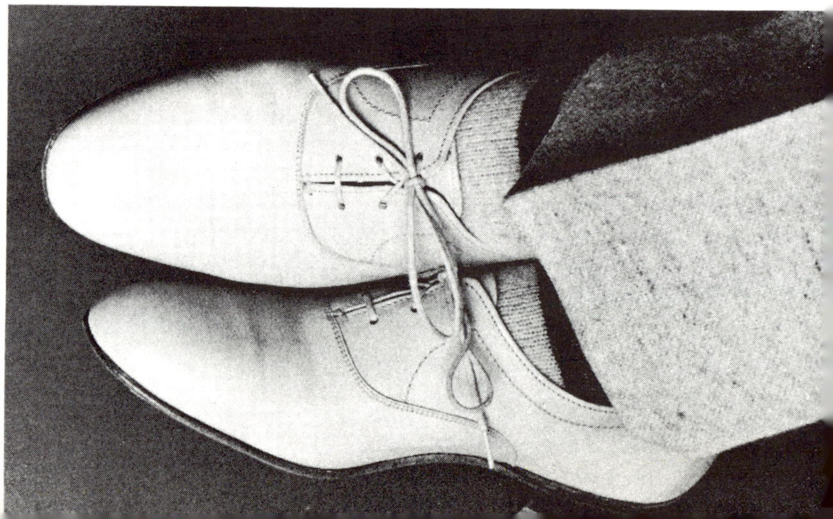

GEGENÜBER, OBEN. In manchen Fällen wird das Fehlen einer Krawatte ein Ensemble als Geschäftskleidung disqualifizieren. Trüge aber ein Immobilienmakler, der ein Haus zeigt, diese Kombination, ließe sich das kaum als Spielhöschen bezeichnen. Es ist sogar schicker als das, was die meisten Berufstätigen, die nicht zu Schlips und Kragen verpflichtet sind, täglich anziehen.

Entfernte man den Pulli zugunsten eines konventionellen Hemdes o h n e Krawatte, so wäre das Ergebnis unelegant und banal. Der Pulli verhilft dem Ensemble in phantasievolle Höhen. Kleider: Ferragamo. Modell (auch unten): Timothy Doshier.

GEGENÜBER, UNTEN LINKS. Sacco wie Hose sind zwar hübsch, jedoch nicht gerade mit innovativem Feuer geladen.

Aber Hemd und Krawatte wirken neuartig. Das Hemd, weil es einen kleinen, modischen Kragen hat, und die Krawatte, weil sie schmal, also ebenfalls modisch, ist. Ensemble: Ermenegildo Zegna. Krawatte: Rooster.

GEGENÜBER, UNTEN RECHTS. Der Name dieser „Jazz-Schuhe" verrät, daß sie im Berufsleben nicht Standard und darum einfallsreich sind, wenn sie fürs Geschäft ausgewählt werden.

Ihr Gelbweiß paßt sehr gut zu den „winterweißen" Hosen.

Damit harmonieren auch die eher hellen Socken, die ungewöhnliche waagrechte Streifen haben.

Dunkle Schuhe wären keine Augenweide und unnötig schwer.

OBEN RECHTS. Dieser Regenmantel ist zwar anmutig proportioniert, verdient aber nicht die Bezeichnung „phantasievoll". Der Kragen und die Tatsache, daß der Mantel olivgrün und in Umbra gefüttert ist, hingegen schon. Mantel: Hugo Boss. Krawatte: Punch. Modell: David Hopkins.

UNTEN RECHTS. Im Gegensatz zu dem oben abgebildeten Regenmantel „drapiert" dieser den Körper nicht. Seine drastischen Proportionen erklären den phantasievollen Eindruck. Mantel: Charivari Men. Modell: Brian Terrell.

ACCESOIRES

Da sich Phantasiereichtum aus diversen Quellen speist, spielen Accessoires beim Erreichen dieses Stils eine große Rolle, zumal wenn sie ein Überraschungselement enthalten. Hosenträger können ein tragender Zusatz sein. Ein altertümlicher Manschettenknopf am Rockaufschlag wäre ein unerwarteter, phantasievoller Clou. Ebenso zwei dicke, solide gefärbte Tücher in der Brusttasche, so daß der Betrachter zwei farbliche Attacken erlebt statt nur einer. Da Unberechenbarkeit bei diesem Stil der einzig berechenbare Faktor ist, verleihen winzige Clous schon großes Gewicht.

HOSENROLLE

Weil sich Phantasiereichtum mehrfach andeuten läßt, kann man diesen Stil vielfältig abwandeln. In eher konservativem Umfeld kann die phantasievolle Erscheinung, wie nachgewiesen, hauptsächlich aus einem traditionell geschnittenen Anzug bestehen. Doch selbst das phantasievollste Ensemble für die Sphäre der Hochfinanz, auf einem konventionellen Anzug beruhend, wird nie so phantasievoll wirken wie eines für die Musikindustrie, wo extreme Neuerungen und Avantgardi-

LINKS. Dieser gerippte Streifenanzug zeigt schillernde Farben. Das Hemd hat einen breiten, von einer Goldspange geschmackvoll festgehaltenen Kragen und einen ganz blaß gelben Leib. Die Krawatte ist in vielen Pastelltönen bunt gemustert.

Obwohl schon phantasievoll, wird dieses Ensemble es erst recht mit dem krönenden letzten Handgriff: einem getrockneten Zweiglein im Knopfloch. Anzug: Ermenegildo Zegna. Hemd: Ron Chereskin. Modell: John Sommi. Frisur: Kent Rulon.

RECHTS. Hemden mit so „klaffendem" Kragen erfreuen sich bei den Modeschöpfern wachsender Beliebtheit, weil ihre eleganten Proportionen erlauben, stärkeren farblichen Ausdruck in die Textilien zu bringen, ohne „Klasse" einzubüßen.

Dieses Hemd enthält mehr bunte Streifen als gewohnt, und das ist nicht das einzig Ungewöhnliche: Von der rechten Brustseite zur linken hin sind die Streifen nicht symmetrisch. Ja, die farbliche Anordnung auf Hemd und Krawatte wiederholt sich nicht regelmäßig und bleibt unberechenbar. Genau dies deutet auf Phantasie.

Ebenso, wie das Einstecktuch die Rot- und Purpurtöne von Hemd, Krawatte und Sacco aufgreift. Da Einstecktücher im Gegensatz zu Taschentüchern funktionslose Dekoration sind, werden sie höchstens privat entfernt. Darum können Sie, wenn das Tuch nur so in die Tasche gestopft wird, Geld sparen, indem Sie stattdessen bloß Stoffetzchen hineinstecken; das Geld für richtige Tücher mit gesäumten, aber nicht sichtbaren Kanten können Sie sich sparen. Ensemble: Alexander Julian. Modell: Henry Mellen.

LINKS & MITTE. Da die Aufschläge dieses Saccos eine ungewöhnliche Kreuzung aus solchen mit und solchen ohne Kerbe sind, vermittelt schon ihre Form Phantasiereichtum. Doch auch Farben und unterschiedliche Muster, atypisch für Geschäftskleidung, tragen zu dieser Aura bei. Beachten Sie, daß Sacco, Hemd und Krawatte nur leichte Abstufungen der Farben Rosa und grau enthalten. In sämtlichen Kleidungsstücken harmonische Töne zu verwenden, garantiert eine Verträglichkeit der Muster.
Trotz des phantasievollen Gesamteindrucks gehorchen die Größen der Muster der traditionellen Regel: Bei Mischung von drei Mustern sind drei verschiedene Größenmaßstäbe ratsam.
In diesem Fall also ist das Sacco kleinkariert, das Hemd mittelgroß gestreift und die Krawatte noch größer. Modell: Jim Foulk.

RECHTS. Sehr tastfreundliche Stoffe in reizvoller Verarbeitung wirken phantasievoll, und darum sieht dieses Ensemble so phantasievoll wie nur möglich aus.
Da in Jacke wie Krawatte zahlreiche Garne in diversen, doch eng verwandten Tönen vorkommen, nimmt ein recht herkömmliches — obschon rosafarbenes — Hemd nichts von diesem Reiz und verwurzelt das Ganze fest im Boden der Geschäftsmäßigkeit. Modell: Quentin Hunt.

LINKS. Wenn eine freche Krawatte an einem sonst betulichen Ensemble ins Zentrum rückt, kann man ihr Übertreibung vorwerfen.

Wirken die übrigen Teile jedoch interessant und unterstützen die Krawatte, so findet sie größeren kritischen Beifall, weil sie sich, wenn auch als Glanzpunkt, ins Ganze fügt. Das ist hier der Fall.

Tritt der Schlips auch keck hervor, behaupten sich das genoppte karierte Sacco und das Karohemd doch im Blickfeld. Der Junge erscheint nicht als wandelnde Krawatte, sondern als adrettes Bürschchen, das alle Details, inklusive Einstecktuch, beachtet. Kleider: Alexander Julian. Modell: Jim Catch.

RECHTS. Hier noch ein durchdachtes Ensemble, obwohl ein Teil — diesmal der Pullunder mit seinem phantasievoll dunklen Hemdausschnitt — die Oberhand behält.

Da sonst alles im Gleichgewicht steht, verlangt das Stück mit dem markantesten Muster mehr Aufmerksamkeit als die kleiner gemusterten.

Doch solches Gleichgewicht herrscht selten. Saccos sind fülliger als Pullunder, vermindern also deren Sichtbarkeit und Wirkung.

Wären die Muster hier zurückhaltend — das Sacco mit geometrischen Kontrasten und der Pullunder aus tastfreundlichem, aber im Grunde einfarbigem Material, — so würde das Sacco soviel Beachtung gebieten, daß es aufdringlich erschiene.

Da gefühlsbetonte Muster und gefühlsbetonte Farben mit der Fülligkeit der Textilien an Emotionalität gewinnen, ist es oft geschmackvoll, ihr Erscheinen auf relativ kleine Kleidungsstücke zu beschränken.

Auch gedeckte oder dunkle Kleider helfen, sehr markante Muster zu bändigen. Wäre z.B. diese Hose weiß, würde das Ensemble mehr ins Auge springen als so. Hektik ist bei Berufskleidung selten ein erwünschter Eindruck.

Nebenbei: Wenn Sie sich je in dem phantasievollen Trick versuchen, einen Gürtel an einer Hose ohne Schlaufen zu tragen, dann vergewissern Sie sich, daß dieser auch hält. Es ist kein einfaches Kunststück. Kleider: Cesarani. Modell: Neil Kramer.

stisches vorausgesetzt werden. Unabhängig vom Milieu jedoch bleibt eine Grundregel wahr: Die Garderobe muß *neu* und *geschmackvoll* aussehen, soweit es die Normen zulassen.

Wenn Sie in eine Herrenboutique gehen, um etwas sehr Spezielles zu kaufen, wenden Sie sich da an den gammeligen Verkäufer oder an den, von dem feines Stilgefühl ausgeht? An letzteren natürlich, denn sein geschickter Schick überzeugt Sie, daß sein Rat glaubwürdig sein muß — zumindest, was „Geschmack" betrifft, wenn auch vielleicht nicht auf dem Gebiet von Aktien und Obligationen.

Der Vergleich mit dem Verkäufer in der Herrenboutique ist Absicht, denn dessen „geschmackliches" Urteil steht hoch im Kurs. Der phantasievolle Stil „verkauft" seinen Träger, indem er unmerklich verrät, dieser Mann besäße Instinkt, Kenntnisse und äußerliche Kultiviertheit. Wo das viel zählt, ist es ein Pluspunkt. Suchen Leute bloß Rat in rein praktischen Dingen, kann phantasievolle Kleidung sich nachteilig auswirken. Darum muß man sie je nach Situation abwandeln und mildern.

Weil der phantasievolle Stil stark auf optischen Reizen beruht, wirkt er aufs Auge anregend, energiegeladen, immer dynamisch. Er wimmelt vor kleinen Clous und extra Details. Schlecht bewerkstelligt, kann seine Lebhaftigkeit als Wirrwarr mißverstanden werden. Aber selbst ausgeklügelt erscheint dieser Stil manchen Leuten übertrieben und allzu selbstbezogen. Sie müssen zu Ihren Überzeugungen stehen, um phantasievolle Kleidung zu tragen. Ist dies der Fall, dann kann sie Ihnen helfen, viele berufliche und sonstige Eroberungen zu machen. Sie ist ja mutig!

KAPITEL 11

MACHTVOLL!

VERBISSENES VORGEHEN

Gebrauchte Gewalt ist mißbrauchte Gewalt. Nur in einer utopischen Welt dient Macht dem Recht, aber nie *schafft* Macht Recht.

Hinab auf den Boden der Realität! Oft besitzen die, denen man Macht nachsagt, nur eine mächtige Ausstrahlung. Viele folgen ihnen ohne Murren. Schon der Anschein von Macht kann Macht verleihen, so daß das scheinbar Wahre tatsächlich wahr wird. Ihnen wurde jetzt schon oft eingeschärft, Kleider nie zu falschen Vorspiegelungen einzusetzen, sondern sich darin ehrlich zu präsentieren. Während diese Ermahnung weiterhin gilt, ist es nun doch an der Zeit für eine kleine Randbemerkung.

Theoretisch ist der „machtvoll" genannte Stil zu rechtfertigen. Wer wollte, im Idealfall, vor seinen Untergebenen als Stärkster einherstolzieren? Ist es nicht besser, unauffällig stark zu *sein*, als kraftmeierisch zu protzen? Sicher. In Utopia.

Es ist eine herbe Wahrheit des Berufslebens, daß ein fehlender Anschein von Stärke die eigene Fähigkeit, Herr einer Situation zu sein, herabsetzt. Ein brillanter General z.B. verliert eigentlich jede Macht, wenn er in Unterhosen ist und sein Heer nicht befehligen kann. Und dieser Vergleich bleibt auch auf dem Minenfeld der Geschäftswelt wahr: gelegentlich werden manche sich weigern zu glauben, jemand besäße auch rechtmäßig erworbene Macht, und werden sich der Person mit den überlegenen Eigenschaften und Qualifikationen nur anschließen, wenn diese auch sichtbar Macht an den Tag legt. Aus rein pragmatischen Gründen also — damit eine Arbeit erledigt wird — gibt es Gelegenheiten im Berufsleben, bei denen ein Eindruck von Stärke wünschenswert erscheint.

Stark zu *wirken* ist immer gerechtfertigt, wenn man nur die gleiche Freundlichkeit in Anspruch nehmen will, wie sie den Mächtigen oft zukommt, z.B. die untertänige Verbeugung eines Maître d'Hotel zu gewinnen oder den richtigen Platz im Restaurant zu erhalten. In einer

LINKS. Obwohl sich berufliches Gebaren nie zu Faustschlägen herablassen sollte, sind emotionale und geistige Ringkämpfe doch unvermeidbar. Der Stil der Stärke erkennt, daß es in der Firmenhierarchie nicht immer friedlich zugeht, wo man Kleidung, zu Recht oder Unrecht, oft verwendet, um einzuschüchtern. Energische Aufmachung soll bewußt signalisieren, daß ihr Träger es zu etwas gebracht hat und ein furchtbarer Widersacher sein kann. Modell: Hans Lundgren.

utopischen Welt würde man Männern mit mächtiger Ausstrahlung nicht unbesehen liebdienern. Aber wir wissen ja schon, daß wir nicht in Utopia wohnen. Der Anschein von Macht und Stärke kann sich mächtig stark auswirken.

BRUSTWEHR

Die Sprache kann heimliche Aufschlüsse gewähren. Bezeichnet man jemanden als „stattlich“, dann hat er einen gewissen Rang bzw. Machtprivilegien. Weniger offensichtlich suggeriert das Wort „stattlich“, welches ja auch an eine gesetzte Statur erinnert, daß Menschen mit überlegenem Erscheinungsbild meist auch überlegene Stärken besitzen. Genauso ist ein „gestandener Mann“, d.h. ein *aufrecht*stehender, jemand mit moralisch und körperlich überlegenem Status. Insgeheim verbindet man Stärke stets mit körperlicher Kraft. Eher schmächtige Erscheinungen haben es schwerer, Macht auszustrahlen, als männliche, „gestandene“ bzw. „stattliche“ Mannsbilder, die von der Natur mit mehr „Körper“ bedacht wurden.

Im Tierreich ist es der Menschenaffe, der durch Aufblähen seiner Brust eine Vorherrschaft beansprucht. Wenn auch oft nur symbolisch, tut der Mensch das gleiche. Der Doppelreiher wurde zum Inbegriff geschäftlicher Stärke, weil er die Mannesbrust durch eine Extraschicht Stoff vor Angriffen schützt — ein lebloser Leibwächter, wie ihn nur die Mächtigen brauchen und der außerdem die Brust so verbreitert, daß sie stärker hervortritt. Ist der Doppelreiher von dunkler Farbe, läßt er sogar noch mehr Macht vermuten, denn dunkle Töne verleihen mehr „Gewicht“ (d.h. „Statur“). Glatte Textilien wirken strapazierfähiger, also unnachgiebiger, als tastfreundliche, so daß ein dunkler Doppelreiher mit glatter Oberfläche infolge seines furchteinflößenden Charakters Macht versinnbildlicht. Große Autorität wohnt ihm inne, wenig Gefühl; er ist das Musterbeispiel einer festen Substanz, der Triumph der Körperstärke über Seelenregungen.

Da zum Machtbesitz auch die Fähigkeit andere zu unterdrücken gehört, dürfen die Mächtigen sich keinesfalls ihren Gefühlen ausliefern. Sonst kann Macht auch in Tyrannei ausarten — unbändige Gewalt. In der Geschäftswelt beschränkt sich die Macht darum sinnbildlich nur auf die „objektiven“ Merkmale der Männlichkeit. Unorthodoxe Schnitte sind nicht zulässig, weil sie zuviel Kreativität vermuten lassen, die oft als Flattrigkeit verstanden wird: Der Starke muß immer stabil bleiben. Warme, freundliche Farben gehen nicht an, weil sie zu viele Gefühlsschwankungen andeuten: Der Starke muß stets kühl urteilen. Tastfreundliche Stoffe sind verboten, weil sie erkennbar gewoben und allzu zugänglich erscheinen: Der Starke muß unnahbar wirken. Im Grunde nämlich hebt machtvolle Kleidung ihren Träger vom Menschenvolk ab und macht ihn zum Übermenschen. Der machtvolle Stil weckt keine Zuneigung; er kann nur Ehrfurcht gebieten … oder Feindseligkeit, die oft zu Unterwerfung führt; der Mächtige muß stets mit starker Hand walten.

BESITZANSPRÜCHE

Mächtig zu sein, wäre vielleicht ein trauriges Los, trüge es nicht seine, oft finanziellen, Früchte. Geld macht zwar nicht glücklich, schützt aber vor Zahlungsunfähigkeit. Die Mächtigen sind meist reich, und da Reichtum wiederum mächtig ist, bleibt eine Bekundung von Opulenz

LINKS. Machtsymbolik dreht sich immer darum, „Statur“, d.h. eine imposante Fassade zu zeigen. Kleidung mit „Gewicht“ führt die Liste der machtvollen Garderobe an, und dieses Ensemble ist gewichtig genug für ein Staatsoberhaupt; alle Teile stehen in Beziehung zueinander.

Vom Schnitt her weicht dieser Anzug nicht vom konventionell ehrlichen oder zuverlässigen Stil ab. Das „Gewicht“ rührt von der dunklen Farbe her. Auch die Weste verleiht nachhaltige Kraft, weil die Brust dadurch eigens hervorgehoben wird.

Obwohl man weiße Hemden oft mit Zuverlässigkeit, einer weniger machtvollen Eigenschaft, verbindet, geht der Kragen hier leicht auseinander — eleganter als in der geknöpften Version —, um einen „vermögenden Mann“ zu kennzeichnen.

Der Seidenschimmer auf Krawatte und Einstecktuch deutet zudem auf einen verfeinerten „Geschmack“.

Das Ensemble bezieht seine Stärke aus der sicheren Mischung verschiedener Elemente.

Schon, die Seidenkrawatte gegen eine gestrickte auszutauschen, würde die kraftvolle Mixtur zerstören. Anzug: Cricketeer. Hemd: Henry Grethel. Krawatte: Cacharel. Modell: David Spiewak.

durchaus statthaft. Die Geschliffenheit, die nur maßgeschneiderte Kleidung verleihen kann, entspricht dem machtvollen Stil. Ein anderes Merkmal ist Qualität. Für Männer mit schmalem Geldbeutel ist dieser Look schwer zu erreichen. Lieber kauft man sich nur wenige erstklassige Kleider, als wie ein Neureicher in Stangenware herumzulaufen. Suchen Sie sich dann wenigstens einen talentierten Schneider, der die Sachen zurechtstutzt, daß sie eigens für Sie gefertigt erscheinen.

Welche Kleider speziell begründen nun ein machtvolles Äußeres? Je nachdem, wie vernehmlich Sie Ihre Macht verkünden wollen, stehen Ihnen verschiedene Ausdrucksmittel zur Verfügung.

ANZÜGE

Wie gesagt, ist der machtvollste Aufzug ein dunkler Doppelreiher aus glattem Gewebe. Schräg nach oben zulaufende Kragen wirken vornehmer als einfache, sind also vorzuziehen. Da Schwarz als sehr schwerer Farbton fast abschreckend erscheint, besitzt die feine Zurückhaltung eines Marineblau mehr Autorität und ist weniger unfreundlich. Auch strenges Grau strahlt sehr viel Stärke aus.

Solange er nicht avantgardistisch ist, bleibt es egal, welchen der diversen traditionellen Stile der Anzug hat. Die Körperbetontheit des europäischen Stils verleiht der Brust mehr Nachdruck, ohne daß jedoch im Vergleich dazu die eher formlosen natürlichen Schultern merklich

LINKS. Zweireiher, zumal mit auffallend spitzen Kragen, suggerieren Macht und Stärke. Dabei wirken Kreidestreifen meist vornehmer als die allgegenwärtigen Nadelstreifen.

Hier ist die Grundfarbe ein Aschgrau, ein autoritätsträchtiger Ton —, die Kreidestreifen hingegen haben einen etwas helleren Schatten.

Auf dem frischen weißen Grund des Hemdes finden sich reizvolle Streifen: Die dunkleren sind genauso groß wie die Kreidestreifen, um Harmonie zu schaffen, während die helleren einige Eleganz hinzufügen.

Die üppige Seidenkrawatte sorgt für jenes „Gewicht", das ein kleineres Muster nicht verleihen könnte.

Zu den Reichtum vermittelnden Details gehören auch eine goldene Krawattennadel und, im Loch des Revers, ein antiker Manschettenknopf. Anzug: Jeffrey Banks. Hemd: Henry Grethel. Krawatte: Francesco Smalto. Modell: Dan Cahill.

GEGENÜBER LINKS. Diesem Kreidestreifenanzug fehlt es an Nachdruck, weil er so blaß wirkt. Dennoch besitzt er eine gewisse „Präsenz".

Beachten Sie, daß von den vier Knöpfen nur einer zum Verschließen gedacht ist, d.h. der große Ausschnitt des Anzugs betont die Brust. Diese Art Körperbewußtsein wirkt weniger machtvoll als Saccos, die den Brustkasten mehr umhüllen, weil machtvolle Kleidung ironischerweise dem Körper nicht schmeicheln soll (was tiefe Ausschnitte oft tun, weil sie ihn „männlicher" machen). Das Ziel heißt: „Gewicht" verleihen. Anzug: Canali Milano. Hemd: Christian Dior. Modell: Mateo.

GEGENÜBER RECHTS. Das neuartige Streifenmuster macht diesen Anzug weniger machtvoll als einen durchgehend dunkelgestreiften. Er wirkt verspielter, obwohl die Farbe dunkel und daher automatisch autoritär ist. So erscheint dieser Anzug immerhin machtvoller als der kreidegestreifte nebenan.

Auch der breit auseinandergehende Kragen steigert die „Eleganz" des Ensembles. Ensemble: Dimitri. Modell: Mark Richardson.

litten. Genauso lassen auch wattierte Schultern auf stets einsatzbereite Energien schließen, doch dies ist ebenfalls keine wesentliche Bereicherung.

Obwohl harter, glatter Gabardine die machtvollen Stoffe repräsentiert, lassen sich doch auch feine Flanells in tiefen Farben und ohne genoppte Oberfläche als mächtig deuten. Tweed allerdings hat fast immer zuviel Anschmiegsamkeit, um machtvoll zu erscheinen.

Gewöhnlich wirken einfarbige Textilien machtvoller als gemusterte. Außer den ganz traditionellen Karos, den Mini-Glen-Plaids etwa, die wenige Kontraste haben, strahlt kein Schottenmuster Macht aus. Dazu müßten die umgebenden Kleidungsstücke von Machtsymbolik geradezu strotzen. Direkter als Karos können Streifen ein Gefühl von Stärke vermitteln. Nadelstreifen deuten vielleicht, da man sie sehr mit Zuverlässigkeit gleichsetzt, auf eine gewisse Macht hin, aber die breiteren, weniger engen „Kreidestreifen“ zeigen ihre persönliche Note kräftiger, also scheinbar auch mächtiger. Dank ihrer Auffälligkeit lassen sich Kreidestreifen auf Untergründen verwenden, die blasser sind als beim machtvollen Stil üblich, ohne daß dies die Erscheinung beeinträchtigte. Um den Eindruck von Macht zu mildern, ohne diese Eigenschaft ganz aufzugeben, eignen Anzüge mit Kreidestreifen sich sogar besonders gut.

Einreiher sollte man nach den gleichen Prinzipien aussuchen wie Zweireiher, nur daß sie meist auch dazupassende Westen aufweisen müssen. (Zweireiher sind selten mit Weste ausgestattet.) Zu vermeiden wären allerdings Westen mit Aufschlägen — ja, sowas gibt's —, weil sie zu stark nach Dandytum riechen. Opulenz, wenn auch die von der unterkühlten Sorte, ist zulässig. Große Neuerungen hingegen gelten unter Puristen als nicht „fein" genug. Obwohl Einreiher mit nach oben strebenden Aufschlägen schwer zu orten sind, signalisieren sie Besonderheit, nicht Keckheit, und sind daher sehr willkommen.

SACCOS

Saccos werden im Geschäftsleben selten getragen, um Macht zu verkünden; sie sind zu informell. Sechsknöpfige, doppelreihige, blaue Blazer jedoch verströmen fühlbare Autorität und können zwischendurch als Ersatz für einen Anzug dienen. Auch karierte Saccos sind, obwohl unter den Mächtigen in ihrer Freizeit sehr beliebt, mit genug Tradition durchtränkt, um — etwas — machtvoll zu wirken.

HOSEN

Da Saccos selten im machtvollen Herrschaftsbereich beheimatet sind, bleibt wenig Platz für weite Hosen. Nur traditionelle in mehr oder minder dunklen Farben können, in glatten Stoffen, die Grenze überschreiten.

HEMDEN

Lässigkeit verträgt sich nie mit dem machtvollen Stil; daher sind nur einfarbige oder gestreifte Hemden in blassen, maskulinen Tönen rein genug, um Macht zu versinnbildlichen. Ganz Helles oder Dunkles bleibt ausgegrenzt. Der breite und der kontrastierende Kragen sind vornehm genug, um hereinzudürfen, nicht aber der runde, denn Rundkragen erinnern nun mal sehr an Weiblichkeit. Angeknöpfte Kragen und ganz standardmäßige wirken zu alltäglich, um Macht auszustrahlen, sind jedoch zulässig, sofern die verbleibenden Komponenten garantiert machtvoll erscheinen.

KRAWATTEN

Die Jugend gilt als leichtlebig. Ein junger Mann, der Macht verströmen will, muß seine Kleider konsequenter auswählen als ein ernster, altersweiser. Darum kann ein alter Herr mit diskreter Seidenfliege dennoch mächtig wirken; an einem Jüngling wäre die Fliege frivol ... oder auch ein Relikt aus Gymnasiumszeiten, das Unreife und einen Mangel an sturmerprobter Schläue beweist.

Da solcher Machtbekundung auch die Bekundung von Rang und, mithin, Wohlstand innewohnt, geben reich gemusterte Seidenkrawatten einen Hauch von Stärke. Nur dürfen die Muster nicht so groß sein, daß sie keck wirken — ein Stil, den Neureiche, aber nicht die Mächtigen im Lande, pflegen. Kleine oder mittelgroße seriöse, z.B. geometrische, Muster sind darum am weitesten verbreitet. Streifen und Einfarbiges sind toll; Rauhes oder Gestricktes ist unmöglich.

PULLIS

Pullis spielen beim Verströmen von Macht keine Rolle; sie sind zu weich.

RECHTS. Zur Machtsymbolik gehören mehr Zeichen von Wohlstand als in anderen Stilen.

Beachten Sie hier die goldene Hemdnadel, die goldenen Manschetten, die Golduhr, die goldene Gürtelschnalle, selbst das diskrete Monogramm auf der Brusttasche.

Beachten Sie auch, daß nichts von einem protzigen Ring mit dickem Klunker zu sehen ist, den man als Indiskretion werten könnte.

Und nun sehen Sie sich das Hemd näher an. Es ist fein und kontrastarm gestreift, der Kragen aber ist weiß und gestärkt. Auf dem Ärmel sitzt sogar ein Knopf, der bei preiswerteren Hemden gewöhnlich fehlt.

Dank diesem Knopf soll man angeblich müheloser in den Ärmel schlüpfen können, obwohl man in Wahrheit hinterher seine liebe Mühe hat, ihn zuzukriegen.

Egal. Oft ist das Reich der Stärke ein prekärer Ort. Darum stellen die Reichen den Lohn ihrer Mühen zur Schau, indem sie oppulente Krawatten und andere sichtbare Symbole ihres Standes tragen, die alle Untergebenen daran erinnern, daß Respekt verlangt wird. Modell: Pat Hardie.

RECHTS UNTEN. Die Herstellung „nahtloser" Schuhe erfordert große Präzision, und die besondere Mühe, daß nur eine Naht an der Ferse sichtbar ist, macht diese Schuhe zu einem Lohn der Mächtigen.

Schwarz verströmt große Autorität, aber auch schwarzbraune Lederschuhe sind hier annehmbar. Die seidenen Strümpfe geben in diesem Beispiel einen zusätzlichen Anflug von wohlhabender Macht.

FUSSBEKLEIDUNG

Golfschuhe und andere Modelle mit Kappen genügen dank ihres klassischen Anspruchs auch für die Mächtigen, obwohl sie im Grunde derb wirken. Nur das Fußvolk muß sich die Sohlen wundlaufen. Aber Schuhe, die stets zu polieren, dafür jedoch leicht zu lädieren sind, zeigen der Welt, wer es sich leisten kann, das Unpraktische zu tragen. Auch Schuhe ohne Zehensäume eignen sich für die wirklich Mächtigen; dort ist das gesamte Oberleder aus einem Stück, d.h. nur an der Ferse zusammengenäht.

Der Mächtige kennt keine Frivolität. Seine Strümpfe sind dunkel und so lang, daß sie über die Wade bis unters Knie reichen. Wenn er also die Beine übereinanderschlägt, wird er nie die Ungeschicklichkeit begehen, seine Wade zu entblößen.

ÜBERBEKLEIDUNG

Obwohl die Mächtigen weder frivol noch linkisch sind, scheuen sie auffällige Einkäufe nicht, wenn das Auffallende nur dem klassischen Geschmack zu entsprechen scheint. Samt hat trotz seiner Weichheit etwas Königliches; ein kleiner Samtbesatz am Mantel kann nicht schaden. Und genau das hat der Chesterfieldmantel — einen Kragenbesatz. Es ist ein eleganter, fast förmlicher Überzieher. In marineblauem Kaschmir mit schwarzem Samtkragen, der zu dem Kaschmir am Körper paßt, wirkt er sehr, sehr reich und mächtig.

ACCESSOIRES

Wer Macht hat, sieht immer aus, als könne er sich das Beste leisten. Wenn nicht, dann kauft er sich keinen minderwertigen Ersatz: er geht ohne. Geschmackvolle Manschetten aus gediegenem Gold, die wie Knöpfe wirken, deuten an, daß ihr Besitzer den Midas-Zauber hat. Hat er nicht? Dann trägt er statt französischer Manschetten schlichte Hemden mit Knöpfen am Ärmel.

Selbst die Mächtigen müssen manchmal Arbeit vom Büro mit heimnehmen. Sie befördern sie in einem ledernen Aktenkoffer, auf den die Rangniederen nie hoffen können. Und die Zeit wird von Uhren an glitzernden Gold- oder Platinbändern abgelesen. Notfalls tut's auch Eidechsenleder. Aber Micky-Maus-Uhren tragen Reiche sicher nicht.

Obwohl nicht mehr viele Männer im Geschäftsleben Hüte tragen (jedenfalls nicht im Büro), setzt sich der Mächtige doch zu Reisen ins Freie mitunter einen dunklen Fedora-Filzhut auf — vor allem, wenn der Schopf nachläßt. Der heruntergezogene Rand beweist, daß der Gentleman alle Künste der Galanterie kennt. Und Macht besitzt; aufgeschlagene Hutränder telegraphieren eine Schrulligkeit, die der Ausstrahlung von Stärke zuwiderläuft.

SCHALLGRENZEN

Zurück nach Utopia, zu einem kurzen Aufenthalt.

Wenn Weise das Gesetz mißbrauchen, sind sie strafwürdiger als Unwissende, die einen Übergriff begehen. Das gilt genauso für die Prinzipien des richtigen Anziehens wie auf dem Gebiet der Jurisprudenz.

Jahrhundertelang wurden Menschen durch ihre Garderobe eher getrennt als vereinigt. Obwohl es schwerfällt, sollten Sie versuchen, unter die Hülle zu spähen und niemanden bloß nach dem Äußeren abzutun. Solche Bewertungsmaßstäbe wären ein Schritt zurück, nicht nach vorn. Sicher, präsentieren Sie der Welt Ihre besten Seiten oder vielmehr Façetten, aber engen Sie den eigenen Horizont nicht ein, indem Sie nur aufs Nächstliegende achten. Mitteilsame Kleidung ist nur der erste von vielen Schritten im Mitteilungsprozeß. So stark sich Kleidung auch auswirkt, sollte sie die Kommunikation nur erleichtern, nie erschweren. Lassen Sie der Kleidung Ihres Gegenübers Gerechtigkeit angedeihen und prüfen Sie dann weiter.

Vielleicht liegt es gar nicht in Utopia, sondern schon in der realen Welt, daß wir mehr aus uns selbst machen und doch Mitgefühl für andere haben sollten. Nur frisch gewagt, daß wir's erfahren!

LINKS. Lange Mäntel verbessern die „Statur", weil sie auf eine „gute Kinderstube" deuten (die unter den Mächtigen sehr viel gilt und manchmal erklärt, warum sie mächtig wurden). Der „kleine Mann" nämlich trägt weit häufiger Mäntel, die um oder noch über den Knien schlackern.

Der Chesterfield-Mantel ist sicher ein ungewöhnlicher Stil, den man lange mit klassischer Förmlichkeit verbunden hat. Dieser hier mit seinem Fischgrätenmuster vermittelt weniger Stärke als ein dunkler, einfarbig-glatter.

Auch der einreihige blaue Blazer — mit echt goldenen Knöpfen — unter dem Mantel schwächt die Machtsymbolik: Doppelreihige Blazer besitzen mehr „Gewicht".

Der dunkle Filzhut hingegen wirkt äußerst mächtig und läßt die Waage in Richtung einflußreiches Lager ausschlagen.

Manchmal kann ein kleines bißchen Macht viel Mühe erfordern. Und manchmal wäre es ratsam, etwas Machtsymbolik zu opfern, um ein wenig Menschlichkeit zu beweisen. Mantel: Jeffrey Banks. Modell: Todd Neuhaus.

POSTSKRIPTUM

Als ich in Northville/Michigan heranwuchs, spürte ich kein brennendes Verlangen, über Herrengarderobe zu schreiben. Ich glaube, höchstens ganz wenige Männer meines Alters dürften als Kind diesen Ehrgeiz besessen haben. Und auch heute noch lechzen nicht viele danach, es mal auszuprobieren.

Stellt man mich bei geselligen Anlässen jemandem vor, so ändert sich nur der Dialog des ewig gleichen Drehbuchs ein wenig. Nach der immer wiederkehrenden Frage „Was machen Sie?“ erkenne ich einen Funken von Interesse bei meiner Antwort „Bücher schreiben“. Ich weiß, was dann kommt: worüber ich denn schriebe; und sage ich „Über das Aussehen von Männern“ tritt unweigerlich eine kleine Pause ein, und mein neuer Bekannter wirkt verlegen und nervös, als trüge ich einen raren, aber ansteckenden Virus in mir. Falls der Betreffende meine Bücher kennt, läßt sich die Unbeschwertheit wiederherstellen; daß ich mich gut verkaufe, macht mich legitim. Sind ihm jedoch meine Schriften unbekannt, bemerke ich eine dauernde Unsicherheit. Er oder sie fragt sich: Was sagt man bloß dazu — einer, der über *das Aussehen von Männern schreibt*?! Als Sportjournalist hätte ich es um vieles leichter.

Ein Buch über Männermode zu schreiben ist schwer, weil manche Menschen glauben, sowas gäbe es nicht. Noch ist nicht abzusehen, wann die Gesellschaft nicht mehr scheel auf Männer schaut, die großes Interesse an ihrer Kleidung bekunden.

Ich meine nicht, daß sie es tun *sollten*. Wie alles andere sollte auch Kleidung im richtigen Verhältnis gesehen werden. Aber man sollte Männer nicht hindern, die Lust zu empfinden, die entsteht, wenn man möglichst gut aussieht, nur weil die Gesellschaft zu kurzsichtig ist, zu erkennen, daß darin doch ein respektables Ziel liegt, wenn auch kein weltumwälzendes Muß.

Ich schreibe über das Aussehen von Männern, weil ich fest davon überzeugt bin, daß unser Aussehen unser Wohlbefinden beeinflußt, also auch unsere Einstellung zu uns und anderen. Wir sind kein Protoplasma; wir sind aus Fleisch und Blut. Darum können wir auch unsere körperlichen Zutaten nicht ignorieren.

Zum Glück denken — oder besser: urteilen — die meisten jungen Männer nicht so starr darüber, wie sie sich kleiden müssen oder sollten. Das tun vielmehr jene, die vor den diversen Emanzipationsbewegungen, welche in den letzten Jahrzehnten so große Fortschritte gemacht haben, zur Welt kamen. Unser liberaleres Klima wird hoffentlich immer mehr Männer dazu bringen, aus den alten Verhaltensklischees auszubrechen; und Kleidung und Verhalten hängen enger zusammen, als viele von uns sich träumen lassen.

Wenn dieses Buch ein paar Männern hilft, sich freier zu bewegen, wäre ich glücklich.

-C.H

LINKS. Modell: Troy Brown.

QUELLEN

Kleidung sollte man nie heute kaufen und morgen wegwerfen. Die besten Ensembles bestehen aus einer vergangenheistreichen, erinnerungsträchtigen Kleidung, die aber wendig genug ist, neue Assoziationen auszulösen. Alt und Neu sollten kameradschaftlich nebeneinandergehen. Unter diesen Aspekten wurden die Modelle für dieses Buch zusammengestellt. Einige Kleidungsstücke sind alt, einige neu (zumindest, als man sie zusammenstellte), und viele davon sind geborgt. Ein paar Artikel sind Massenware oder sind schon vor mehreren Jahren auf dem Markt gewesen; in diesem Fall wurde auf Quellenangaben verzichtet. Doch auch viele Hersteller und Modeschöpfer liehen für dieses Buch ihre Waren aus, und denen wollen wir mit den folgenden Angaben danken. Garantien, daß alles noch heute erhältlich ist, können wir nicht geben, doch mit etwas Zähigkeit läßt sich Ähnliches auffinden. Der Name des Designers wird genannt, sofern er auch auf dem Etikett erscheint. Das gleiche gilt für die Namen der Hersteller. Ihnen allen möchte ich von ganzem Herzen danken.

Garrick Anderson
321 Fifth Avenue
New York, N.Y.

Giorgio Armani
c/o Adventure
Modeagentur GmbH
Widenmayerstr. 32
8000 München 22

Artie & Cheech
1466 Broadway
New York, N.Y.

Jeffrrey Banks
30 Rockefeller Plaza
New York, N.Y.

Jhane Barnes
21 West 38th Street
New York, N.Y.

Basco
15 West 55th Street
New York, N.Y.

Basile
41 Charlton Street
New York, N.Y.

Hugo Boss
Dieselstr. 12
7430 Metzingen

Canali Milano
12 West 57th Street
New York, N.Y.

Catalina
1290 Avenue of the Americas
New York, N.Y.

Nino Cerrutti
Brienner Str. 54
8000 München 2

Cesarani
12 East 53rd Street
New York, N.Y.

Ron Chereskin
22 West 19th Street
New York, N.Y.

Cleo & Pat
39 West 55th Street
New York, N.Y.

Cole-Haan
1370 Avenue of the Americas
New York, N.Y.

Country Birtches
1290 Avenue of the Americas
New York, N.Y.

Enrico Coveri
745 Fifth Avenue
New York, N.Y.

Cricketeer
1290 Avenue of the Americas
New York, N.Y.

Vicky Davis
385 Fifth Avenue
New York, N.Y.

Christian Dior
c/o Scrior GmbH
Jahnstr. 22-24
4000 Düsseldorf

Armand Diradourian
8 Gramercy Park
New York, N.Y.

Salvatore Ferragamo
c/o R. Affemann
Im Heidegraben 25
6370 Oberursel

Andrew Fezza
37-39 West 28th Street
New York, N.Y.

Float
38 West 26th Street
New York, N.Y.

Alan Flusser
16 East 52nd Street
New York, N.Y.

Roger Forsythe
12 West 57th Street
New York, N.Y.

Fratelli
45 West 34th Street
New York, N.Y.

Richard Gaines
105 West 55th Street
New York, N.Y.

Gleneagles
1290 Avenue of the Americas
New York, N.Y.

George Graham Gallery
40 West 55th Street
New York, N.Y.

Henry Grethel
1271 Avenue of the Americas
New York, N.Y.

Hart Schaffner & Marx
1290 Avenue of the Americas
New York, N.Y.

Hector Herrera
1466 Broadway
New York, N.Y.

Susan Horton
920 Broadway
New York, N.Y.

Alexander Julian
8 West 40th Street
New York, N.Y.

Robin Khan
19 West 34th Street
New York, N.Y.

Laguna
245 Seventh Avenue
New York, N.Y.

Lee-Joffa Fabrics
979 Third Avenue
New York, N.Y.

G. Maislinger
145 West 55th Street
New York, N.Y.

Palm Beach
1290 Avenue of the Americas
New York, N.Y.

Peter Barton's Closet
19 West 55th Street
New York, N.Y.

Piero Dimitri Couture
110 Greene Street
New York, N.Y.

Pinky & Diane
37 West 55th Street
New York, N.Y.

Pull Company
39 West 55th Street
New York, N.Y.

RGFM
105 West 55th Street
New York, N.Y.

Ray-Ran
c/o Bausch & Lomb GmbH
Flotowstr. 41-43
2000 Hamburg 76

Austen Reed
1290 Avenue of the Americas
New York, N.Y.

Rooster Ties
17 East 37th Street
New York, N.Y.

Gianfranco Ruffini
1290 Avenue of the Americas
New York, N.Y.

Sahara Club
26 West 56th Street
New York, N.Y.

Samuelson & Abrams
261 Fifth Avenue
New York, N.Y.

Speedo
1411 Broadway
New York, N.Y.

Robert Stock
19 West 55th Street
New York, N.Y.

Michael Stromar
309 East 18th Street
New York, N.Y.

Bech Thomassen
220 East 60th Street
New York, N.Y.

U.S. Luggage
366 Fifth Avenue
New York, N.Y.

Egon von Furstenberg
800 Madison Avenue
New York, N.Y.

Lee Wright
c/o Oxford Industries
350 Fifth Avenue
New York, N.Y.

Ermenegildo Zegna
c/o Doria Textil GmbH
Maximilianstr. 34
8000 München 2

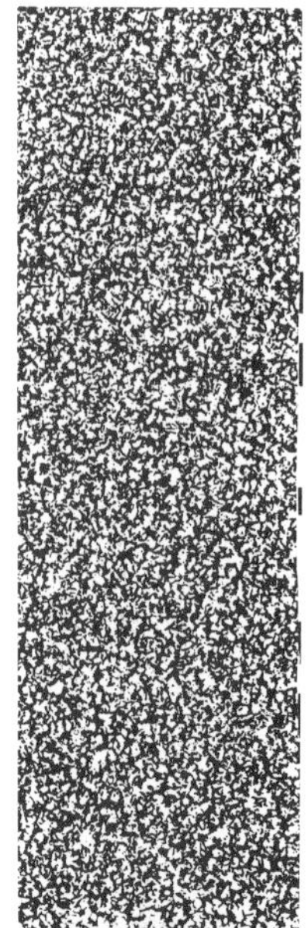

CHARLES HIX
Working Out
Das Körperprogramm für Männer

Großformat, 256 Fotos von Ken Haak, 224 Seiten, DM 34,80

Freude am eigenen Körper, Gesundheit und Kraft verspricht Charles Hix den Lesern - und Benutzern - seines neuen Buches. Jetzt, da das Interesse am gesunden, wohlgeformten Körper bei schwulen Männern wieder stärker wird, bietet das 'Körperprogramm für Männer' jedem die Möglichkeit, Lebensfreude, Gesundheit und gutes Aussehen planmässig zu erhöhen. Wer bisher noch vor Sportstudios und ähnlichen Anstrengungen zurückgeschreckt ist, dem wird hier der Mund wäßrig gemacht, den auf 256 Fotos abgebildeten Schönheiten nachzueifern.

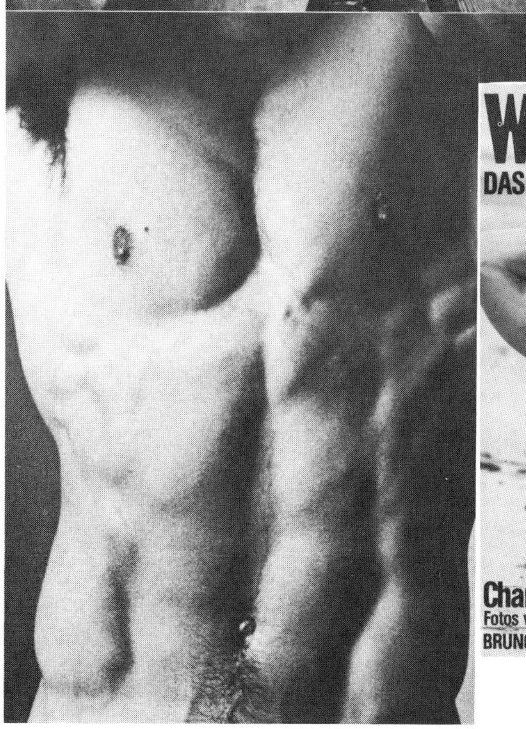

BRUNO GMÜNDER

Fordern Sie unseren Bildprospekt an!

Bruno Gmünder Verlag, Postfach 30 13 45, 1000 Berlin 30